皆藤 章
松下姫歌
編

心理療法における「私」との出会い

心理療法・表現療法の本質を問い直す

京大心理臨床シリーズ⑩

創元社

「京大心理臨床シリーズ」の刊行にあたって

日本における心理臨床学とその実践である心理療法は、京都大学心理臨床学教室の歴史とともにあると言っても過言ではない。それほど、本教室は日本の心理臨床の深まりと発展にまなざしを向けて、歩んできた。心理臨床学の中核を担う学会である「日本心理臨床学会」が、発足したその当初より事例研究を中心とした構成になっているのは、この実践の学においては事例研究こそがもっとも意義深い臨床の知をもたらすことを体験的に自覚していたからであるが、当時の国立大学において、「心理教育相談室」が公的に認可され、相談活動の有料化という心理臨床の重要な体制が実現したのも、京都大学が初めてであった。また、今日、多くの大学が刊行している紀要に見られる事例研究論文のスタイルの嚆矢となったのも、本教室の紀要であった。

われわれはこのような自負を持っているが、日本の他大学が京都大学の足跡を確かめながら歩を進めてきたことは、認められているところであろう。河合隼雄先生をはじめとする当時の諸先生、諸先輩方の功績である。

本シリーズは、そうした日本における心理臨床学の発展期に京都大学を中心に学んだ心理臨床家を編者として、この実践学問領域を探究し続けてきた京都大学の知の集積を、複雑多様化する現代社会を見据えつつ、世に問おうとするものである。

京都大学心理臨床学教室は、ともすればユング心理学の牙城とみられることもあるが、本シリーズをお読みいただけば、ユング心理学を中心としながらもつねに心理療法における知の集積を目指してきたことがお分かりいただけるであろう。これは、日本で最初のユング派分析家の資格を取得された河合隼雄先生の、京都大学在職時における指導の基本であった。河合隼雄先生は、京都大学在職時代、「ユング心理学」と題する講義をされたことは一度もなかった。多くの個性的な心理臨床家が巣立っていく土壌がそこにあったと言えるであろう。本シリーズは、そうした心理臨床家の知を中心に、「京大心理臨床シリーズ」として展開しようとしている。

現代という時代は、まさに転換期にあり、人間の生き方に深く強い問いを投げかけている。同様に、心理臨床学もまた、人間の知を探究する実践の学として転換期を迎えているという実感を編者一同はもっている。心理療法における科学主義や、操作主義の傾向は世界的に広まっていて、それは日本にも及びつつある。このような時代に、本シリーズが心理臨床学とその実践である心理療法における新たな歩みの一助となることを編者一同、心より願っている。

編者ひとりひとりは、「臨床心理士」資格にかかわる論議が引き続くなか、そうしたことの重要性を充分に認識しつつ、そうしたときであるからこそ心理臨床家としての力量をさらに充実させる必要性をリアルに体験し、かつ、謙虚に足下を見つめ心理療法の実践に地道に取り組みクライエントの声に聴き入ってきた。ことばにすればシンプルだが、それはほんとうに大変な作業であった。そして、ひとりひとりが今後もそのような道を歩んでいく強い覚悟を抱いている。それぞれがそれぞれの心理療法に一家言をもつゆえんである。本シリーズの執筆陣も同様の覚悟を抱いていることと思われる。それが京都大学心理臨床学教室に薫陶を受けた心理臨床家の使命であろう。われわれの語りは読者にいかに届くであろうか。読者諸氏の多くの創造的な御叱咤をお願いする所存である。

「京大心理臨床シリーズ」編者一同

二〇〇九年立春

はじめに

心理療法は、その人にとっての心の苦しみや困難にアプローチするものである。あらゆる心の苦しみや困難は、「世界において、他者との間において、私が『私』でありうるか否か」をめぐる「心の問い」であると言える。心の苦しみや困難が、心における「私」の成立にまつわる問いである以上、心理療法は、一人ひとりにとっての「私」をつかむためのいとなみであり、だからこそ、万人に通用するマニュアルは本質的にありえないと言わざるをえない。

そのような心の問いを理解するための学問として、精神医学や臨床心理学は今日まで発展してきた。さまざまな精神障碍や発達障碍等の診断カテゴリも、一人ひとりの心の問いのあり方の性質を捉えようとする視点の一つであり、さまざまな臨床心理学の理論や心理療法のアプローチも、一人ひとりの心の問いに向き合っていくための視座の一つひとつと言える。ただし、それらは常に「現時点での仮説」であり、常に問い直され続けるべきものである。

こうした、先人たちが心の問いと向き合うなかで見出してきた、精神医学や臨床心理学の理論および心理療法のアプローチは、セラピスト自身の心とクライエントの心を通じて常に捉え直されていくべきものである。一方では、セラピスト自身が自らの「私」をめぐる問いに向き合い続けながら、クライエントの「私」をめぐる心の問いを大切に受けとめようと接近し、その都度における自らの視点・視座の問い直しを通じて、理論やアプローチを生きたものとして常に捉え直し、クライエントとの間で新たに見出し生み出していくものと言える。

クライエントの「私」を「私」ならしめようとする力、「私」を生み出そうとする力に出会うとき、それが心の次元でのクライエントの「私」に生きて出会うときである。「私」を生み出そうとする力の萌芽の発現は、それがまだ萌芽であるだけに、しばしば、社会的には『「私」のなさ』による問題行動等として見られがちである。そのような、外からは見えにくい「私」を生み出す力の萌芽をいかに見出しうる観点を発掘できるかが臨床心理学の一つの大きな役割であり、心理療法は、心の次元における「私」を刻々と生み出そうとする力を発見し続け、出会い続けるいとなみであるといっても過言ではないと思われる。したがって、クライエントの心とセラピスト自身の心から学び直し続けることは、心理療法を心理療法ならしめる中核的課題と言える。

今日、さまざまな社会的問題について、問題事象の当事者における、自らの「主体性」をつかむ力や他者の「主体」の存在を理解する力の欠如として責任転嫁的に扱われる風潮が顕著になってきているが、それ自体が、われわれの共同体としての心の疲労の深さと余裕の無さを示している。暗闇のように見える現象の中に、心の次元における「私」の生成の息吹を見出し、一人ひとりの心の存在を見出し合う視座を発掘し、呈示していくことが、これほど本質的に求められている時代はないかもしれない。

また、近年、認知行動療法をはじめ、個別性よりも一般性を基盤においた構造化されたアプローチが増えつつあるように見えるけれども、一方で、そのように一般化された枠組みでは扱えない問題があることも議論されてきている。そうした問題への挑戦として、すでに一〇年ほど前から、認知行動療法的立場のなかには、従来、精神分析やユング派心理療法といった力動的心理療法が扱ってきた無意識領域を視野に入れ、主にユング派心理療法の方法論を組み入れて考えようとする立場もさまざまに生まれつつあり、国際的な認知行動療法の主要学術誌において特集が組まれたほどである。わが国でもそうした動きが徐々に生じつつある。つまり、無意識を含めた心へのアプローチは、古くて新しいテーマであり、今後、力動的心理療法的立場と認知行動療法的立場の間で、あるいはさまざまなオリエンテーションの間で、それぞれの立場における、無意識を含めた心へのアプローチの観点を学び合い、議論を重ねることが必要となるだろう。

本書は、こうした問題意識のもと、京大心理臨床シリーズの第一〇巻という一つの節目の巻として、『心理療法における「私」との出会い――心理療法・表現療法の本質を問い直す』と題し、一人ひとりの「私」の成立にまつわる心の問いへのアプローチと現代社会における心の問いへのアプローチを目指すべく、一人ひとりのセラピストがクライエントとの心のいとなみを見直すことを通じて心理療法の本質を問い直すことを目的として、刊行させていただいた。角野善宏による、心理療法の本質を真っ直ぐに問う序章にはじまり、第一章は、クライエントとセラピストのそれぞれの主体、あるいは関係における主体をめぐる論考、第二章は主体を捉えようとするセラピストの視点や姿勢にまつわる論考、第三章は心理療法的主体の表現へのアプローチにまつわる論考、そして第四章は捉えがたき主体へのアプローチについての事例を通じた論考が展開されている。専門家や心理臨床の道を志す人はもちろんであるが、あらゆる人にとっての心の対話の一歩となることを願い、忌憚のないご意見を賜れれば幸いである。

なお、本書の出版にあたっては、われわれの教室の故三好暁光教授が心理臨床学の発展のためご遺贈くださった記念基金を用いさせていただき、多くの方々にお読みいただきやすい価格にできた。この場をお借りし、感謝の心を込めてご報告申し上げたい。また、編集に多大なご尽力をいただいた創元社の渡辺明美氏・紫藤崇代氏に心より感謝したい。

二〇一三年九月　京都にて

松下姫歌

心理療法における「私」との出会い——心理療法・表現療法の本質を問い直す ⚜ 目次

心理療法における「私」との出会い——心理療法・表現療法の本質を問い直す

凡　例

一、人名は、原則として本書内で初出の箇所はフルネーム（姓名）を記し、以降はファミリーネーム（姓）に略した。なお、既出の場合でも、ファミリーネームが同じで別人の場合や、執筆者の意向を尊重してフルネームのままにした箇所がある。外国人の場合は、初出の箇所はファミリーネームをカタカナ表記し、それに続けて（　）内に原綴を記し、それ以降はカタカナ表記のみとした。外国人名のカタカナ表記は、既訳の書物を参照して慣行に従うことを第一とした。

二、本文中の文献表記については、引用・紹介箇所に番号を付し、各論文末に一括して掲げることとした。

三、固有名詞の外国語カタカナ表記は各種文献を比較考証した上で、慣行に従うことを第一とした。専門用語の原語の表記は、執筆者の意向を尊重しその判断に委ねた。

四、近年、心理臨床領域において、「投影法」を「投映法」と表記するなど、専門用語の表記統一が図られはじめているが、本シリーズでは当面、執筆者の判断にそれを委ねることとした。

五、その他、必要に応じ本シリーズまたは本書独自の編集方針に則って、表記を統一することがある。

序章　心理療法を顧みる

角野善宏

1　はじめに

この本のタイトルが、『心理療法における「私」との出会い』となっているが、ここで私が述べようとすることは、心理療法を通して「私」と出会うことでもなく、「私」と出会うために心理療法を行うことでもない。心理療法の対象は、あくまでクライエントであり、患者たちである。当然のことであるが、私のために、治療者のために、心理療法があるわけではない。しかし、他者のために、とくにクライエントや患者たちのために、心理療法が存在するのではあるが、心理療法を通して、治療者側が自ずと「私」、すなわち自分に出会っていることが多々ある。私の経験から言えば、自分の性格的、内的欠点や短所に出会うことが多いように思われる。しかも、治療が困難なケースにおいて、自分の性格的な限界を思い知らされることがある。例えば、とても怒りが強い患者たちとの治療やクライエントとの心理面接において、相手側からの怒りに心理的感染を被ってしまい、自分の内的怒りによって知らず知らずに混乱を来されて、実際の対応が不充分になってしまうということである。このときに、怒りに対する「私」の内的な免疫力不足に出会い、気づくのである。このように、心理療法を通じて「私」と出会うことは必然であるし、心理療法過程の中に「私」というものに出会うことは貴重な体験でもある。また、自分のこころの成長や発展にも、貢献するところがある。これらのことが、心理療法を実践することの魅力の一つかもしれない。

そこで、自分が今まで実践してきた心理療法について、「私」の眼から一度総括してみようと思う。そこには、心理療法を通しての治療者である「私」の一側面が、現れるかもしれないと思っている。

2　私のとっての心理療法とは

まず、それは実践である。医療の場面でも、臨床心理の場面でも、心理療法は、こころの領域における治療の実践であり、臨床という場面での最も大切な実践である。ところが、その大切な心理療法を論じることは、とても難しいことと思われる。実践がすべてとも言える心理療法には、理論や学問では問えないところがあるように思われるからである。なぜならば、一人一人が違う人間であり違う人格であるクライエントや患者たちに実践される心理療法は、究極的にはすべて違う心理療法になるのが、当たり前だからである。そもそも実践は、学問における理論や体系化自体にそぐわないところがある。一般化や構造化されにくいところがある。しかし、最近のこころの治療において、認知行動療法のように簡潔に短期間にそしてとても構造化やマニュアル化が進んだ心理療法が、実践現場で増えてきている。クライエントや患者たちの個別性を見極めながら心理療法を行うよりも、一定の方法や予め決まっている理論に則ったやり方により心理療法を行うことに、心理療法は傾きつつあるように感じられる。しかし、また時間の経過とともに構造化やマニュアル化された心理療法から漏れていった多くのクライエントや患者たちのニーズにより、将来は個別性を重んじた心理療法が必要とされていくだろう。

ところがである、その個別性を重んじた心理療法は、そう簡単に身に付かないというのが筆者の考えである。当然、認知行動療法を中心とした構造化やマニュアル化が進んだ心理療法に、最近の傾向として実践家たち・治療者たちが傾いてきたことは理解できる。心理療法と実践の面で密接に関係している学問の一つである臨床心理学においても、一定の範囲に体系化され構造化された実践方法が求められることは致し方ないことのように思われる。アカデミズムの世界で学問の領域で、さらに自然科学ないし人文科学の領域で、心理療法といえども体系化された構造化された方法が受け入れられていく傾向は、当然の流れでもある。だから、学問領域である臨床心理学のなかで、個別性を生かした心理療法は、治療者のなかで重きを置かれなくなり、マニュアル化構造化された心理療法が、普及したのであろう。臨床心理学においては、ジレンマである。従来の個別性を重んじ生かしてきた心理療法は、臨床心理学という学問体系のなかでの実践であったので、体系化や構造化された方法論からの突き上げないし追い上げは致し方ないことであろう。真に個別化を生かした心理療法は、学問体系にどうしても収まらないところがあり、いわばブラックボックスの中に存在するところがある。そこを科学の眼で見通すことの限界があるように思えてならないのである。

そこで、もともとマニュアル化や体系化された心理療法に頼らず、まず目の前のクライエントや患者たちに向き合いながら治療者自らの感性と経験で心理療法を実践してきた治療者は、どうしていたのであろうか。筆者もその一人であるつもりであるが、そのような治療者たちは、結局実践の場で力を出せていないか、治癒等のクライエントや患者たちの満足いく結果を出せていないから、それに代わる心理療法が求められたと考えている。残念なことであり、反省しなければならないことであるが、筆者も含め従来の心理療法を実践してきた大半の治療者は、その力を現代の臨床現場で充分に持ち合わせなくなったということと、臨床能力というかクライエントや患者たちの治癒能力を引き出す力量を落としてしまったことがあるように思われる。そのために、とくにこれから心理療法を学んでいく治療者たちが、身に付きにくく（これは筆者の考えではあるが）苦労していても結果もそう芳しく出ているとは思えない心理療法に、それほど魅力を感じなくなっていても不思議ではない。それよりも、まずやり方が明確で体系化・構造化された心理療法のほうが、どれほど取っ付きやすく、実践してみようと思うかが想像できるというものである。筆者は、心理療法においてこの傾向は、ごく一部を除いた治療者が治癒能力を持たなくなったことから生じたものであると考えている。やはり、従来の個別性を重んじた心理療法は、そう簡単に身に付かないことと、それから産み出されていく治癒能力や臨床能力は、よほどの覚悟がないかぎり知らず知らずのうちに速やかに失われていくからである。

3 筆者の経験から

筆者は、これまでの二六年間の臨床経験（治療経験）を通して、約三〇〇人から三五〇人のクライエントや患者たちと治療をともにしてきた。その結果、一人一人のクライエントや患者たちにどれほどの成果を出し、どれだけ治癒能力を発揮できたかを検証すると、申し訳ないことであるが、把握できない状況である。もちろん、心理療法により何をもって成果を出したと言えるのか、どの判断基準で治癒能力が発揮できたのかを厳密に計ることは不可能であると思われる。また、心理療法の結果は、治療者が判断するものなのか、クライエントや患者たちが判断するものかによっても違ってくる。先ほど治療者が治癒能力を持たなくなったと述べたが、その治癒能力や臨床能力自体をどのように計るかの客観的指標を示すことができない状況のなか、印象だけで語ってしまうところがどうしてもある。こうなると真のセラピストの実力は、どのように計ることができるのであろうか。筆者の印象になってしまうが、やはり心理療法や治療が上手い治療者は確かに存在する。心理療法において、いくらクライエントや患者たちと治療者との相性が大きなウエイトを占めると言っても、全般において治療上手な精神科医や心理療法家は筆者のまわりに存在している。治癒能力の少ない治療者とそうでない治療者の線引きは、不可能であるが、前者の割合と後者の割合では、前者の割合が遙かに高いと思うのは、筆者だけであろうか。

ここで筆者が今まで論文と著書で発表した事例数を見てみると、約五〇ケースつまり約五〇人のクライエントや患者の事例を書かせてもらっている。ほぼ、この事例は筆者の主観的判断では、うまくいった心理療法の事例を選んで、書いたものであると思っている。主観的にうまくいったと判断している、ないし心理療法が功を奏したと思われたケースだけが書かれているとはいえ、許可をもらえなかった事例または発表をたまたま行わなかった事例でもうまく治療が進んだケースは存在している。しかし、それらを含めても全体で筆者の治癒能力がクライエントや患者たちに上手く働いた事例の割合は、半分以下であると確信している。もう少し詳しく自分の臨床経験を通して思い出し考えてみると、筆者の心理療法実践力は全体の三分の一には発揮できたのではないかと思っている。今まで心理療法を専門として臨床活動を行ってきて、しかも大学で臨床心理学を教えていた立場の人間が、自らの実力を三分の一しか発揮できていないということは恥ずかしいことであると再認識している。さらに、今一度考えてみるとその三分の一も、実はそれを下回っているのではないかとさえ思っているところがある。筆者は、自分との治療が終了してもそのクライエントや患者たちがその後どのようにしているのかをしつこく知ろうとするところがある。それが却って、自分の臨床能力に疑問を感じさせることもある。それは、その後調子を崩し、違う治療者に行っていることを知ることもあるからである。逆に自分との心理療法が永続性を持ち、その後の彼女らや彼らの人生が上手く行っていることを知ることもある。もちろん、定期的に手紙をもらい、逐次その人たちの状況を知ることもあるし（少数であるが）、現在も治療中であるがほぼ安定し、大丈夫であると直接確認できる場合もある。いずれにしろ、筆者は上手く行かなかった事例のほうをよく覚えてるし、それらを発表ないし記述しなければならないとは思っている。しかし、実際はそれらの事例をクライエントや患者たちから許可をもらうことが難しかったり、自分の実力を知られることの抵抗や恥ずかしさが働いたことも確かである。

4　事例研究について

先ほど述べたように、筆者は意図して心理療法の実践例を発表するように心掛けてはいたが、如何せん上手く心理療法が行われたと判断したものだけを選んでいた。それでも五〇例ほどである。よって、発表されたまたは事例論文で書かれたケースのみによって、その治療者の実力全体を計ることは、筆者の例で言えば必ずしも当てはまらないということになる。俗に良い事例のみの開示に過ぎないからである。だからと言って、事例研究に意味がないとはまったく言うつもりはない。治療者によっては、一つの事例を聞かせてもらうだけで、その人の全体の実力が分かるときもある。ただ、その実力は必ずしもその治療者の中で永続性を持つものではないことも分かっている。一度、治癒過程をしっかり知り、それを身に付ける経験をした治療者は、その感覚と手応えを持っているので、自分の出来不出来に関してはよく分かっているものである。だから、よくよく心理療法のことを分かっている治療者は、その実力を落とさないように細心の注意を払うことを怠らない。ただし、少数であると思われる。筆者はとくに自己卑下するつもりはないが、どこか立場上自分をごまかしてきたところがあり、心理療法における自己の能力を保っていると思いたいところがあったということが、今になってよく分かる。自分にとって良い事例や上手くいったという事例を出すことで、自己満足と自己保身をしていたことは確かである。それによって、残念ながら自分の治癒能力や臨床能力を低下させていたことに気づかず、または見て見ぬふりをしていた。ところが今、どこかで努力を怠ってしまったということに気づき、他人事ではなく、今まさにそんな自分に猛省している。

事例研究は、筆者にとって非常に大切な分野で、研究としての意味も大きなとても重要な位置を占めていたが、今振り返ると、それが却って自分の実践能力を鈍らしてしまったことや自分の臨床能力を厳しく査定する眼が曇ってしまった要因になったと考えている。つまり、今までの過去の事例研究成果に満足してしまったり、それが自分の真の実力であると思い違いをしてしまったのであろう。事例研究そのものに眼を奪われて、事例そのものへのコミットを忘れてしまったことや、新たに心理療法を実践していく気構えが衰えていたということは、やはり反省しなければならない。ただし、これから心理療法を身に付けていく治療者たちには、事例研究は欠かせない重要な業務であり学びであることは、明らかである。

昔、筆者が大学生で内科の臨床講義を受けていたときに、その教授が内科治療の能力、臨床能力、患者さんたちを治療できる能力は、医者にとって持っていて当たり前であると語っていた。しかし、その能力を評価する人たちに示し見せることは困難であると、だから仕方なくその代理として良き論文や評価できる業績をもって示すしかないと、それによって認められて自分の臨床能力を発揮できるポジションに着くことも必要であると学生に説いていた。筆者は、その教授が当たり前という臨床能力をどのように身に付けることができるのかを最も知りたいと思っていた。なぜならば、当時大学の教授は、論文の数は多いが、臨床能力がないことが多かったからである。臨床能力や治癒能力の可視化は可能であるのだろうか。

やはり今思うと、筆者にとって、研究と実践、事例研究と心理療法との両立は、とても難しい課題であった。よく言われるように、研究と実践は臨床心理学において両輪である。しかし、筆者にとって真にその両立は難しいと思わざるを得ない。とくに心理療法の実践の場でその力を発揮する実力を養うためには、どこか研究だけでは成し遂げられないものがあるように思われるのである。この問題は、治療者おのおのの考えによるのであろう。筆者だけが難しいのかもしれない。結局、自分は職人なのである。

5 これからの心理療法

以上述べてきたが、だからと言って筆者は心理療法から逃れるつもりはない。どのような修練で、どのような心構えで、どのような実践で、己の心理療法を取り戻し、それをさらに伸ばせることができるのかを考えていきたい。このまま経験を積んでいくことではどうも上手くいかないように思われ、どこかで一種の勘を養うことも必要なのか。先ほど述べたように、成功したと思われる事例の蓄積からでは、思わぬ落とし穴が筆者にはあった。しかし、充分に生きる力を付けたり、症状が全面的に改善したクライエントや患者たちの事例から得られる内容は、確かに今後の心理療法に役立つ叡智もたくさん存在し、それらを一つの雛型にできることもある、さらにその雛型を今後の新たに出会うクライエントや患者たちの心理療法に生かし応用できることもある。ただし、いくつの雛型を携えていても、それらがまったく通用しない事例も存在する。最後は自分の新たに挑戦していく力に頼るしかない。後にスーパーヴァイザーに相談できるかもしれないが、瞬間的な状況では自分しか頼れる人間はいないのである。

そのように自分で産み出していく心理療法こそ、マニュアル化や体系化された心理療法とは違って、本当に自分に備わったいざというときに役に立つ力を与えてくれる。個別性を重視する心理療法は、まず治療者の個別性や個性を大切にすることと、ドグマ化されない真の独創性を持つことが大切である。筆者が反省しながらも心理療法に向かうのは、そこにクライエントや患者たちとの相互関係のなかで、創造性や独創性が働くからである。さらに、そこには興味や好奇心がますます湧いてくる源があるからである。構造化されない、ドグマ化されない、マニュアル化されない心理療法には、自由と生産性があり、そこが筆者の好きなところである。だから、終わることのない一生の仕事として、心理療法は存在し続けるのであろう。ただし、そのような心理療法は身に付きにくい点と危険な点があり、いわば心の深層に自分もクライエントや患者たちもお互いに降りていくので、その危険に対しては充分な備えが必要である。治療的に深化していくとは言え、そのまま上がって来ることが出来ない場合もある。安全を確保するために、教育というものがあるのであろう。また、教員や力のある治療者の存在も必要なのであろう。そもそも、そのような心理療法を身に付けること自体かならずしも必要のないことである。いずれにしろ、心理療法を実践していても、見立てはちゃんと付いている、分析も充分できている、考察も問題ない、しかし治療はできなかったということにはならないように、私は心掛けたい。

第1章……心理療法における主体

1 心理療法における『私』性と『固有』性
──あるいは河合隼雄の「『私』の心理学」

川嵜克哲

1 「一人称としての『私』」と「固有名としての私」

筆者が学生のとき、河合隼雄先生（以下、河合と表記）が講義の中で、「臨床心理学というのは『私』込みの心理学なんです」と言われたのが印象に残っている。当時筆者はこれを次のように理解した。近代科学は「客観性」を主軸としているが、客観とは主客の分離、つまり、主体とは独立した客体を区別することではじめて成立する概念である。「独立」とは「関係がない」ということで、つまり、客観とは私という主体とは関係がないということだ（だれがボールを落としても、それは物理法則に従って同じように落ち、だれもがそれを「観測」できる）。このような意味で、客観性に基づく近代科学が「『私』抜き」であるのに対して、臨床心理学は『私』をはずせない。『私』を消去せず、『私』が『私』に関与、関係していくことが心理療法の本質であり、しかもその際に科学的な姿勢を単純に放棄するのではなく、思考・実践していく。これが「『私』込み」である臨床心理学なのだと当時の筆者は理解したのであった。しかし、河合が真に言いたかったことを表現するには『私』という言葉はあまりふさわしくないのではないかと次第に思うようになった。その講義の翌年に出版されている書籍の中に次のような記述がある。

「恋人が交通事故で死亡し、そのため抑うつ症になった人が来談したとしよう。その人は、『なぜあの人は死んだのですか』と問いかけてくるであろう。それに対して『出血多量』とかで『科学の知』がいかに精密に答えようともこの人は満足しないであろう。この人が知りたいのは、自分とのかかわりにおいて、なぜ他ならぬ私の恋人が、私と会う寸前に事故死しなければならなかったのか、ということである[1]」

ここで強調されている『私』は「他ならぬこの私」であり、だれもが自分のことを『私』と呼称する一人称としての『私』ではない。一人称としての『私』は普遍的である。それは、私だけではなく、他の人々も同様に有している主体のあり方だからだ。このような『私』から先ほどの事故を見れば、「だれにとっても——つまり、どの『私』にも——起きうる」事故であり、ここからは毎年何パーセントの人が事故死するといった統計的・「科学」的な様相が現れてくるだろう（あるいは、しか現れてこない）。しかし、河合が言う「私」は、このような「一般的な『私』」ではなく、「他ならぬこの私」に生じた一回きりの代替不能な出来事に関係している。

もちろん、一人称としての『私』が成立していることは重要である。私にとって私が『私』であるように、他人にとっても自分は『私』なのだということが理解できてはじめて『私』という一人称が使用可能となるわけで、ここが成立していないと、たとえば自閉症児にみられる「一人称と二人称の反転」などのような現象が生じることになる（他者が自閉症児に「あなた」と呼びかけるから、自閉症児にとって私は「あなた」であり、また、他者が自分のことを「私」と呼称するのだから、他者は「私」となるわけである〔「あなたはご飯を食べましたか？」と問われた自閉症児が「あなたは食べてない」と答えるように〕）。このような一人称としての『私』の成立に関しては、伊藤[2]が自閉症児における「見ること」に注目して論を展開しているが、そこでのポイントは、「言表行為者である私」と「言表内容としての私」の二重性があること、にもかかわらず主体としてはこの二重の私が一致しているという虚構あるいは思い込みがなされていることである。たとえば、「私は今本を読んでいる」という発言を例にとれば、この発言をしている私は言表行為者であり、本を読んでいる私は言表内容としての私である。この二つの私は厳密には異なる私であるにもかかわらず、それが一致しているかのように振る舞われる。このような構造が内省・内面を創り出すのであり、また、この内省・内面を有する主体を近代的主体という。

しかし、このような一人称としての『私』と河合が示唆している「他ならぬこの私」とは異なるものであり、前者がもつ普遍性と後述するように河合が見つめようとした後者における普遍性もまたその質を異にする。このことを検討していこう。

哲学的な文脈では「他ならぬこの私」は固有名の問題となる。固有名に関して、現代論理学において主流となっていたのはフレーゲとラッセルに由来する「固有名は確定記述（の束）に還元できる」という考えである。[3]たとえば、「河合隼雄は日本初のユング派分析家だ」という文を例にとると、「河合隼雄」は固有名であり、「日本初のユング派分析家だ」が確定記述である。確定記述とは性質を述べることで唯一の対象を定めて名指す記述をいう。つまり、「日本初のユング派分析家」は「河合」以外には誰にも当てはまらず、この二つは唯一の対象である同一人物を指し示す。このように現代論理学では、固有名はその特徴を表す術語（の集合＝束）に置き換えることができるものとみなされる。古典論理学においては一般名が術語に還元できる（林檎は「赤いものである」「果物である」……という具合に）のに対して、固有名は術語には還元できないもの、それゆえ、特殊例外的なものとみなされていたのだが、現代論理学においては、固有名も一般名同様、術語に還元され、その特殊例外性（「他ならぬこの」性）を消去されていく。ここには、「普遍的な」論理を構築していこうとする意志がみられる。固有名を例外的なものとせず、他の一般的な主語と同様に術語に還元することで、普遍的な論理の中でのひとつの変項として固有名を扱うことが可能となるのだ。このような普遍化を目指す意志は既述したような近代科学の意志とパラレルである。このような普遍化のなかでは河合の言う「他ならぬこの私」は消去されてしまうことになる。

さて、このような考えに対し、クリプキは「可能世界」という概念を持ちだして異を唱える。[4]可能世界とは、現実世界であったこととは異なることがある世界、「『世界がありえたかもしれないあり方』の全体」のことをいう。たとえば、河合が行動療法家である世界などが可能世界のひとつである。さて、先に挙げた「河合隼雄は日本初のユング派分析家だ」という記述に関して、現代論理学は、主語である固有名としての「河合隼雄」と「日本初のユング派分析家である」という確定記述を置換可能と考える。しかるに、可能世界を導入すると、「河合隼雄は日本初のユング派分析家ではない」という世界を考えることができる。ここで固有名と確定記述を置き換えてみると、「日本初のユング派分析家が日本初のユング派分析家ではない」という記述となり、矛盾が生じる。つまり、可能世界を導入すると、固有名を確定記述と交換することに背理が生じるため、両者は交換不能という結論が導かれる。柄谷[5]が指摘するように、「固有名を確定記述に置き換えると可能世界で背理が生じるということは、固有名がすでに可能世界をはらむ現実性にかかわるということを意味」している。つまり、「『他ならぬ』というとき、すでに、他（あるいは多）が前提されている。固有名はそのような『他ならぬこれ』と関連して」おり、「あるものが固有名で名指されるとき、それは他＝多なる可能性において、多＝他ならぬ一者として指示される」のである。

2 近代的主体と可能性

しかし、深層心理学の観点からは、主体にとって現実とは異なる他の可能性がありえたという視点は近代になって現れてきた『歴史的』なものである。ケインズ[6]は美人コンテストの比喩を使ってポストモダンの特徴を指摘しているが、その喩えを翻案して古代的主体と比較しつつ、近代的主体の特徴を検討しておこう。

古代における美人コンテストはどういうものかといえば、それは、そもそも成立しないのである。なぜならば、「美人」は神が愛した女性、あらかじめ運命が定めた女性としてすでに決まっているのが古代だからだ。そこに選択の余地はない。それは神や運命によってすでに決められており、他（多）の可能性はないのである。美人コンテストは近代になってはじめて可能となる。それは近代的主体が「自己決定」する主体であるからだ。古代のように最初からある女性が「美しい」と定められているのではなく、ある人はAという女性を、別の人はBを美しいとみなし、投票することができる。選択できるということは、他の可能性もあったが、「その他の可能性を捨て」て「他ならぬこれ」を選択したということだ。これは先の論理学的文脈で検討してきたことと同型であるが、深層心理学的観点からは、「その他の可能性を捨てる」ことが完全にはできないのである。たとえば、ある人がA、B、C……という女性たちの中からCを選んで配偶者にしたとしよう。これはいろんな可能性（AやBを配偶者にすることもありえた）の中からCを選択し、「他ならぬこの」女性と結婚したわけである。これは論理学が指摘する固有名の成立と同型である。しかし、深層心理学的な観点からは「他の可能性を排除」することは完全にはできない。すなわち、Cを選択しても「なんでCと結婚してしまったのだろう」とか「やっぱりBと結婚すればよかった」というような、未練、後悔が不可避的に生じてくる。可能性の排除が完全にはできず、さらにそのことが意識されない場合、排除したはずの可能性は無意識というルートを経由し回帰して、主体にとって奇矯な症状として結実する。この現象を深層心理学派は神経症と呼ぶのである。すなわち、「他ならぬこの私」は完全には成り立たず、常に背理を孕んだあり方としてしか現れない。

「形式論理学においてはクラスとメンバーとの間の非連続性を維持しようとする企てがあるけれども、現実的なコミュニケーションの心理学において、この非連続性はつねに不可避的に破られる」とはベイトソンの主張である。[7] 周知のように彼が提唱したダブルバインドとは同一次元における二つの折り合わないもの同士の単純な葛藤ではなく、「私の言うことに従うな」というような階層の異なる互いに矛盾したメッセージに関わっている。これは「クレタ島人が、すべてのクレタ島人はうそつきだと言った」型のパラドックスであり、メタレベル（クラス）のメッセージが下位レベル（メンバー）のメッセージに自己言及的に関わることで矛盾を引き起こす構図になっている（ここで、先の「言表行為者である私」と「言表内容としての私」の二重性とその『虚偽的な』一致がこのパラドックスと同型であることに注意しておこう）。ラッセルはこの混乱を避けるべく、クラスとメンバーを完全に異なるレベルとし、この両者が接触することを論理学的に禁止した。しかし、この禁止は不可避的に破られる。その一形態がベイトソンの指摘するダブルバインドにほかならない。ベイトソンにならえば、「現代論理学においては固有名としての『他ならぬこの私』はそれが他でありえた可能性を前提すると同時にその可能性を排除することで成立するとみなされるけれども、深層心理学においては、この可能性の排除は不可避的に不徹底なものとなる」というのが本稿の主張の一つである。すなわち、現実における「他ならぬこの私」は、それが普遍的な論理からはみ出す特殊例外的なものであることを導くために棄却される背理、そのような背理をそもそも含むような形でしか現れてこない。この意味で、神経症とは自己背理にほかならず、近代的主体とは神経症的な存在である。ちなみに、ベイトソンが指摘する不可避的な破綻は統合失調症や発達障害に関連づけられるものであり、本稿のそれは神経症や解離という防衛機制に関連すると考えられる。

3　固有性と普遍性

既述したように、一人称としての『私』は皆が有している主体のあり方であり、それゆえに普遍的である。先に、『私』の成立が言表行為者としての私と言表内容としての私との二重性によってあると述べたが、これらが言語的分節に基づいているものである以上、そこから立ち現れる『私』が普遍的であることは当然だと言える（でなければ、そもそも言表が他者に通じない）。しかし、「他ならぬこの私」は他ならぬこの「固有な」私であり、普遍的な『私』とは異なるものである。原理的に普遍性と固有性は相反する概念であり、「他ならぬこの私」は普遍的な言葉では語れない。フレーゲ、ラッセルが固有名（他ならぬこの私）を論理学的普遍性の中に位置づけようとして背理に陥ったのはすでに見てきたとおりである。しかし、河合もまた「他ならぬこの私」の普遍性をみようとする。それは主に心理臨床家としての要請からであったように思う。そして、その普遍性はむしろ背理にとどまり続けることで見出されてくるようなものではなかっただろうか。河合は次のように記している。

> 「(臨床心理学の普遍性は）自然科学の場合の普遍性とは異なる……。自然科学の場合は、いわば「私」抜きの普遍性なので、それはその対象に対していつでも適用できる……。しかし、深層心理学の場合は「私」から出発している。対象が深くなることと、それをできる限り客観的に見ようとする「目」の存在とによ

って、それは「私が私の心について考えるときに役立つ普遍性」をもつのであって、単純には他に「適用」できるものではない。……深層心理学は一人一人が各人の深層心理学を築くべきだと言っていいのかもしれない」[8]

この「一人一人が築くべき各人の深層心理学」という記述にはすでに「他ならぬこの」としての固有性が含まれている。しかし、各々が固有性をもっている中で、そこにどのような普遍性が考えられるのか。「私が私の心について考えるときに役立つ普遍性」とあるが、この言葉は一見「内省」を指すように思われる。しかし、河合は次のように言う。

「深層心理学の本質は『私の心理学』である……。ここで、『主観の心理学』という言い方をしないのは、一般に主観と言われていることよりも、ここで言う『私』は広いという認識があるからである。……深層心理学は『私の心理学』であると述べた。しかし、それが単なる内省の心理学でないことにまず注意すべきである。通常の意識で考えたり感じたりする範囲をそれはこえている。……」[9]

ここでは、河合は内省の心理学を否定している。もちろん、河合が「単なる内省」を「超えている」というのは無意識、とくにユングのいう普遍的無意識に関わっていることは言うまでもなく、それは先に引用した文章に続く、以下の記述にも明確に示されている。

「……いずれにしろ通常の意識状態とは異なるのである。このような試みをすると、特にユングの強調したことであるが、その対象とする夢や能動的想像、あるいは患者の妄想内容に、個人的要因を超えた普遍的な様相が見えてくるのである」

本稿の視点から翻案するならば、「個人的要因を超えた普遍的な様相」とは先に述べた言語的分節に基づく普遍性ではなく、むしろ、その言語的分節を生成する過程に関連している。素朴に言えば、言語的分節に基づく地平が「意識」に、その地平を生成する過程の相が（分析心理学的な）「無意識」に対応していると言えるが、前者は言語的分節、すなわち、二項対立を基礎とする差異の網の目として構造化されている。

二項対立に関しては、ペレルマン[10]が修辞学を論じる中で「概念の分割」というタームでそれを検討しており、示唆的である。そこでは、たとえば、「現象／実在」というような二項対立において、前者は第一項、後者は第二項と呼ばれるのだが、ペレルマンは次のように言っている。「第一項の諸様相間に現れた不両立関係を除かんがため第一項内で行われた分割の産物が第一項と第二項の区別である。第二項は第一項の諸様相間内で価値のあるものと無価値なものとを区別することを可能にする基準、規範を示している」。これは言い換えれば、柄谷[11]も指摘しているように「第二項は、『第一項／第二項』の対立に属すると同時に、第一項において不可避的に生じる『不両立関係』（パラドックス）を回避するために見出される上位レベル」だということである。それゆえ、柄谷は二項対立を「本来的なパラドックスを隠蔽する装置」とみなす（たとえば、男／女という二項対立を考えたとき、この二項対立の地平をそもそも創り出している位相はパラドキシカルなものとしてこの二項対立から逃れ去る。この位相を男に対する女ではなく真の女と呼ぶならば、ラカンが言うように先の地平の中には「女は存在しない」ということになる）。しかし、視点を変えれば、第二項はメタレベルとオブジェクトレベルの二重性を帯びている項としてあり、そこには背理・矛盾が隠蔽という形であるにせよ、すでに含まれている（つまり、女は存在する）。この構図は、論述してきた一人称としての『私』の二重性や矛盾をその内に含んでいる「他ならぬこの私」のあり方とパラレルであり、それらが内包（隠蔽）するパラドックスが展開することで二項対立の構図、ひいてはそれに基づく「意識」のあり方が変容していくことが期待される。ユングが超越機能と呼んだものの内実はこれであるように思われる。

筆者が思うに、河合はこのような「私」が必然的に孕んでしまう矛盾を解消（あるいは隠蔽）しようとするのではなく、そこに入り込みとどまり続けたのではなかったか。河合が好んでしばしば表明していた「二つ良いことさてないものよ」という言葉は二項対立に関する上記のことをよく指し示していると思われる。矛盾に踏みとどまり続けることで立ち現れてくる「個人的要因を超えた普遍的な様相」。この様相は「他ならぬこの私」を生成する「かけがえのない」ものでありながら、普遍的なものでもあるという、これ自体矛盾を含んだ位相である。河合がたましいと呼んだものはたぶん、これであったように思われる。

［文　献］
（1）河合隼雄『心理療法序説』岩波書店、一九九二
（2）伊藤良子『心理治療と転移——発話者としての〈私〉の生成の場』誠信書房、二〇〇一
（3）飯田隆『言語哲学大全Ⅲ——意味と様相（下）』勁草書房、一九九五
（4）A・クリプキ『名指しと必然性——様相の形而上学と心身問題』矢木沢敬、野家啓一訳、産業図書、一九八五
（5）柄谷行人『探究Ⅱ』講談社学術文庫、一九九四
（6）J・M・ケインズ『雇用・利子および貨幣の一般理論』塩野谷祐一訳、東洋経済新報社、一九八三
（7）G・ベイトソン『精神の生態学』佐藤良明訳、新思索社、二〇〇〇
（8）前掲書（1）
（9）前掲書（1）
（10）C・ペレルマン『説得の論理学——新しいレトリック』三輪正訳、理想社、一九八〇
（11）柄谷行人『隠喩としての建築』講談社学術文庫、一九八九

2 ユングの自我体験

西村則昭

1 はじめに

「私の生涯は一つの仕事、一つの目標で貫かれ、総括されている。すなわち、人格（Persönlichkeit）の秘密へと奥深く分け入ることである。すべてはこの中心点から説明されるし、すべての仕事はこのテーマに関連している」[1・2]（『ユング自伝』より。以下、『ユング自伝』からの引用は、文献(2)を参照し、文献(1)より拙訳とする）

ユングはフロイトとの決別後、凄まじい「無意識との対決」を経て、そのときの体験に基づいて「集合的無意識」を考える独自の理論を構築した。しかしユングの内には、フロイトと出会うずっと以前から一貫して動いていた哲学的思索があり、「無意識との対決」をはじめ、さまざまな人生上の体験――私生活上の体験であれ、臨床体験であれ――が、その思索に素材を提供することになったという見方ができるように思われる。その思索とは「人格の秘密へと奥深く分け入る」思索であり、彼が一一歳（ギムナジウムに入った年）の頃からはじまったと、『自伝』では語られる。

この頃からユングは「私が二人であること」、ナンバー1の人格とナンバー2の人格があることをいつも意識の背景で感じていた。ナンバー1は、裕福とはいえない牧師の息子であり、学校の生徒であり、大勢の中の一人であり、非本来的な自己である。ナンバー2は、大人であり、世間から隔絶し、自然の中に神の神聖を見出す孤独な人格であり、本来的な自己である（「本来的な人間（eigentlichen Menschen）」[3]といわれる）。このように二つの人格を生きざるをえないことが、ユングを「人格の秘密」をめぐる思索へと方向づける契機となったといえる。

しかし「人格の秘密」といわれているものは、一体どのようなものか。筆者はそれを「私の有」の問題と捉えたい。ここで「有」とは、ハイデッガーの思索の究極の事柄である「有（Sein）」に関して辻村公一[4]が指摘しているように、「Xは有る」の意味と「Xは〜で有る」（繋辞）の意味の両者であることに注意したい。ユングにとって、「私」が有り、「私」が何者かで有るという、われわれの日常において最も身近な現象が、最大の謎であり、最も問うに値する事柄であったのではないかと思われる。そうした「私の有」の問題を根底に抱え、ユングの思索は、「個と普遍」や「精神と物質」という哲学的大テーマと本質的に連関し合い、彼の生涯を通して展開されていく。そしてその思索は、「私の心理学の中心概念」と呼ばれる「個性化過程[5]」を見出すことによって、完成されていく。

この小論では、学童期のユングのある体験に注目し、彼において顕わになった「私の有」の問題に、学童期の彼がどのように取り組んだかを論じてみたい。なお、筆者はユングとともに特に最近はラカンを学ぶ者であり、またこれまでハイデッガー等の哲学に親しんできており、以下に論述されるユング像——それをいささか奇異に思われる方もおられるかもしれないが——は、そうした筆者の観点から次第にみえてきたものである。

2 ユング学童期の体験

ここで取り上げるのは、西村洲衛男[6]によってユングの「自我体験」とみなされたものである。自我体験とは、「私の有」に突然気づき、不可思議の感に打たれたり、不安を喚起させられたりする体験で、前思春期や思春期に起こりやすい。ユング一二歳の頃に体験されたそれは、こうである。

「私たちが住んでいたクライン・ヒューニンゲンからバーゼルまで、私は長い道をたどって学校に通っていた。その時ふいに、一瞬だったが、突然私は濃い霧の中から出てきたばかりだという圧倒的な思いをいだいた。そこには今私は有る（jetzt bin ich）という意識が伴っていた。私の背後には霧の壁があるようで、その向こうに私はまだなかった。しかしその瞬間、私は私に遭遇した。それ以前にも私は存在して（vorhanden）いたが、すべてはただ起こっただけだった。今や私は悟った、今私は有り、今私は存在していることを。以前は私が使われて事が為されていたが、しかし今や私は意志するようになった。この体験は私にはきわめて重要で、新しいものに思われた。私の中に『権威者』がいたのである[7]」

3 自我体験の基本構造

自我体験には「見る私」と「見られる私」の分裂、すなわち、主体の分裂がみられる。なお、「主体」というと、何か実体（それ自体で存在するもの）として受け取られるかもしれないが、ここで「主体」とは、むしろそこから主体の実体化を考えることのできる基本現象を指す語としたい。自我体験とは、日常覆い隠されている主体の分裂が顕在化する、非日常的な事態であると考えられる。

日常、われわれは何らかの自己像（自己表象）をもって、この現実世界の中で暮らしている。自己像とは、基本的には、ひとつの身体像の上に、主体がおこなったさまざまな同一化が集められ、それらが〈他者〉（親、教師など）の視点から、一つの「名前」を与えられ、一つの像として構成されたものである。自己像の構成にとって言語が本質的な働きを果たすとすれば、〈他者〉とは言語の座（言語が定位されるべき場）である。日常、主体はそのような自己像と素朴に同一化して実体化されて有る。自我体験において、そうした自己像と同一化した主体が客観化されて「見られるもの」となり、その同一化が問題化（意識化）され、「私が〜で有ること」それ自体、すなわち、「私が〜で有る」可能性が顕わになる。

また日常、「見る私」は「見られる私」（〈他者〉によって構成された自己像と素朴に同一化して実体化された主体）と同一化し実体化されている。この第二の同一化は第一の同一化（自己像との同一化）とは異なり、分裂した主体同士の同一化である。日常この第二の同一化によって、「私が有ること」とは主体が何者かで有るということであり、「私が有ること」それ自体は覆い隠されている。自我体験においてこの第二の同一化もまた問題化され、日常覆い隠されている「私が有ること」それ自体が顕わになる。すなわち、自我体験とは、自己像との同一化と、分裂した主体同士の同一化の、日常的な二重の同一化が問題化されて、「見る私」において「私が有ること」それ自体が、そして「見られる私」において「私が〜で有ること」それ自体すなわち「私が〜で有る」可能性が、独特な気分の中で顕わになる（実感される）、そんな非日常的な事態である。それは日常、無意識にまさに一瞬の内に通り過ぎられている二重の同一化がおこなわれる瞬間に立ち止まり、その瞬間をある独特の気分をもって、ある時間的幅の中で体験する体験であると考えられる。

4 ユングの自我体験の分析

「一瞬だったが、突然私は濃い霧の中から出てきたばかりだという圧倒的な思いをいだいた」。ここで「霧の中」とは、存在者間の区別はすでにあるが、主体は一存在者として他のもろもろの存在者の中に埋もれている状態を意味すると考えられる。そうした状態を抜け出た瞬間の「私」に、一二歳のユングは遭遇した。たしかにそうした状態の中にもすでに「私は存在して（vorhanden）いた」ことをユングは知っていた。その「私」は、〈他者〉の視点から捉えられ意味づけられた自己像と素朴に同一化し実体化された主体である。そうした主体に関して適切にも vorhanden という語が使われている。「存在していること（Vorhandensein）」とは、広い意味で手もとに（vorhanden）有るものとして有ることであり、「これはペンである」とか「これは私である」というふうに同定される仕方で有る（実体として有る）ということである。ここで注目すべきことは、そのような実体としての主体は、「私」との決定的な遭遇の後方、「霧の中」に定位されている点である。

「その瞬間、私は私に遭遇した」。ユングが遭遇した「私」とは、どのようなものだろうか。それは、素朴に同一化されている自己像とは区別される、「私が〜で有ること」それ自体すなわち「私が〜で有る」可能性である。

そうした抽象的なものが、まさに霧の外にくっきりあらわれた形で見られるかのように、捉えられている。その瞬間自覚（意識）されていた「私は有る」とは、「見られる私」の「私が〜で有る」可能性であると同時に、「見る私」の「私が有ること」である（"jetzt bin ich" にはこの二重の意味がこめられているように思われる）。「今や私は悟った、今私は有り、今私は存在していることを」。ここで重要なことは、「私が有ること」それ自体が直ちに「私が〜で有る」可能性に同一化され、そのことが「私は存在して（vorhanden）いる」、すなわち、主体が実体として有ることに直結している点である。ここで再び vorhanden という語が用いられている点に注意したい。

ユングの自我体験において特徴的なことは、主体の自己像との素朴な同一化（第一の同一化）による実体化は認められてはいるものの、その上に第二の同一化が築かれるのではなく、後者の同一化が独立しておこなわれ、自己像なしに実体としての主体が発見されている点である（ユングが見出したこのような主体は、次節で論じるように、デカルト以来の近代的主体を継承するものに思われる）。すでに述べたように自己像は〈他者〉の視点から構成されたものであり、それと素朴に同一化して有るとき、主体は自己を〈他者〉の視点から見ていることになる（自分のことを名前で呼ぶ子どもは、まさにそのことを示している）。主体が自己像なしに実体として有るならば、主体は、自己像と同一化した主体自身を〈他者〉の視点ではなく自己自身の視点で捉え、統制、支配しうることになる。こうして自己自身の意志が自覚され、内なる「権威者」が見出されることになったと考えられる。

5　近代的主体

デカルトは従来のすべての知を疑い、確実な知を得ようとする、いわゆる方法的懐疑によって、「我思フ故ニ我有リ（cogito ergo sum）」という真理に到達した。そしてデカルトは「ただ私が考えることをやめさえしたら、たとえ私がかつて想像したものの残りぜんぶがほんとうであったとしても、私には自分が有ったと信じるどんな理由もなくなるだろう[8]」と考え、考え続けるかぎり「私は有る」と認識し、そのような「私」を実体（substantia）

とみなした。「我有リ（スム）」と区別されるかぎりでの「我思フ（コギト）」それ自体は、いまだ実体として有る有り方とはいえないが、コギトそれ自体から論理的に導き出されるスムとの疑いえない同一化によって、それは実体として有る有り方となるのである。コギトは「見られる私」において客観的に見られ、「見る私」のスムと同一化される。こうして自己像なしに、分裂した主体（「見られる私」と「見る私」）が同一化され、主体の実体化が達成される。このような主体の実体化である「我思フ故ニ我有リ」は、ユングが自我体験において見出した「私は存在している」と軌を一にするものであるといえる。

デカルトはこのように実体化された人間主体を「思考セルモノ（res cogitans）」、世界を「延長セルモノ（res extensa）」として規定し、両者の間に決定的な区分を設けた。(9) こうして世界から独立して存在する実体としての「精神（mens）」と、世界に属する実体としての「物体／肉体（corpus）」との間に截然とした区別がなされた。このように区別される精神こそが、デカルトによって哲学的自覚へともたらされた近代的主体である。ここで立ち入って論じる余裕はないが、ユングはこのような近代的主体をその問題点も含めて継承し、それをより広い展望の下で捉え直し、独自の心理学理論を構築していったように思われる。

6　ナンバー1とナンバー2

自我体験とは、自己像との同一化と分裂した主体同士の同一化の、日常的な二重の同一化が問題化されて、主体の有それ自体（「私が有ること」それ自体と「私が～で有る」可能性）が顕わになる事態であるが、日常性が回復するとともに、顕わになった主体の有それ自体は再び覆い隠されてしまう。しかし想像力豊かで孤独癖のあった学童期のユングは、この顕わになった主体の有それ自体の気分を担う人格を作り上げた。それがナンバー2ではないかと思われる。彼はひとりになるやいなや、この人格の状態になることができ、そこでは「圧倒的な予感と最深の感情」を味わえ、「本来的人間」（本来的自己）になることができた。(10)

われわれは日常、〈他者〉によって構成された、主体に帰属されるべき自己像と素朴に同一化して、実体化されて有る。ユングがナンバー1と呼ぶものは、この自己像に相当する。このような自己像と同一化し実体化されて、この現実世界に定位された主体は、自己を一人二人と勘定されうる「任意の一」として見出すことになる。このように「特定の一」として「私が有ること」の実感を与えてくれない自己像は、本来的自己を表象するものとはいえない。すなわち、ナンバー1は現実的な自己像であるが、非本来的な自己像である。

では、「特定の一」として「私が有ること」の実感を与えてくれる本来的な自己像とは、どのようなものでなければならないだろうか。そのような実感はどのようにして可能になるだろうか。個は、他の個との関連において「任意の一」であり、普遍との関連においてはじめて「特定の一」となる。ここで「普遍」とは、「神」の場合もあれば、「虚無」の場合もあろう。ニーチェやハイデッガー（特に「不安の無」を語る前期ハイデッガー）にとって、「特定の一」として「私が有ること」を実感させるものは、虚無であった。一方、ユングにとって、それは神であった。神に対する個として「私が有ること」の気分を担う人格こそが、「特定の一」として「私が有ること」の実感を与えてくれる自己像、すなわち、本来的自己像である。それをユングはナンバー2と呼んだ。ユングは、自我体験において顕わになった「私が有ること」を、神（普遍）に対する個として「私が有ること」として体験するようになり、そのように「私が有ること」の気分を担う人格（本来的自己像）を自ら構成していったと考えられる。

では、そのような別の人格を生きることとは、何によって保証され支持されているだろうか。それは、自我体験において顕わになった「私が〜で有る」可能性の自覚によってであると考えられる。「私」が何であることも自由だからこそ、本来的自己でもありうるのである。ユングは自我体験において自己像なしに実体化された主体を見出すが、そうした主体がある期間、ナンバー1（非本来的自己像）とナンバー2（本来的自己像）の二つの人格を行き来して生きることになったのである。「ナンバー2が現前しているとき、ナンバー1は非存在（Nichtvorhandensein）に到るまで色あせ、しだいにナンバー1と同一化される〈私〉が場を支配しているとき、「老人」は、たとえ想起されたとしても、遠い非現実的な夢であった[11]」。

実は神こそが、自我体験以降のユングにとって抜き差しならない大問題であった。「おそらく私が霧から出て、私が生成した（Ich-Werden）瞬間から、神の統一性、偉大さ、超人間性が、私の空想をとりこにしはじめた[12]」。ユングは、伝統的な教会の教えや、彼の父親が小心翼翼と守っていると彼に思われた信仰の中にはない、神の否定的側面に気づき、激しく苦悩するようになる。「あらゆる超人間的なこと、目の眩む光、深淵の暗黒、時空の限りなさの冷たい無感覚、非合理的な偶然世界の不気味なグロテスクさは、『神の世界』に属していた[13]」。天の黄金の玉座の下から神が大量の排泄物を落とし、大聖堂を破壊するという空想が無意識から生じ、それが彼に大きな衝撃を与えたこともあった[14]。ユングは彼が神について彼の全生命を賭けて切実な思いで考えていることを誰にもいえないと感じ、それを自らの内にかかえこんだ。まさにそのことが、彼の個の意識を強化し、神（普遍）に対する個として「私が有ること」それ自体の気分を担い、そこにおいて「特定の一」が実感される人格であるナンバー2の構成を促したと考えられる。

もっともナンバー2は最初、「人格」としては漠然とした、地上の現実から遊離した空想であっただろう。しかしユングはゲーテの『ファウスト』を読み、ファウストがゲーテのナンバー2であることを確信した。「この洞察は私の慰めとなっただけではなく、内的な安心感の増大と人類共同体に属しているという確信もまた私に与えてくれた。私はもはや単独者でも単なる物好きでも、いわば無慈悲な自然の玩弄物でもなかった。私の名付け親で保護者は、偉大なるゲーテその人だった[15]」。ユングは、〈他者〉＝ゲーテの視点から自らのナンバー2を構成し直し、それをこの歴史的世界の中に、確かなものとして位置づけることができたのである。

やがてナンバー1が前景化し、ナンバー2は後退していく。自然科学への関心が高まり、将来の自分の社会的生活のことを考えるようになり、医学部進学を決意すると、ユングはますますナンバー1との同一化を強めていった。こうしてナンバー1が「私」（自己像なしに実体化された主体）に割り当てられ、「自我」が成立した。ナンバー1との同一化の固定による自我の確立によって、主体はもはや自己を本来的自己として見出されえなくなる。

そうした自我＝主体にとって見出される自己は、他の個に対する個、「任意の一」、非本来的自己である。こうして自我＝主体は、失った本来的自己を再び取り戻すという課題をかかえることになったのである。ユングが「私の心理学の中心概念」と呼ぶ「個性化過程」は、まさにその課題に対する解決であったと考えられる。

［文献］
（1） Jaffé, A. (ed.) (2009) *Erinnerungen, Träume, Gedanken.* p.229, Düsseldorf: Patmos.
（2） A・ヤッフェ編『ユング自伝1・2』河合隼雄、藤縄昭、井出淑子訳、みすず書房、一九七二〜七三
（3） 前掲書（2）、六〇頁
（4） 辻村公一「訳者後記」〔ハイデッガー著、辻村公一、H・ブッナー訳〕『有と時』創文社、六四三〜六五一頁、一九九七
（5） 前掲書（2）、二三二頁
（6） 西村洲衞男「思春期の心理——自我体験の考察」〔中井久夫、山中康裕編〕『思春期の精神病理と治療』岩崎学術出版社、二五五〜二八五頁、一九七八
（7） 前掲書（2）、四七頁
（8） R・デカルト「方法序説」『デカルト著作集Ⅰ』三宅徳嘉、小池健男訳、白水社、三九頁、二〇〇一
（9） R・デカルト「哲学原理」『デカルト著作集Ⅲ』三輪正、本多英太郎訳、白水社、二〇〇一
（10） 前掲書（2）、六〇頁
（11） 前掲書（2）、八四頁
（12） 前掲書（2）、五三〜五四頁
（13） 前掲書（2）、八八頁
（14） 前掲書（2）、五四頁
（15） 前掲書（2）、一〇四頁

3 主体生成プロセスをまなざす観点呈示の試み

――「垂直性をめぐる動き」「水平性をめぐる動き」という観点

小山智朗

はじめに

本論では、まず主体生成という視座から心理療法のプロセスをまなざすことの意義を示し、次に、主体生成を見通す観点がないことから生じている問題について概観する。それを踏まえ、主体生成プロセスを見通す「垂直性をめぐる動き」「水平性をめぐる動き」という二つの観点を呈示してみたい。さらに、主体生成をめぐる動きを歴史的な文脈に置いてみることで、この二つの観点の意味するところを明確にし、主体生成をめぐる心理学的な課題についても浮き上がらせたい。

1 主体生成という視座

DSMに代表される、症状や問題からクライエントを理解していくありかたは、明晰で客観的な診断基準をもち、また記述的であるため、診断や分類には大きな力を発揮すると考えられる。一方、症状の背景にある病因や人格構造への視点を排除し、症状や問題の現象面だけで分類するため、力動的見方を捨てているという批判や、分類が非常に羅列的といった批判があるように、クライエントの全体像や症状に底流する動きを見落としてしまうこともあるのではないか。

例えば、心理療法のプロセスが進展していくと、「適応障害」であったのに、「不安障害」が前面に出てきたり、また時に「解離性障害」へと移ろったりすることがある。症状という顕在事象からクライエントの様態を理解するだけでは、症状が変遷すると、これまでの理解は失われてしまう。逆に、知的障害などの器質的問題が底にある診断の場合には、その診断は半恒久的で静的な「ラベル」となり、心理療法過程で生じる細やかな変化を掬いとれなくなるのではないか。こうした意味で、ＤＳＭに代表される顕在面からのクライエント理解は、症状の背後にある内的な構造や、プロセスに底流する動きを細やかに捉えるにあたっては十分ではないと考える。

河合俊雄[1]は、主体の成立という視座から心理療法プロセスをまなざすことで「症状や問題とそれの解決の方向を統一的に見ることが可能になる」とし、「より動きを持った、力動的なものとして」心理的問題を捉えていける可能性を示唆する。このように、主体生成という視座からプロセスを照射することで、表層ではバラバラの現象を貫く原理や動きを捉えられ、クライエントの全体像の理解につながるのではないか。

木村敏[2]は、自己とは「自己という以外の概念ではとらえがたいなにかしら無定形のひろがり、もしくは意味内容のようなもの」と述べ、「私が私自身を意識して、そこになんらかの自己の表象をもつとき」現れるとする。主体は、様々な位相で規定される多義的で幅の広い概念であるが、本論では木村の自己論を援用し、実体性をもたない、不定形な自己を収斂して表象する概念として用いたい。

2 主体研究の問題点

前項では主体生成という視座をもつことの重要性について触れた。ただ、鷲田清一[3]が、主体は「じぶんのうちをいくら覗き込んでも、なにかこれがじぶんだ、といえるようなものに出会えるわけではない」と指摘するように、そもそも主体は、具体物ではなく、抽象的で不可視な概念である。つまり主体研究においては、「見えない」ものを「見る」という困難さがそもそも埋め込まれている。主体生成の過程を内在的に見通すためには、主体生成の動きをまなざす観点について検討することが重要であると考える。

中村雄二郎[4]は、世界において他者と関わりつつ具体的な生を経験することではじめて自己が成立するさまを、〈経験あっての自己〉と述べ、世界で生を経験していくことの重要性を指摘する。また木村[5]は、主体の基層の形成は、世界を「観察者の位相で受動的・完了的に認識していく」動きに加え、「参与者の位相で能動的、現在形的に行為を通じて経験」していく両方の動きによってなされるとの慧眼を示した。

しかし、従来の臨床心理学における主体生成の議論においては、こうした「観察者の位相で」「認識」する動きと、「参与者の位相で」「経験」する動きの両方から、主体生成プロセスを描き出したものは見当たらず、もっぱら世界から離れ、世界を「観察者の位相」で認識する面に光が当てられてきた。その結果、主体生成の議論は「主体（＝認識様式）か世界か」という二項対立的な軸に依拠することになり、主体を確立すれば世界から離れ、世界との融合に遡行するなら主体への道は塞がれるという相互排除的な見方に陥り、「主体も世界も」という位相を描き出すことが難しくなったのではないか。

そこで、次項ではこうした二元的な動きの両方から主体生成を見通す観点を呈示するため、トゥアン（Tuan, Y.）[6]の「垂直性」と「水平性」という概念を検討したい。

3 「水平性をめぐる動き」「垂直性をめぐる動き」という観点

トゥアンは垂直性と水平性を「超越と内在の対立、肉体から分離した意識の観念と、地上に縛られた同一化の観念の対立」と述べる。筆者は[7]、この概念を展開させ、「垂直性をめぐる動き」を認識への志向性、すなわち観察者の位相で内的・外的世界を対象として認識する志向性をもつ動きとして、また「水平性をめぐる動き」を行為への志向性、つまり参与者の位相で世界の平面での関わりを拡げ、行為を通して世界を経験していく動きとして検討した。その中で、この二つの観点から神経症的様態を抱えるクライエントの主体生成の動きを照らすことで、従来の「主体か世界か」という二項対立的な軸では闇に埋もれていた、「主体も世界も」という位相へ向かう見取り図を描き出す可能性を示唆した。また、この概念には志向性や方向性という動きを捉える視点も内包されており、認識と行為が絡まりつつ、相関関係の中で主体が生成していく動的過程をも把捉する可能性も示された。いわばx軸とy軸という二つの軸が与えられることで、関数が座標面に可視化されるように、この二つの観点によって認識と行為の関わりを描き出しうるのではないか。

内田樹[8]も、自己意識とは「想像的にしつらえた俯瞰的な視座から、地上の自分や自分の周辺の事態を一望」するもので、その「想像的に確保された『私』からの距離」が自己認識の正確さを保障すると述べ、垂直的な高みからのまなざしが、認識と関わることを指摘している。また臨床心理学的な見地からも、高石恭子[9]は風景構成法の検討から、「真上の視点」から対象を鳥瞰することは、自己を含めた世界を対象として認識することとの関わりを指摘する。これらは、「垂直性をめぐる動き」が認識への志向性と密接に関わることの理論的な傍証となるだろう。

ただ、筆者はこの二つの概念については、なお検討すべき点があると考えている。とりわけ「垂直性をめぐる動き」については、川嵜克哲[10]が指摘するように、一般的には超越性や聖性といった意味で用いられることも多い。同じ「垂直性」でも、こうした「認識への志向性」と「超越性」では、大きな隔たりをもって捉えられ、このままでは混乱を招くと考えられる。

そこで本論では、主体生成をめぐる歴史的文脈の中で、こうした「垂直性をめぐる動き」という概念について検討することで、概念の意味するところをより明確にしてみたい。認識主体のありかたは、世界との関わりとも直結するため、「垂直性をめぐる動き」を検討することで、ひいては「水平性をめぐる動き」の意味も明瞭にすると考えられる。さらに、その時代の世界観を背景にもつクライエントの主体生成をめぐる心理学的課題も浮かび上がらせてみたい。

4 主体生成をめぐる歴史

1 プレモダンの世界観

近代以前の神話的な世界観においては、聳《そび》え立つ高山や天には神が宿るとされるなど、垂直上方は超越的な存在の特権的な位相であった。世界をまなざし、認識し、判断していく主体はあくまで超越者の側にあり、一方で人間は、超越者、親、また家や共同体といった世界に包まれて、世界の平面上を生きる存在であった。そうした世界観の中に留まる限り、人間は世界に守られていたと考えられる。確かにシャーマンのイニシエーションなどでは、高みから自らが解体されるのを見るといった、垂直上方の視座に立つ体験は重要視されていた。ただそれは、特別な訓練を受けた存在が、超越的な体験をし、それを地平に生きる人間に伝えることを目的としている。あくまで超越性を媒介しこの世界観を強化するものであり、そもそも垂直上方の位相を取って替わるためではなかった。こうした超越者が主体者として統べるという世界観においては、垂直性は超越性と同義であったと考えられる。

この世界観の中では、人間が認識の主体者たらんと高みを志向することは、自らの生きる世界自体の転覆を意味する。そのため、超越者は脅威として現れ、それを阻止するという数多の物語が生み出されてきたのではないか。ギリシア神話のプロメテウスは、天界へ昇り、太陽神から意識や認識を象徴する火を手にするが、そうした上方への動きに対し、ゼウスから苛烈な罰を下される。また旧約聖書『創世記』において、バベルの塔を天まで建ち上げ、天上の視座を人間の掌中にしようとする動きは、神により破壊されてしまうのである。このように天の位相へと上昇する動きが超越者の怒りを引き起こし、下方への墜落や落下がもたらされるという物語は、洋の東西を問わず枚挙に暇がない。つまり、意識や認識の位相を自らの手にしようとする動きは、こうした超越者を主体とする世界観とは真っ向から相反するもので、きわめて惧《おそ》れ多く、天罰を下されるべき禁忌として受け取られてきたと考える。

ここで、軽度の自閉的傾向を抱える子どもの自験例を見てみたい。初期の面接で、箱庭において垂直上方への動きを展開していくのと同時に、初めてゲームのルールを認識し、「俺」という人称代名詞を用いるなど、認識主体を向上させていった。その直後である。宇宙から隕石という超越的な存在が急襲・落下し、大地震が生じ、すべてが破壊されてしまったのである。ここでも、認識主体を目指し、垂直上方という超越者の位相へ向かう動きは、世界観を転覆させる意味を持つため、反動的に下方へ追いやるようなラディカルな動きが生じたと考えられる。

では、主体を立ち上げる動きが兆しつつも、それが頓挫させられた場合、いかに主体は生成されるのだろうか。その手掛かりとなる動きを、再びこの事例の中に見出してみたい。この事例でも、そうした天からの破壊により主体を立ち上げる動きは暗礁に乗り上げたかに思えた。しかし箱庭の平面上で、激しい殺戮を繰り返し、供犠的な存在を暴力排除し、地下に埋めては掘り上げるという垂直性をめぐる動きを継続していったのである。今村仁司[11]はその第三項排除論の中で、全員一致の暴力で相互関係の平面から排除された存在は、平面の下方に投げ出された後、一転して上昇し、平面を見下ろすメタレベルの位相に転じ、「秩序を支える存在」になると指摘する。ここでも、それに類した動きが生じたことに即応して、象徴化能力の向上、自他境界の認識の生起など、認識のあり方が向上していった。

こうした物語や事例の検討から、プレモダン的な世界観を背景にもつクライエントは、認識を立ち上げるという心理学的な課題を抱えていると考えられる。ただ認識主体を立ち上げる局面においては、反動的に超越的な存在が圧倒的脅威として現出し、その上方への動きを止めることも多いことが示唆された。ただ、事例のように、たとえ直線的な垂直上方の動きが頓挫しても、世界の水平面において、象徴的暴力を通して主体を立ち上げていく可能性があることも示された。このような一見暴力的な動きについて、プロセスの悪化としてだけでなく、根源的レベルでの主体生成の動きとして考える必要もあるのではないか。

2 近代の世界観

「見る」という行為は、ただ生理学的・身体運動的な問題を意味するだけではなく、世界をいかにまなざし、認識するのかという「形式」とつながると考えられる。近代になって発展した遠近法は、格子状の糸が張られた幕を用い、世界を線と点の位置に応じて、いわば数学的に変換して描き取っていく方法であるが、高山宏[12]は、遠近法が一五世紀に発明されたことによって、「西欧人の画法ばかりか、絵の見方をモデルにした世界そのものの見方さえ決定づけ」、世界は「人間を中心点にして万物が一定の秩序／順序で配列された整合空間」をなすようになると指摘する。佐藤康邦[13]も遠近法的見方により「上下、左右が特別の階層的意義」を持っていた世界観が消失していくと述べる。橋爪大三郎[14]も、遠近法により「視る主体」が誕生したとし、「世界は、物体《オブジェクト》（＝客体＝対象）の集まりである。それ以外のもの（神や霊魂）はどこにも見つからない（のではないか）。そして、世界を視るのは、私だ」と述べ、遠近法という「見る」認識様式の浸透により、世界観が転換していったことを指摘する。

さらに、一九世紀に入ると、気球や飛行機などの科学の進歩、航空写真の流布により、実際の垂直上方からの視点は広く浸透し、遠近法的見方を基盤に、人間がパノラミックで一望瞰視可能な視座を手の内にしていく。こうして、人間が世界をまなざし、認識主体となるという近代的な世界観が支配的になっていく。その結果、垂直性の意味合いは「超越性」から人間の「認識」にまつわるものへと重心を移していったと考えられる。

ただ、世界が観察する「対象」と化していくことで、人間は直接の空間体験から離れ、人間と世界との間に亀裂が生じることになる。中沢新一[15]が「至高の連続性」と述べる、超越的な存在、親、共同体といった世界との連続的、共生的なあり方や守りは喪われてしまう。ここにおいて、垂直性をめぐり世界をまなざすという動きは一定程度達成されつつも、水平性をめぐっては他者や世界との直截的・相互的な関係が希薄となり、生の感覚、内的な実感とも距離が生じ、神経症的様態を呼び込んでしまうのではないか。川嵜[16]も「近代的主体の成立と神経症とはコインの裏表である」と指摘する。

そのため主体を一定程度立ち上げつつも、それ以上世界から離れる不安や恐怖から、主体生成の歩みが止まってしまうことがあるのではないか。河合[17]も、対人恐怖などの症状は、親や超越的存在といった世界に包まれ、守られていたプレモダンのありかたから抜け出ようとする局面にあるからこそ、共同体が自らを引き止める恐ろしいものと映ることを指摘した。かといって、プレモダンのありかたに遡行することも、認識する主体を手放すことになる。こうしたジレンマに陥り、主体生成のプロセスが足止めされることもあると考える。

こうした検討から、近代的な世界観を背景にもつクライエントにとっては、世界との関わりを展開しつつ、さらに認識する主体も向上させていくという水平・垂直の相俟った動きが心理学的課題となると考えられる。

ある不安神経症を呈する男子大学生の例である。初期は生の感覚、内的な実感とも距離があり、何事にも気力がなかった。しかし徐々に父親に対する不満を語り始める。「鬼みたい」「良いところはまるでない」「仕事人間」と熱を帯びて語り、それをセラピストに受容されることを繰り返していった。その当時は、父親を毛嫌いし、接点を持つことすらなかった。しばらく経ったある時、仕事中の父親と偶然外出先で出会うことがあり、父親の働く姿を見て、「父親も頑張っている面もある」と初めて肯定的な感想を漏らす。徐々に、父親への批判的な見方は和らぎ、時に会話を交わすようになる。また、父親ばかりを責めている自分について振り返るようにもなる。その頃から初めてアルバイトを始め、そこで実社会の厳しさを知り、社会人として長年働く父親への尊敬の思いも語られる。またアルバイトの同僚と交流を深める経験を通して、他者と比較して自らの状態を客観的に振り返るようにもなり、不安神経症の状態も改善していくといった経過をたどった。

鷲田[18]は、自己の同一性、自己の存在感情は、「他者によって、あるいは他者を経由してあたえられるものであって、自己のうちに閉じこもり、他者から自分を隔離することで得られるものではない」と述べる。この事例においても、水平性をめぐる動きとして、セラピストとの人間関係の中で世界への安心感を体験していくことで、父親や他者との実際の関係を深め、世界での経験を積んでいく。しかし、それは他者との融合状態に陥り認識主体を放棄してしまうのではない。心理療法の場で世界の経験を対象化して語ることで、父親や他者への認識を常に新たにしていき、自らのありかたについても内省を深めていったのである。さらに、そうした認識の変化は、現実の父親や他者との関係を深く親密なものにし、さらに…と「垂直性をめぐる動き」「水平性をめぐる動き」が相乗的に展開していった。こうした両方向の動きが相即的に絡まりあって、認識を保ちつつ世界と関わるという心理学的課題が果たされていったと考えられる。

おわりに

本論では主体の歴史について概観したが、時代の後先が主体のありようの優劣を決めるのではない。先述したようにプレモダンより後の近代的な主体のありようが神経症を頻出させ、さらに後のポストモダン的なありかたで解離やキレるといった問題が続出している事実からも、それは自明であろう。レヴィ＝ストロース[19]は、プレモダン的な様式を色濃く残した社会の思考には、近代社会のそれとは別種の創造性があると指摘した。筆者も、その主体の本質的価値は、継時的な順序にはなく、生きる意味と尊厳を生の営みに籠め、自らの課題を超えて主体生成へと向かう、その歩み自体の創造性と真摯さにあると考えている。

本論では、主体という視座から心理療法プロセスをまなざす意義を示し、次に従来の主体をめぐる研究の問題点を鑑み、「垂直性をめぐる動き」「水平性をめぐる動き」という二つの観点を呈示した。また、歴史的な文脈において概念の意味を明らかにし、それぞれの時代の世界観を背景にもつクライエントの心理学的課題を示し、主体を生成していく動きの一端を明らかにする試みをおこなった。

紙幅の都合もあり、主体をめぐる歴史については素描に留まり、また主体生成プロセスについても仔細に検討することは叶わなかった。そのため本論での指摘はあくまで示唆に留まる。今後、検討を加えていきたい。

〔文　献〕（1）　河合俊雄『心理臨床の理論』岩波書店、二〇〇〇

（2）木村敏「自己と他者」『岩波講座精神の科学1　精神の科学とは』岩波書店、一九八三
（3）鷲田清一『「聴く」ことの力──臨床哲学試論』阪急コミュニケーションズ、一九九九
（4）中村雄二郎『臨床の知とは何か』岩波新書、一九九二
（5）木村敏『心の病理を考える』岩波新書、一九九四
（6）Tuan, Y. (1977) *Space and Place: The Perspective of Experience.* Minneapolis: University of Minnesota Press.（山本浩訳『空間の経験──身体から都市へ』ちくま学芸文庫、一九九三）
（7）小山智朗「〈私〉の生成という視点からみた神経症的なありかたを抱える女子中学生への心理療法」心理臨床学研究、31（4）、五九七〜六〇七頁、二〇一三
（8）内田樹『寝ながら学べる構造主義』文春新書、二〇〇二
（9）高石恭子「風景構成法における構成型の検討」〔山中康裕編著〕『風景構成法その後の発展』岩崎学術出版社、二三九〜二六四頁、一九九六
（10）川嵜克哲『夢の分析──生成する〈私〉の根源』講談社選書メチエ、二〇〇五
（11）今村仁司『暴力のオントロギー』勁草書房、一九八二
（12）高山宏『魔の王が見る──バロック的想像力』ありな書房、一九九四
（13）佐藤康邦『絵画空間の哲学──思想史の中の遠近法』三元社、一九九七
（14）橋爪大三郎『はじめての構造主義』講談社現代新書、一九八八
（15）中沢新一『野ウサギの走り』中公文庫、一九八九
（16）前掲書（10）
（17）前掲書（1）
（18）前掲書（3）
（19）レヴィ＝ストロース『野性の思考』大橋保夫訳、みすず書房、一九七六

4 「異」なるものとの出会いとしての臨床性

田中崇恵

1 「異」なるものとの出会い

ある日突然、事故に遭う、災害に襲われる、わけの分からない症状に悩まされる、自分の中の何かが均衡を崩し身動きが取れなくなってしまう。そして、突如として日常生活が一変してしまい、これまでどのように生きてきたのか、これからどのように生きていけば良いのか見失ってしまうことがある。心理臨床の場では、このような事態を抱えて来るクライエントとお会いすることが多い。本論では、このような自分の力を超え、これまでの生き方に変容を強いられるような体験を、「異（い）」なるものとの出会いと呼び、それを心理臨床で取り扱っていく意義を考えてみたい。

まず「異」なるものという言葉を使う前に、その概念の枠組みとなる先行研究や観点を概観するところから始めていこう。先に述べたように、自分の力を超えるような体験や心の動きは、面接の場で語られたり、箱庭や描画で表現されたり、夢の中に現れてきたりと、心理臨床の現場で実際に生じてくるものである。このような体験について記述しようとする試みの一つとして、「異界」や「異人」といった表現を用いた研究が見られる。例えば、田中康裕[1]は、セラピストを異人と表現し、クライエントが「内なる異界」としての無意識といかに相互浸透していくかという過程について事例研究を行っている。三宅理子[2]は、プレイセラピー過程を異界の体験として、それをくぐり抜けていく過程を詳細に検討しており、また岩宮恵子[3]は、思春期を異界に惹きつけられ、異界との問題にぶつかる時期として、事例や漫画、小説を取り上げ論じている。ここでの議論は、文化人類学や民俗学、社会学の分野などで取り上げられる異界や異人という概念を援用し、心理臨床の営みを捉え直そうという意図が感じられる。

ここではまず、これらの先行研究の下敷きとなっている文化人類学や民俗学での異界・異人について取り上げてみよう。異界とは、小松和彦[4]によると、「私たちの世界の向こう側、境界の向こう側」というシンプルな定義である。佐々木宏幹[5]は、異界と類似する概念である他界とを区別しながらこう述べている。「他界は人界からすこぶる離れた空間を思わせるが、異界は人界に隣り合わせて存在する『異質のスポット』である」。異界とは、われわれの生きる世界とは違うものでありながらも、何か遠く隔てられたものではなく、身近な存在として感じられるもののようである。異界は、界という言葉からも、特に空間性や位置に関してその性質が述べられるが、異界の特徴を携えて生き生きと表現されるのが、異界からの来訪者であり、異界の住人である異人であろう。異人とは、社会の外部に存在し、何かの機会でその社会へと接触してくる人々を指し、まれびとや来訪神として語られる。このような異人たちは、悪霊的で災いをもたらす存在として恐れられる一方、手厚く歓待することで富が得られるとされる[6・7]。また、異人のもつ外部性・周縁性が、われわれの秩序を覆すような混沌の要素を持ち込むものであると同時に、それによって生き生きとした新鮮さを獲得することが出来るとも指摘される[8]。ここでの異人のイメージは、境界のあちら側からやってくる、われわれにとって意味の分からない存在であり、恐怖や侮蔑の対象である一方、富や幸福をもたらすような両義的な存在であることがうかがえる。

このような異人たちの表象は、多神教の神のイメージを備えている[9]。異人たちがわれわれの前に突如現れることで、あの世とこの世がひとつながりになった境界状態がもたらされ、対称性をもつ世界へと様変わりする。そこでは、通常考えられる普遍性やルールなどが突き崩され、われわれは何者であるのかというアイデンティティさえも揺るがされることになる。しかし、一方でそれはわれわれにとって豊穣性に富み、新たな生をもたらしてくれるのである。

これは中沢の示す一神教の神の構造と対比させるとその違いが明確になる[10]。一神教の神は、人間との非対称性が強調されており、常に聖所におり、われわれの存在に関わらず世界の秩序を支えるものとして表される。そして、イメージを拒否する存在であり、われわれが直接触れることがかなわないものだという。中沢はこの神の本質を、ラカン（Lacan, J.）が示したトーラスの構造に見ている。トーラスとは中心が空虚からなる中空の構造であり、われわれの認識では到達不可能で触れることの出来ない現実界との関係を示したものである。その意味で、一神教の神は、われわれにとって到達不可能であり、出会い損ないとしてしか出会えない「他なるもの」であると言えるだろう。

このように異界・異人の性質とは、われわれに先行してある到達不可能な存在ではなく、われわれのもとへ突如現れ、世界を境界状態へと引きずり込む。そのため、これまでの秩序やわれわれが自明と思っていたアイデンティティですら突き崩されるような恐ろしい体験をもたらすが、一方で、多義性と豊穣性を持ち合わせるものとして体験されるという特徴をもつのである。ここでは、異界や異人という語によって、個別的な表象が持ち込まれるのを避け、これらの性質を包括するものとして「異」なるものという言葉を用いたい。

「異」なるものは、一神教の神との比較にあったように、自らが触れられるか、われわれのもとに訪れて体験されるか、というところに一つ大きな違いがあった。先に示した異界や異人を用いて考察がなされている心理臨床分野での事例研究は、このような「体験をする」ということに焦点づけることを目指していたのではないだろうか。小松[11]は、異人がわれわれの世界に接近・侵入してきて初めて具体的な問題となるというように、「異」なるものは、それを体験する「私」を起点としてしか取り扱えない。その意味で言えば、一般的な「私」というものが存在しないように、一般的な「異」なるものとは存在しない。「異」なるものは他ならない「私」に向かって訪れ、それと関係を持たざるを得なくなる。このような個別的で深い体験に焦点づけるという点において、「異」なるものとの出会いという観点は有用であり、心理臨床の独自のものとして取り上げていく意味があるだろう。

2　事例の提示

ここまで、「異」なるものについて、その性質や心理臨床で取り上げる有用性を述べてきた。先に触れたように、「異」なるものは個別的な体験という形をとって心理臨床の場で扱われる。よってここでは、実際心理臨床の場に生じた出来事を取り上げて、「異」なるものとの出会いについて検討していきたい。ここでは、ある女子大学生のクライエントにとって、症状が「異」なるものとして立ち現れたと考えられる事例を取り上げ、その中で報告された夢を一つ提示する。この夢は、「異」なるものとの出会いによってクライエントに生じた動きが凝縮して示されているものとして考えられた。なお、この事例の詳細については、拙論[12]にて検討しているためそちらを参照されたい。ここでは特に「異」なるものとの出会いという観点から、その夢を考えることを目的としたい。

クライエントは、他人から自分の行動が注目され、意識されていると感じ、そこからくる過度な不安と緊張を訴え面接が開始された。はじめは、自身の症状について身に覚えのないもの、やっかいなもの、取り除くべきものとして語り、症状に対して自分の外側にあるものとして対峙していた。しかし、面接が進むにつれ、「自分の中の何かが人を惹きつけているかもしれない」「自分の中から表現することの怖さ」「社会に出て行くことの不安」として、その症状の意味を語るようになった。そのように変化していった途中に報告された夢が、このクライエントの「異」なるものとの出会いをよく表しているように考えられたので、ここに取り上げてみたい。

［夢］　自分の家である六畳一間の部屋に座っている。その部屋のふすまが開いていて、その先には玄関のドアが見える。ふすまの向こうになぜかピンクのテディベアが吊るされている。玄関のドアや郵便受けが、なぜだか分からないが外側から殴られたようにぼこぼこで、ひどくひしゃげている。すごく怖いが、外で何かが起こっているのかもしれないと思い、玄関の外に飛び出す。すると辺りは真っ白で何も見えない。

この夢について、クライエントは「自分の部屋の中にいるんですが、ものすごく怖い感じがしました。でも、何があったのか確かめなくてはいけないと思って、外に出たら死ぬかもしれないと思いながらも飛び出していったんです」ということを語っている。この夢の流れを追いながら、「異」なるものとの出会いの特徴を考えてみよう。

まず、夢の中のクライエントは、自分の部屋の中に座っている。自分の家の一室とは、非常にプライベートなものであり、外界から囲われたクライエント自身の内面を示していると考えられる。しかし、自分のものとして自明であるこの部屋も、「吊るされたテディベア」や「殴られてひしゃげたドアや郵便受け」などによって、不気味な雰囲気が漂っている。クライエントの内面でありながら、すでに境界性を帯びた空間でもあるようにもみえる。

そして、次に起こることが非常に興味深い。クライエントは怖い、死ぬかもしれないと思いながらも、外に飛び出していく。それは、まるで外側の何かから誘い出されているかのようでもある。クライエントの語った「何があるか確かめなくてはいけないと思って」という言葉に現れているように、他ならないクライエント自身が、部屋の外にある何者かに指し示され、逃れようもなく関係を迫られている様子がうかがえる。

この後、クライエントは「死ぬかもしれない」と命をかけて飛び出していき、辺りが真っ白になりホワイトアウトという形で夢が終わる。ここでは、命をかけて飛び出したこと、それによって部屋の内と外という境界が消失し、それとは異なる次元の世界が現れたようにも見え、クライエントが象徴的な死の体験をしたとも考えられる。命をかけて飛び越えたあと、部屋も、部屋の外の世界も、クライエント自身もすべて白い光の中に融解していき、これまであった境界が失われている。クライエントは何かに誘いだされて、クライエントがこれまで自明に持っていた境界を超え出て、その境界を消失させるという大きな動きが起きていると考えられる。

この夢の報告の後、次第にクライエントは自分の症状の意味について、自らとつながりのあるものとして捉えるように語りだしたことは、夢の中の動きと無関係ではないように思われる。これまで症状は自分の外側のものとして捉えていたクライエントにとって、これまでの境界が消失し、新たに自らとつながりのあるものとして症状を捉えなおすという新たな境界の生成が起こったのではないだろうか。これは、この夢を見たから、クライエントの意識が変化したということではなく、症状を抱えることから始まった「異」なるものとの出会いによって起こった境界の消失と新たな境界の生成が、夢のイメージに凝縮して現れていたと考えられる。

3 境界の生成

この夢においては、ドアの外からクライエントを誘い出した何者かは明確なイメージを持つものとして現れてはいないが、自分だけに迫り、命をかけて外に飛び出し、境界を融解させるという動きこそが、「異」なるものとの出会いを表していると考えられる。そして、クライエントが次第に「自分の中の何かが人を惹きつけている」「自分の中から表現することの怖さ」というように語るようになったことから、これまでの境界を超え出て、新たな境界が生じていることが表されているようである。「異」なるものとの出会いは、これまでの「私」やその境界を壊し、新たな意味や恵みをもたらす可能性がある。しかし、夢の例にあったように、それは死の体験という強烈な恐怖や破壊性とも密接に関わっていることを忘れてはならない。

クライエントは症状に真に向かい合うというその局面において、それが自分と関わり、自分にとって意味のあるものとして捉え方が変化していった。これは、症状を外から名づけて安心したり、自分とは解離したものとして捉えたりすることとは違い、症状という「異」なるものに触れるその局面にこそ新たな意味や新たなクライエントのあり方が生じていたと考えられる。「異」なるものは外から眺めることはできず、自らも巻き込まれ、その新たな境界の生成に立ち会わなければならないのだろう。「異」なるものとの出会いは、われわれに新たな境界のあり方をも突きつける。

心理臨床の場においては、意識／無意識、心の内面／現実世界、面接室の内／外、セラピスト／クライエントなど、たくさんの二項対立（に見えるもの）とその境界が存在する。あらかじめ分けられたものとして内と外を考えることは、固定化された視点があることで可能になる。しかし、「異」なるものとの出会いを捉えようとするとき、そこでは、その都度、消えては生じる内／外、生／死、私／私でないものとして境界を扱っていかなければならない。その意味で、境界が生じるということは、固定化された内・外が問題になるのではなく、境界も一つの動きであり、その境界の出現に圧倒され、自らも包みこまれるということを示しているといえるだろう。この視点に立てば、心理療法家も境界のこちら側から、あちら側にいるクライエントを眺めるということは不可能であり、自らもその境界に包みこまれるのである。心理臨床においては、その都度生成される境界に身を置くということを意識しなければならないだろう。

まとめ

心理臨床家は、クライエントが抱える生きることへの問いに対する答えをあらかじめ知っていて、それを提供するということはできない。心理臨床家も、クライエントが遭遇した「異」なるものの体験に投げ込まれ、どこに行き着くかもわからない道のりを進まねばならない。つまり、心理療法家が「わたし」という固定的な視点を持ち込んで、「異」なるものとの出会いがもたらす動きを止めるのではなく、クライエントとともに「異」なるものから問われることに答えようとし続けなければならないのである。そして、心理臨床においては、心理療法家がその「異」なるものとの出会いをいかに迎え、そこに生じてくる動きにどれだけ委ねることができるかということが大事になるのではないか。それは決して受動的な態度ではなく、巻き込まれながらもそこに耐えるということである。そこに生じてくる境界の消失と生成という動的な営みを臨床性と捉えることもでき、「異」なるものとの出会いはその動きを捉えていく一つの視座として提示できるのではないだろうか。

〔文献〕

（1）田中康裕「心理療法過程における『内なる異界との交通』――極度の対人緊張を訴えて来談した青年期男性の一事例から」心理臨床学研究、13（1）、八五～九六頁、一九九五
（2）三宅理子「『異界』体験としての遊戯療法過程――箱庭の世界で破壊と創造を繰り返した学校不適応の少年との心理面接を通して」箱庭療法学研究、11（1）、三～一五頁、一九九八
（3）岩宮恵子『フッーの子の思春期――心理療法の現場から』岩波書店、二〇〇九
（4）小松和彦「異界をめぐる想像力」（国立歴史民俗博物館編）『異界談義』角川書店、八七頁、二〇〇二
（5）佐々木宏幹「異界と人界のあいだ」文学、2（6）、九頁、二〇〇一
（6）岡正雄『異人その他――他十二篇』岩波文庫、一九九四
（7）赤坂憲雄『異人論序説』ちくま学芸文庫、一九九二
（8）山口昌男『文化と両義性』岩波現代文庫、二〇〇〇
（9）中沢新一『カイエ・ソバージュⅣ　神の発明』講談社選書メチエ、二〇〇三
（10）前掲書（9）
（11）小松和彦『異界を覗く』洋泉社、一九九八
（12）田中崇恵「病いにおける『他者性』と『同一性』――超越と変容のダイナミクス」京都大学大学院教育学研究科紀要、58、二二一～二三一頁、二〇一二

5 身体―言語的トポスとしての心理臨床空間

康 智善

1 心理臨床空間とは

1 空間知覚と身体

解離症状や離人症状をもつクライエントにおいて、「ものに触れても実感がない」「外の景色が演劇舞台の書割のように平面的に見える」「自分と人との間に分厚い膜がある感じがする」等の訴えが聞かれることが少なくない。それらの訴えは彼らの身体感覚の異状と連動しており、「自分の手が自分の身体の一部として感じられない」「自分が自分の身体の中にいないような感じがする」等と語られる。つまり外界＝空間の知覚と身体感覚はつねに密接に関連しており、アイデンティティ拡散の病理の程度に応じてそれら（空間と身体）のリアリティの感覚も変動するのである。これは比較的軽度の病理においてもみられる。軽い抑うつ感に悩んで来談した中年男性のクライエントは、（カウンセリングに通うために）家を出る瞬間は毎回、「さあこれから自分は変わるんだ」と思って軽やかな気分になるのに、実際に相談室に近づいてくると次第に足が重くなり、面接の待合室に入ると「まるで重力が一気に倍増したかのように」身体が重く感じられるという。ところがいざ面接室に入ってセラピストに話をしているとだんだん気持ちが軽くなり、面接終了時にはまたすっきり気分も身体も軽くなっている。そして今度は相談室から外の世界に出ていこうとすると身体が重くなるという。心理療法の前後で身体感覚が変化するのは心理臨床の場がもつ特性のひとつである。換言すれば心理臨床の空間とは、日常の生活空間よりもはるかに濃密に〈空間－身体〉の連動性が実感される、特殊な空間であるといえる。

メルロ＝ポンティ（Merleau-Ponty, M.）は『知覚の現象学』において空間知覚と身体感覚との関連をいち早く論じていた。[1] メルロ＝ポンティがいう空間とは、物理学的な観察対象としての空間ではなく、人が身体を介して能動的に関わることによって知覚される〈生きられた世界〉のことである。そこでは知覚する主体と知覚される客体という分離は存在せず、いわば主客未分の渾然一体とした感覚的体験だけがある。身体は、客観的空間を可能にするような独特な身体の空間を作りあげている。この身体空間は運動のなかにおいて作られる。身体は運動を介して空間を拡張し、「身体図式」が獲得される。この身体図式の獲得が身体空間を形成する。外界は身体空間と切り離されて存在するのではなく、むしろ身体空間の拡張（メルロ＝ポンティの語を用いれば現勢〈actuel〉）として経験される。主体的に〈生きられた身体〉こそが、外界の〈生きられた世界〉を構成するのである。

2 〈身体的外延〉としての心理臨床空間

心理臨床の空間は、セラピストとクライエントの間で相互主観的な作用が生じる特殊な空間である。面接室の物理的空間や相互に交わされる言葉が、クライエント・セラピスト双方の身体の外延として機能しうる。すなわち面接室全体がセラピストの身体の延長として機能し、クライエントの存在を抱える。かつてウィニコット（Winnicott, D.W.）が〈抱え環境（holding environment）〉について論じたとき、[2] その発想の原点にあったのは子どもを優しく抱きかかえる母親の腕と懐であった。文字通り身体的に抱える行為が心理的に内在化され、物理的空間へと拡張された結果として抱え環境が実現するのであるが、これは字義通り（母が子を）抱える腕や懐の身体的外延であると考えて差し支えないであろう。つまりわれわれの身体は常に外側に向かって開かれ、皮膚の外側にある物理的世界へと広がっていく。心理臨床の空間においては、クライエントとセラピストが言葉と身体を媒介にして、〈生きられた身体〉を互いに空間的に拡張し合い、その結果として単なる言語的伝達を超えた、生きた体験を共有することが可能となる。つまり心理臨床空間とは、最初は互いに別個の人間として出会うクライエントとセラピストが、各々の言葉と身体的／心理的外延を交わらせる相互作用のなかにおいて、両者の心理的融合が成立していく場ということができる。

2　心理臨床空間のトポロジー

1　言葉の身体性と身体の言語性

心理臨床空間において最も大きな意味を持つのは〈言葉〉であるが、言葉には身体的側面がある。フロイト(Freud, S.) は統合失調症患者においてその思考過程や言語的表現が身体器官的に表現されることが多いことから、その身体器官的表現を〈器官言語〉と名付けた。その考えを継承しつつ発展させたアブラハム (Abraham, K.) は逆に、言語的表現の中に身体的過程が含まれることに着目し、フロイトの提唱した〈身体の言語性〉に対置する形で〈言語の身体性〉を強調した。[3] 土居建郎は、「言語の働きは、自我の内容と視覚的・聴覚的知覚の記憶痕跡とをしっかりと結び付ける」というフロイトの説を発展させるなかで、この自我の内容には身体感覚的要素が多分に含まれていることを指摘した。[4] これらの論をふまえて北山修は、精神療法における言葉の身体機能水準に着目している。[5] すなわち言葉を〈話す〉ことは心的内容を内界から〈放す〉ことに通じ、〈吐く〉という身体的内容物の露呈を意味する言葉が同時に心的内容の吐露をも意味するように、言葉が身体過程の象徴として語られる水準があると述べている。神田橋條治によれば、ヒトのコトバはもともと動物の鳴き声が発達・分化を遂げた結果として象徴機能を飛躍的に高めることになったが、元来は肉声というレベルにおいて身体的な過程を色濃く反映するものである。[6] つまり、言葉が成立する基盤として身体があり、心理療法においてセラピストはクライエントの言葉を〈肉声〉としてとらえうる全人的感覚を持つことが要請される。言葉が成立する基盤としての身体、換言すれば、言語的伝達や体験の共有を可能にする潜在的可能態としての身体、これが心理臨床空間を構成する重要な要素である。

2 コトバのトポロジー

言葉は古来「事の端（ことのは）」に由来し、〈言〉は〈事〉と同じ重みを持つものと考えられた。〈事〉が言語的に表現されて〈言〉になり、事実そのものではないがそれに派生する、あるいはそれに準ずるものという意味で〈端〉が付けられ〈言の端〉と表記されるようになった。その後、『古今和歌集』で「やまとうたは　ひとのこころをたねとして　よろづのことの葉とぞなりける」と歌われ、言の端は言の葉と改められ、葉の字を当てることによってより広がりと豊かさを持つものとして解釈し直された。これが現在の〈言葉〉の語源である。すなわちその起源において言は事であり、事はそれが生起する〈場〉の存在を前提とする。その意味において言語はその成立の根底においてトポス（＝場、topos）と密接な関連を持つ。〈コトバ〉を〈事場〉、すなわち〈事の起こる場所〉として考えると、そのトポロジカルな性質がより鮮明になる。セラピストがクライエントのコトバに耳を傾け、心的現実を共有するとき、〈言〉は文字通り〈事〉として扱われることになり、言葉を介してクライエントの主観的な世界を共有する態度を、セラピストが維持することによって治療の展開が可能となる。そこに日常の生活世界とは異質の治療的空間が醸成されるのであって、言葉はこの空間において相互主観的に体験され共有される。

中村雄二郎によれば、ギリシア語で場所を意味するトポス（topos）やそのラテン語訳であるロクス（locus）は、古代における修辞学＝レトリックの中心概念であり、アリストテレスによってトピカ（場所論、トポスの学）として完成された[7]。これは主に古代の記憶術において用いられ、対象をそれらが位置する場所（＝トポス）と関連付けることによって体系的に記憶する方法が考案された。また中村は[8]、ギリシア悲劇における英雄とコロス（＝英雄的行動を支える脇役を兼ねる合唱隊）との関係に着目し、劇的行動者である主役（＝英雄）と脇役（＝コロス）が一体となって意味的な場である劇場空間を醸成すると考えた。中村はこれをさらに発展させ、居住空間や都市空間、さらには〈世界舞台〉を凝縮した個人の内面世界をイメージ化する心理療法である箱庭療法へと関心の対象を広げているが、それらはいずれも心理的空間としての〈場〉を問題としている。

3　自他の関係性における錯綜体としての〈身〉の構造

市川浩は、メルロ＝ポンティや中村と同様、〈精神〉対〈身体（＝物質）〉という二元論を批判的に見直し、身体を単に物理的・物質的なものとみなすのではなく、間主観的・間社会的に変化する流動的存在とみなし、このような身体を〈身〉として定義した。[9] 主体的に生きてはたらいている身体というものは、必ずしも皮膚の表面で終わっている解剖学的な身体と一致せず、その限界はたえず拡張したり収縮したりしている。例えば靴を履いて歩いているとき、本来は靴の内側の感触を足の裏で感じているはずだが、実際には地面の柔らかさや凹凸を靴の裏で感じ取っている。関係的存在としての身体という観点に立てば、公園のベンチに腰掛けているときすぐ隣に密接して見知らぬ人が座ると、自分の身体に侵入されるような強い圧迫感を受けるのに、満員電車の中で他人と接触したままになっていることには耐えられるというのは、主体的に生きられる〈身〉の境界がそのときどきの社会的文脈や他者との関係性によって絶えず拡張・収縮しているからである。

このように〈身〉は関係性の中で主体的に生きられるものであるが、これはいわゆる主体・客体といった二分法において定位されるものではない。市川の表現を借りれば、「主体としての身体に対して、客体としてあらわれてくるものもまた、主観から切り離された単なる客観的対象といったものではなく、その対象自体が、いわば主体として、自らを表現してくる」のである。例えば手のひらで机の表面を撫でるとき、触っている「私」は撫でる行為の主体であり、撫でられている机は客体である。ところが机の角にささくれがあってそれがたまたま手に触れたとしたら事態は一変する。鋭いささくれは強い痛覚とともに身体に侵入してくるように感じられ、その時点で「私」の身体は、侵入してくる主体であるささくれに対する客体と変じる。同様に路傍の石を触る「私」は同時に石によって触られているといえる。相手が人間の場合はより明白である。人と握手をするとき、触っている私は主体であると同時に、相手によって触られている客体でもある。自分から握手を求めたところ相手の握り返す力が極端に強かったとしたら、主体→客体への移行はより明確に感じられるであろう。

4 関係化における〈身〉の統合と同調

市川はさらに進んで、〈身〉は静的な関係においてあるのではなく、動的な関わり、つまり関係化においてあるがゆえに、他者との関わりにおいて常に〈中心化〉→〈非‐中心化〉することによって統合されていかねばならないという。[10] この考えがピアジェの認知発達図式における〈脱中心化〉の過程とほとんど同一なのは興味深い。市川のいう〈非‐中心化〉とは、単に中心がなくなるのではなく、ピアジェの理論と同様、新たな再中心化へと向かう。つまり自他未分の共生的な中心化を脱し、他者との関わりにおいて新たな自己形成を行っていく。この〈中心化〉→〈非‐中心化〉→〈再中心化〉のプロセスは、関係化における個人レベルの〈身の統合〉の最も重要な部分である。そして自分の身の統合と他者の身の統合との相互的な関係において生じてくる一種の共感的な関係を〈同調〉と定義付けた。いわゆる「人の身になる」というのがこれに相当する。この〈同調〉は、身の関係化のひとつの様相であり、自閉的な中心化（例えば統合失調症）や疎隔された非‐中心化（例えば同一性拡散状態や解離性障害）のように関係化を拒否する生き方においては、〈同調不能〉という事態が生じる。この場合、人をみても操り人形にしか見えないとか、風景を見ても実感をもって感じられないということ（離人感）が生ずる。逆に関係化に偏って相対的な中心化・実体化が失われる場合には、〈過同調〉の状態に陥り（例えばヒステリーや妄想性障害）、これも一種の自己喪失を引き起こしてしまう。このような個人レベルおよび（他者との）関係性レベルにおいて成し遂げられる身の統合を、市川は〈錯綜体〉としての〈身〉として位置付けた。

3 心理臨床の実践に向けて

1 相互浸透的な身体―言語―空間

市川は身体空間を〈錯綜体としての身〉と位置づけたが、身体空間の延長として構成される心理臨床空間もまた錯綜的な複合体であるといえる。その観点からすれば身体・空間・言語をそれぞれ厳密に区別することすら必要ないのかもしれない。なぜなら心理臨床の現場においては、セラピスト、クライエント双方の言葉は〈肉声〉として身体性を帯び、面接の空間はholding environmentとして、治療者の身体的外延として機能しうるのだから。これらは相互に浸透し関係づけられ、精緻化されており、心理臨床空間に内包されたあらゆるエレメントはすべて身体的に体験されると同時にまた言語的意味を伝達する。熟練したセラピストはその場の感じ、雰囲気、匂い(物理的な嗅覚以外にも、〈胡散臭さ〉や〈きな臭さ〉のように身体言語的に表現される感覚も含む)を感じ取りながら言語的なやりとりを進めるが、それはすでに言語のなかに身体空間図式を取り込んでいるといえる。熟練した職人が道具を自分の手先のように使いこなすように、熟練したセラピストもまた、言語を自分の身体の一部のように使いこなし、面接の空間を自分の身体の外延として認知し使用することができるのである。

2 実際の心理臨床場面にて

ある重度の解離性障害をもつ女性クライエントは、顕著な解離性健忘と感情の麻痺、そして頻繁に解離し変動するアイデンティティの問題に苦しみ、精神科受診と並行して長期間心理面接に通ったが、その初期段階では「面接に来るのがしんどい」「記憶がないのに面接に来ても意味がない」としきりに不満を訴え続けた(にもかかわらず、彼女は一度の遅刻もキャンセルもなく面接に通い続けたのだが)。セラピストは彼女の症状の背景にあるトラウマと人格病理の深さに圧倒され、面接を重ねるにつれ無力感が募っていった。あるとき彼女は、面接室の壁に貼ってあった色褪せたポスター（ウィリアム・モリスによる蔦模様パターン作品の複製画）が気に入ったと言い、毎回の面接でそのポスター作品の有機的な安定感と色の褪せ具合についてコメントするのが常であった。

私は彼女の意見に同意し、一緒にしばらくポスターを眺めるのだが、その瞬間だけ、セラピスト―クライエント相互の絆を感じ取ることができ、自分の無能力さと抑うつ感からも解放されていた。それから数カ月後、彼女の話題はポスターから実生活における現実的な葛藤へと変化していったのだが、色褪せたポスターを二人で見入って話し合った一定の期間は、その後の彼女の変化と明らかに関係しているようだった。私は、ポスターを媒介としてクライエントと視線を共有しながら、時間の流れに翻弄されながら色褪せていく無力な〈生〉を、身体―言語的に感じ取っていたのである。つまり私が感じ取っていた無力感と抑うつ感は、クライエントの苦しみの体験と符合していたのである。

この相互作用を単純に逆転移として概念化するのは簡単であるが、〈体験〉は概念化された瞬間、その命を失う。しかしこれを心理臨床空間のなかで起こった出来事とみれば、すべてが身体的に体験され、言語的に意味をもつ場でもあったということができる。すべてが言語的意味をもつがゆえに、クライエントの言葉そのものにとらわれる必要もない。本事例の場合、そこで共有されたのは時間の流れと色褪せた〈生〉であり、身体―言語的トポスとしての心理臨床空間のなかで、セラピストはそれを身体的に〈生き生きと〉認知し、（時間的経過が必要ではあったものの）やがてその意味を言語的に理解し、それが結果としてクライエントを抱えることになっていたのである。

[文　献]
（1）Merleau-Ponty, M.（1945）*Phénoménologie de la perception.* Paris: Éditions Gailinard.（竹内芳郎他共訳『知覚の現象学1・2』みすず書房、一九七四）
（2）Winnicott, D. W.（1986）*Holding and Interpretation: Fragment of an Analysis.* London: The Hogarth Press.
（3）Abraham, K.（1973）A short story of the development of the libido, viewed in the light of mental disorders. *Selected Papers of Karl Abraham.* London: The Hogarth Press.

（4）土居健郎『土居健郎選集（6）心とことば』岩波書店、二〇〇〇
（5）北山修『心の消化と排出――文字通りの体験が比喩になる過程』創元社、一九八八
（6）神田橋條治『精神療法面接のコツ』岩崎学術出版社、一九九〇
（7）中村雄二郎『場所――トポス』弘文堂、一九八九
（8）中村雄二郎『共通感覚論――知の組みかえのために』岩波書店、一九七九
（9）市川浩『精神としての身体』講談社学術文庫、一九九二
（10）市川浩『〈身〉の構造――身体論を超えて』講談社学術文庫、一九九三

6 心理療法における居場所という視点

中藤信哉

はじめに

心理臨床の実践において、「居場所」や「居場所のなさ」がテーマとなることは稀ではない。「家には居場所がない」「学校で居場所がない」といった語りがクライエントからなされる場合もあれば、セラピストが「このクライエントにはどこにも居場所がない」と理解をする場合もあろう。北山修[1]は「心理臨床や精神科臨床では『自分が空虚』『本当の自分が見つからない』『自分の居場所がない』『中身がない』という訴えとともに、『自分がない』あるいは『自分の居場所がない』という表現で病理がまとめられるような症例に数多く出合う。このことは、分裂病から神経症、さらに『スキゾイド』や境界パーソナリティまで様々な病態で問題になる」と述べている。妙木浩之[2]は同様に、「悩んでいる人や問題を抱えて困惑している人、混乱している人、彼らが最も危機的に世界を感じたり、思っていたりする背景にあるのは、この『居場所』感覚」であり、「そうした感覚を失っている状態をいかに取り戻すか、あるいはいかに取り戻すめどをつけるかが、心の治療の非常に大切な第一歩になる」として、臨床実践における「居場所」の重要性を指摘している。居場所の喪失は、クライエントが心理療法の場を訪れる背景となりえ、またそれゆえに、失われた居場所を確保することが、心理療法において目指されることにもなる。

元来は、文字通り人が居る所という意味だった「居場所」という言葉は、現在は「ありのままの自分で居られるところ」「安心して居られるところ」といった心理的な次元を包含した言葉となっている。「居場所」がこのように心理的意味合いを包含した言葉として使用されるようになった背景には、不登校の問題がある。不登校の子どもは、学校に行くことができず、家においても、登校を望む親の視線にさらされ、まさに落ち着いて居られる場所がない状態であった。そうした子どもが安心して居られる場所を作る目的で、一九八〇年代より、不登校の子どもの親によってフリースクールが設立され始め、これが「居場所」の元型となった[3]。こうした不登校問題をめぐる流れの中で、「人が居るところ」といった物理的・記述的な概念だった「居場所」という言葉に、現在のような「安心して落ち着けるところ」といった心理的な意味が付与され、定着していったと考えられる。今日では日常においても広く「居場所」という言葉が用いられるようになり、心理臨床の場面においても、クライエントが自らの苦痛を「居場所がない」という表現で訴えることは少なくないように思われる。

しかしながら、「居場所がない」と訴えるクライエントをどのように理解すべきか、また、そうしたクライエントとの心理療法を考える上で必要となる視点はいかなるものであろうか。こうした点は、いまだ十分に明らかにされているとは言い難い。本論では、「居場所のなさ」について検討することを通じて、心理療法において「居場所」がテーマとなるときに考慮すべき視点について考察することを目的とする。

1 「居場所がない」という事態

「居場所がない」とは、文字通り「〈私〉が居られる場所がない」と個人に主観的に感じられているということである。しかしながら、このとき個人は物理的・客観的にはある空間に存在している。家族が集まる部屋や、学校の教室など、特定の物理的空間に身体として個人は存在しているのである。にもかかわらず、個人は「居場所がない」と表現する。このことは端的に、先にも述べたように「居場所」ということが物理的次元のみではない心理的次元を包含した言葉であることを表しているが、それ以上に、「居る」ということがきわめて心理的・主観的な事態であることを意味している。すなわち、身体が物理的空間に在ることと、個人が「居る」ことは次元の異なる事態であると言える。この「居る」ことについて、木村敏[4]は次のように述べている。

人間は「イル」ものであって「アル」ものでないという理解は、事態の非常な単純化ではないのか。「イル」ということが言えるのは人間や動物、あるいは擬人的に見られた存在者だけについてだけだとしても、それらの存在者は「イル」ことができると同時に「アル」こともできるのではないか。人間とはむしろ「イル」と「アル」のはざまで、この両存在様態が織りなす微妙な関係の――ということはつまり必然と偶然との決して相互排除的でない関係の――戯れに玩ばれている存在ではないだろうか。

木村によれば、「在る」とは偶然性の領域に属する交換可能な形での存在のあり方であり、「居る」とは個別的で必然的な相のもとに存在することを意味する。人間は「居る」という仕方で自らを必然性の相のもとに、つまり、交換不可能な自己同一性を備えた存在として実存的に生きようとする。しかしながら、「身体と言うかたちはひとつの悲劇的な矛盾を引き起こす。身体を所有するということは、物体としてアルということである。……（略）……生物は身体を有することによって偶然性の領域に曝されることになる。……（略）……身体を有することによって、生物は必然と偶然、イルとアル、個別と特殊の二重構造を生きなくてはならなくなる」[5]のである。

我々は「在る」と「居る」の二重の存在様式を本質的には生きながら、普段は自分のことを「在る」ものではなく、「居る」ものとして捉えている。そこには暗に、自分の存在が必然的なものであり、交換不可能な自己同一性を備えた存在であるという「虚構」が含みこまれている。しかし、「居場所のなさ」を感じるとき、「その空間に身体は在るが、その場に〈私〉は居られない」という形で、二つの存在様式の揺らぎが前景に出てくるのではないか。〈私〉という存在の個別性が自明のものではなくなり、自身が他者となんら差異のない、なんら必然的な意味のない交換可能な存在である可能性に直面させられるのではないだろうか。萩原建次郎[6]も同様に、「生きられた身体」という観点から居場所について考察する中で、『私』が不特定多数の一般世界の中に取り込まれていくとき、つまり『私』が交換可能なモノの世界に凌駕されていくとき、生きられた身体としての『私』はますます閉じられていかざるを得ない」と述べている。「居場所のなさ」とはこのように、個人の実存的な危機である。そしてまた、人間が身体的存在であることが密接にかかわっている。それゆえに、人がある特定の場においてに「居場所がない」と感じるとき、しばしば「そわそわする」「身体がこわばる」「落ち着かない」といった身体感覚が伴うのだと考えられる。

2 「居場所のなさ」と個人のあり方

前節では、「居場所のない」事態が、個人にとっての実存的危機であることをみた。それは〈私〉が唯一無二の固有な存在であるという個人の実感を揺るがすものであり、個人にとって大変苦痛な事態である。しかし、それでは「居場所がない」状況のクライエントに、「居場所」を再び提供することができれば、あるいは、クライエントが「居場所」を再び取り戻すことができればそれで十分なのだろうか。

クライエントが「居場所がない」状態であるとき、そこには、そのクライエントが「居場所がない」状態に至った固有の経緯や歴史がある。さらに言えば、クライエントが生きてきた固有の歴史の帰結であるクライエントのあり方が、クライエントの「居場所のなさ」に関係している場合がある。アンジュー（Anzieu, D.）[7]は、精神病的なパーソナリティの人が集団に所属する際の振舞いについて、以下のように述べている。「パーソナリティに混乱があり、精神病すれすれの境界にあって、不安およびきわめて古層の潜在的幻想を抱き、無力感があり、脱人格化傾向や活動亢進による過補償傾向と闘っているような人物が集団内にいると、彼は見捨てられる不安を強烈に発散するので、集団の専横な指導者になったり、あるいは逆に、厭うべき逸脱者とみなされるようになる。……（略）……逸脱者とみなされる場合、集団は彼を実際に見捨てるが、じつは彼は見捨てられることを恐れながらも、みずからそれを呼び込んでしまうのである」。アンジューのこの論述は、集団について述べられたものであるが、集団から逸脱し見捨てられる事態は、まさに集団での「居場所」を失う事態として捉えられよう。そして、その居場所の喪失は個人のあり方から生じていることをアンジューは例示している。すなわち、個人の「居場所のなさ」は、個人の対象関係が反復された結果であり、これまでも同様に反復されてきたという意味において、個人が生きてきた歴史そのものである場合がある。このとき、「居場所のなさ」は容易に解決される問題ではないことは明らかであり、逆説的ではあるが、治療関係において「居場所」や信頼関係が形成されるまでの過程こそが、その個人にとって重要な意味を持つこととなる。

3 「居場所」とこころの作業

そしてまた、「居場所」ができることそれ自体が心理療法の最終的な目標とはならない場合があることにも留意すべきである。河合隼雄[8]は、居場所について、「居場所があるというのはいいことなんです。居場所があると、そこにいてちゃんと悩む」と述べている。また廣井いずみ[9]も、非行の問題があるクライエントとの心理療法過程について考察する中で、「居場所ができ始めたときには今まで意識領野外に置いていたものを抱えるようになり、その結果不安や葛藤が生まれる……（略）……居場所ができ始めたときから本人の悩みが始まったとすれば、会い続けることこそが大切になる」と述べている。すなわち、心理療法の観点からすれば、居場所とはクライエントが自分自身ではこれまで扱うことができなかった自身のテーマや課題に取り組むことを可能にする場でもある。

「居場所のなさ」というとき、そこには、「居場所」が失われる、あるいは「居場所」が得られなかった、クライエント固有の過程・歴史が存在していることは先に述べた。「居場所のなさ」とはいわばこの過程の帰結としての状態像であり、そしてまた、その状態にともなう心的苦痛を端的に表現するものでもある。このとき、心理療法において目指されることというのは、「居場所のない」苦痛に対し、苦痛の解消のために「居場所」を提供する、いわば修正体験ではないのである。心理療法における「居場所」とは、クライエント固有の歴史やあり方を扱うための、すなわちクライエントのこころの作業がなされるための治療的関係や環境である。筆者[10]は拙論において、このように治療関係の中でクライエントの固有のあり方、すなわちその課題や病理的側面をも含めた「ありのままの自分」が扱われるためには、治療関係の中で依存が達成される必要があることを指摘した。依存が達成されるためには、セラピストの側のこまやかな共感や受容的態度が必要になることは言うまでもないが、枠や頻度を治療者がしっかりと守り、安易に不在にしないことといった安定した治療環境を整えることも重要となる。そしてまた、ウィニコット（Winnicott, D. W.）[11]が「現実の幼児でない患者が依存的になるということは、患者にとって非常な苦痛」であると指摘するように、依存に伴うクライエントの恐怖や葛藤に留意することが大切であると考えられる。

まとめ

本稿では、心理療法における「居場所」という視点について、「居場所のなさ」と呼べる状態の検討を通じて考察した。「居場所のなさ」とは、身体の次元まで含まれる、個人にとっての実存的な危機である。そして、その「居場所のなさ」は、一時的・偶発的な不適応状態ではなく、個人がこれまで生きてきた歴史や、その帰結としての個人のあり方が密接に関連している場合がある。そうであるならば、心理療法において扱わねばならないのはまさにこの点であるが、クライエントとともにこのことに取り組むためには、治療環境の中でクライエントの依存が達成され、「居場所」が形成される必要性があることを指摘した。

「居場所」とは「ありのままの自分で居られるところ」であったとしても、ありのままの自分とはしばしば、単にポジティブなだけのものではない。そこには、クライエント自身も持て余すような困難な面やネガティブな側面も含まれるのであって、そうしたところが表現されてもなお、クライエントが否定されず、抱えられることこそが重要となろう。

〔文献〕

（1）北山修「自分の居場所——精神分析理論と実践」〔住田正樹、南博文編〕『子どもたちの「居場所」と対人的世界の現在』九州大学出版会、二一～三八頁、二〇〇三
（2）妙木浩之『「心の居場所」の見つけ方——面接室で精神療法家がおこなうこと』講談社、二〇〇三
（3）住田正樹「子どもたちの『居場所』と対人的世界」〔住田正樹、南博文編〕『子どもたちの「居場所」と対人的世界の現在』九州大学出版会、三～一七頁、二〇〇三
（4）木村敏「居場所について」〔磯崎新、浅田彰編〕『Anywhere——空間の諸問題』NTT出版、三六～四五頁、一九九四
（5）前掲書（4）
（6）萩原建次郎「子ども・若者の居場所」〔高橋勝編〕『子ども・若者の自己形成空間——教育人間学の視線から』東信堂、四〇～七七頁、二〇一一
（7）アンジュー・D『集団と無意識——集団の想像界』榎本譲訳、言叢社、一九九九
（8）河合隼雄『いじめと不登校』潮出版社、一九九九
（9）廣井いずみ「『居場所』という視点からの非行事例理解」心理臨床学研究、18（2）、一二九～一三八頁、二〇〇〇
（10）中藤信哉「心理臨床における『居場所』概念」京都大学大学院教育学研究科紀要、59、三六一～三七八頁、二〇一三
（11）ウィニコット・D・W『情緒発達の精神分析理論——自我の芽ばえと母なるもの』牛島定信訳、岩崎学術出版社、一九七七

コラム

デジャヴュ体験が与える「守り」の観点

川部哲也

今から五年前、筆者の博士論文の公聴会での出来事である。デジャヴュ体験（既視体験。初めてのことであるにもかかわらず、「まったく同じことが前にもあった」と思う体験）をテーマにしたその論文において、主に精神分析理論をもとに考察を行ったのであるが、精神分析では、デジャヴュ体験はこころを守るために自我が作り出した「錯覚」であると考えられていた。その点について審査委員の一人であった角野先生は「ほんまにそうなんかなあ？」と質問のような独り言のような一言を発した後、自身が経験したデジャヴュ体験を語り、デジャヴュ体験そのものが個人を超えた次元での大きな守りの力となることがある、という観点を提示されたのである。体験そのものが持つ「守り」の力というのは、筆者の研究にも臨床にも欠けていた観点であり、そのコメントに衝撃を受けたことを今でもはっきりと覚えている。

筆者はその当時、臨床において行き詰まりを感じていた時でもあった。クライエントの語りを聴いている中で、筆者自身のこころの内に様々な思いが去来していたが、それをどう扱ってよいのかわからなかった。ゆえに、ぼんやりと「受容」しているような形になっていたように思う。つまり、当時の筆者はセラピーにおいて、自分がなすべきことをわかっていない者、いわば「主体性なきセラピスト」であった。

ところで、角野は著書の中で繰り返し、「分裂病元型」や「たましい」について触れている。これは個人を超えた大きな力が、人間を深いところで守り、支えているという事実を私たちに伝えていると思われる。もしかすると、デジャヴュ体験もまた個人を超えた大きな「守り」に一瞬触れた体験であるのかもしれない。筆者にとっては、その考えの方が納得できるように感じられる。というのは、筆者の調査において語られたデジャヴュ体験は、どうしてその時、その場面で生じたのかが、体験者自身にも明快に説明できないケースがとても多く、意識的には「よくわからない」、つまり意識の深層に由来すると考えた方が適切なものが多いと考えられるからである。

この観点を臨床家として考えるならば、その「たましい」の働きが活性化する場を作ることこそが心理療法ではないかと考えられる。セラピストとクライエントが相互に自らのこころの内にあるものを活かし存在する場を設えることにより、個人を超えた大きな力が動き出す。このことに全力を尽くすことが重要であるということを教えられた、公聴会でのコメントであった。

コラム

自殺念慮の心理的意味——アポトーシスとしての「死にたい」

井上光一

バラを育てていた時のことである。葉の表面に黒い斑点があらわれた。黒点病である。バラにはよくある病害なのだが、印象的だったのは、黒点（菌糸）のついた葉が、次々と黄変して、実にさっぱりと、枝から離れ落ちてゆくのだ。それは、枝につながったまま茶色く縮れてゆく枯れ方とは明らかに異なっていた。病害にあった葉が、菌糸もろとも自ら離れ落ちることによって、バラの生命が維持されているように感じられた。

同様のことが、桜の取り木をした時にもあった。表皮を剥いで水苔を巻き数カ月かけて発根させた枝を、親木から切り取って植えつけた。楽しみに翌朝見てみると、葉が下を向いて萎びていた。まだ根が十分に育っていなかったのだ。数日のうちに、ほとんどの葉が黄色くなって落ちていった。実にさっぱりと、枝から離れ落ちていった。その周囲だけ突然冬が訪れたかのように、地面は黄色い葉で覆われた。しかし、すべての葉が落ちたわけではない。先端の十数枚だけは青々と、力強く、上を向いていたのである。根からの吸い上げと葉からの蒸散の均衡が崩れれば木は枯れる。少ない根に合わせて、大部分の葉が自ら離れ落ちることによって、桜の生命は維持されたのであろう。

この現象は、生物学の分野では、アポトーシス(apoptosis)、あるいはプログラム細胞死として研究されている。ギリシャ語で〝apo〟は「離れる」、〝ptosis〟は「落ちる」を意味する。多細胞生物においては、「不必要な細胞が自ら死ぬことで、個体の生命を維持する」[1]ことがある。秋に葉が散り落ちるのも、オタマジャクシが成長の過程で尾を失うのも、さなぎの中でアオムシが解体するのも、アポトーシスがはたらいている。

生きてゆくためには、何かが死ななくてはいけないことがある。自殺念慮者の「死にたい」という訴えは、生きてゆくために何かが死のうとしているということかもしれない。そう考えてゆくならば、セラピストの役割は、単に「死にたい」を止めることではないだろう。散り落ちる葉をそこに留めようとすることではないだろう。セラピストの役割は、アポトーシスを遂げられるよう支えること、即ち、今のままではもう前に進んでゆくことはできないのだということを理解して、何かが死んでゆくのをじっくりと見守ることであろう。

[文　献]

（1）田沼靖一『ヒトはどうして死ぬのか——死の遺伝子の謎』幻冬舎新書、四七頁、二〇一〇

第2章……セラピストのまなざし

1 心理臨床における見立て——出会いと主体の生成をめぐって

松井華子

「外科に志すものは、まず内科に精通しておらんとあかんのですわ。腫物の先を突いて膿をとるだけが外科やないのです。内科の医者が持て余したものを処理するのが外科やないですか、儂はそない思うて学んで来ました。外科医が持っている刀は、いわば武士の刀と同しことで、理非を正すように患者の内外をつぶさに診た後で見きわめて刀を下さないかんのですから。」（有吉佐和子『華岡青洲の妻』[1]より）

はじめに

心理療法家にとって、見立ては常に眼前に迫るテーマである。医療現場や教育現場などにおいて、他領域の専門家と共同で仕事をするときには、具体的な意思疎通の問題として、実際的な仕事の手順として、見立ての言語化が求められる。また、心理臨床の世界における営みである個別面接や遊戯療法などに一人取り組むに際しても、見立てを持つことなしに進んでいくことは不可能であろう。それは、後述するように、見立てが心理臨床の中でのわれわれの姿形を示す本質的な行為だと考えられるからである。

ここでは、心理臨床の内側にある根幹として、また心理臨床外との接点としての見立ての問題について検討してみたい。その際に手がかりとするのは、土居健郎の見立て論[2]と、米原万里の同時通訳に関する著述[3]である。それぞれの論が何をなしたか、またそこから今日の心理臨床のためにさらにどのような視点を導入しうるか、以下に論じていきたい。

1 土居健郎の見立て論

土居は、自らの歯科治療における体験を取り上げつつ、治療の効果と見立てとが密接に関わっていなくてはならないとの考えから、独自の見立て論および見立ての方法を提示している。『方法としての面接』の中で述べられているその論を、以下に見ておきたい。

1 「わかる」ことと「わからない」こと

土居が大きなキーワードとして取り上げているのは、「わかる」ということである。「わかる」という言葉には「区別が明らかになる」という意味が含まれており、「何がわかり何がわからないかがわからねばならない」のだという。つまりここには、「わかる」という一面的な世界ではなく、「わかる」ことと「わからない」ことからなる陰影のある世界が見出されている。その上で、「わかる」ことを間においた患者（クライエント）との対話の手触りから、病態水準を見極めることを提唱しているのである。それはどのようなものであろうか。

2 「わかる」ことによるクライエントの世界の分類

土居はまず大きく、相手が「わかってほしい」のかどうか、というところに着目している。「わかってほしい」場合は、神経症圏にあると考え、何を「わかってほしい」のかという点に留意して会うことが肝要であると述べている。また、「わかってほしい」願望がない一群は精神病圏であるとして、「すでにわかられている」分裂病（統合失調症）、「わかっていると信じこむ」パラノイア、「わかりっこない」と思う躁うつ病、「わかられたくない」精神病質に分類している。

ここで神経症圏のあり方とされている「わかってほしい」ということの背後には、「では何をわかればよいのか？」という形で「わからない」ことが存在する。「わかる」ことを相手に求めない精神病圏的なあり方では、「そもそも『わかる』とは何か?」ということが問われている。すなわち、「わかる」ということそのものが「わからない」状態である。

このように、病態水準の如何にかかわらず、人間存在の根底には「わかろうとする」ことを通して見えてくる「わからない」ことが存在する。その質や次元の違いによって、人間としてのあり方が「区別」されていく。そして「わからない」ことは影であり闇である。それは恐怖や不安などの否定的なものを含めて、さまざまなものが生じる可能性として存在している。つまり、そこにこれからの対話と治療の可能性も存在するのだ。

3 「わかる」「わからない」が織りなす紋様と関係性

ここまで見てきたように、土居の見立て論においては、「わかる」ことのみならず、「わからない」ことをも見ていくことの重要性が示されている。そしてこの「わかる」ことと「わからない」ことが生み出す陰影の紋様を見て、クライエントの世界の違いを知っていこうとする点に、その独自性があるものと考えられる。このような見立ての方法は、DSMなどを用いた「診断」とは異なるものである。DSMによる「診断」は、出現した症状をカウントしていくものであり、そこには「わからない」というあり方は想定されていない。つまり、ここでは「わかる」という明確な光の部分のみが取り上げられ、「わからない」という影についてはないものとされている。

そしてさらに「診断」とは異なる点として、その陰影は、治療者とクライエント(患者)との関係において出現するものであるというところにも着目しておきたい。「診断」は、客観的で誰が行っても結果が異ならないということを目指してその方法が策定されているものである。これに対して、見立ては、治療者の存在というものが大きく作用する。治療者が「わかろうとする」から「わからない」ことが出てくる。また、治療者が「わかろうとする」にもかかわらず、「わかりっこない」と決めてかかられる。もしくはクライエントの側から「わかってほしい」と治療者側へ向けてくるものがある。このように、土居の分類では、治療者とクライエントのそれぞれの主体性とその交流の仕方が実はテーマになっていることがわかる。治療者にとってはクライエントの世界は

「わからない」ものであり、クライエントにとっての治療者もまた同様である。

では、そのような治療者とクライエントが織りなす陰影の紋様は、どのようにして生み出されるのであろうか。そこで動いているものは何であろうか。次項では、その点について考察するための手がかりとして、米原万里の同時通訳に関する著述を見てみたい。

2　米原万里の同時通訳論——「文脈」と「情報の核」

米原万里は、ロシア語の同時通訳者として活躍し、そこで得た知見を多くの書物として残している。ここでは、その中でも特に異言語の間に立つ同時通訳という仕事について、丹念に、かつ軽妙に論じている『不実な美女か貞淑な醜女《ぶす》か』を取り上げる。

同時通訳と聞いて、まず思い浮かぶのは、異言語同士をつなぐ役割である。米原の言葉を借りて言えば、同時通訳とは、ある言語とある言語との差異の間に立って、等価のものを見つけて「コード転換」すること、である。しかしこれは、少し想像してみれば分かるとおり、単語と単語とを一対一対応させて訳していけばよいというものではない。例えば、ヨーロッパ系の言語と日本語とでは、動詞の成り立ちが異なるため、そのまま訳すことのできる単語が存在しないことも多い。また、原則として口頭でのやり取りであること、時間に限りがあること、辞書を使うことができないことなど、制約も多い。

このような条件下において、同時通訳者はどのように「コード転換」をしているのか。米原は「貞淑」と「不実」の極を持つ「貞淑度」、「美女」と「醜女」という極を持つ「女性の容貌」という二つの軸を用いて説明する。原文に忠実であるか、現発言を正確に伝えているかどうか、という軸が「貞淑度」であり、訳文が整っているか、響きが美しいかどうか、ということを「美女」「醜女」として表現している。理想的な通訳は「貞淑な美女」であるが、前述の制約もあり、なかなかそうはいかない。また、正確さが求められる政治的折衝や学術集会の場であるのか、もしくは場の雰囲気を壊さないことが優先されるパーティの場であるのかなど、そのシチュエーションによって、何が「貞淑」であるのか、どのように訳すことが「美女」であるのかは変化し、一律には定めがたい。そこで米原は「文脈」に即した「情報の核」をつかみ、伝えることが同時通訳の要であると述べている。ここでいう「文脈」とは、「文章の中だけの前後関係だけではなく、この言葉が発せられた全体の状況、この言い方が誕生した遠い遠い過去の背景」のことである。例えば、「文脈」によっては、情報密度の薄い前置きの言葉はばっさりと切り捨てて「まあ」と一語にまとめてしまうこともある。また政治的ネゴシエーションの場では、対話の要点がある一語で表現できるとしても、その一語を避け続けることが重要で、その一語を発したばかりに決定的に「文脈」に乗り違えてしまうような場合もある。このような意味で「文脈」はその場の固有のものであり、「情報の核」は、「文脈」が生み出す一回限りのものである。

そうして「情報の核」を取り出すと言うが、同時通訳の場合は、耳から入る情報を口からアウトプットするまでにほとんど時間的間隔がない。したがって、述部が後ろに来る日本語と、述部が比較的早く出てくるヨーロッパ系言語のように、語順が違うような場合には、予測して訳してしまうこともあるという。この場合、「時間的間隔はゼロどころかマイナス」となる。つまり、同時通訳の仕事は、リニアでクロノス的な時間や物理的空間を超えてなされる行為である。このような同時通訳の営為を米原は、「コミュニケーションという名の神に仕える」ことだとしている。そこには「より広大な世界に拡散されるような吸収されるような」霊媒の恍惚感に通じるような快感があるという。

このように、同時通訳という行為においては、常に自ら「文脈」の中に入ることを求められながら、「文脈」を分析し、言語・非言語情報から「情報の核」を取り出し、言葉を転換し、「文脈」に乗せ直していっていることになる。そこではある言語の世界（「文脈」）と他の言語の世界、その間にあるものすべてが一旦解体する。同時通訳者の主体も、両言語の発言者の主体も拡散し、そこにあらたに文脈を発見し直すことで、同時通訳という行為がなされるのである。

3 心理臨床における見立て──同時通訳することと「わかる」こと

同時通訳者は、語り手の発話における「情報の核」を取り出し、それを他言語で表現する。ここでは同時通訳者が発言しているから、その人物の主体的行為によって、同時通訳はなされると見ることができる。しかしその一方で、同時通訳者が語っている内容は、原発話者のものであり、また通訳を聞く聞き手側のものでもある。つまりここでは、発話を聞き、「情報の核」を取り出さんとするところに、行為者である通訳者の主体が出現しているけれども、それと同時に、通訳者は「文脈」に身を捧げ、その主体は解体されてもいる。この時、原発言者と聞き手の主体も同時に解体し、拡散している。そして通訳者が発話するとき、原発言者と聞き手との間の境界線が再び引き直される。通訳者の発言は、その境界線と等しいものとしてそこに出現する。ここに、境界線たる通訳者を挟んで、発言者と聞き手とが出会いを果たすこととなる。時々刻々となされる発言に応じて、境界線の形は変化していく。

そして、「情報の核」を取り出そうと「文脈」に身を投じる行為は、先に土居の見立て論から抽出した、治療者の「わかろうとする」行為と重ねて考えることができるだろう。クライエントの発話を「わかろうとする」ことは、治療者とクライエントと、そのどちらでもないものからなる「文脈」に身を投じていくことである。そして、そこに「わからない」ことが見出されるとき、「何がわかり何がわからないか」が「区別」され、その間に境界線が引かれ、紋様が生まれる。この時、治療者とクライエントの主体は、対話するものとして立ち上がる。この現象を言葉という形で同時通訳したものが「見立て」である。土居の分類は、その紋様をある程度パターン化しようとした試みであるのではないか。

同時通訳においては、発話者と聞き手と同時通訳者の三者がその場にいて、同時通訳者と境界線が等価なものとして存在するのであった。心理臨床の場においては、治療者はクライエントと入れ替わりに聞き手となり発話者となりながら、常に両者の間に同時通訳者としても身を置くこととなる。このようにして「見立て」が生まれることは、クライエントの世界と治療者の世界とが出会い、解体し、再び出会い直すことと同時かつ等価な営みであると考えられる。

まとめ

ここまでに論じてきたように、臨床心理学における見立てとは、拡散と出会いの相互作用によって、治療者とクライエント双方の主体が生成され立ち上がるときに生じるものである。その出会いによって、治療者の主体とクライエントの主体との間に織りなされる紋様を見極めることが心理臨床の実践においては大切なのではないだろうか。また同様に、隣接領域との出会いの問題として、見立てを捉えておくことも重要であろう。

〔文　献〕（1）有吉佐和子『華岡青洲の妻』新潮社、一九六七

（2）土居健郎『新訂　方法としての面接――臨床家のために』医学書院、一九九二

（3）米原万里『不実な美女か貞淑な醜女か』新潮文庫、一九九八

2 逆転移概念の批判的検討——治療者の省察のために

西 隆太朗

はじめに

逆転移の概念は、治療者が自らのかかわりや、「私」自身のあり方を振り返ることを助けるものと考えられている。しかし、この概念は十分に機能しているだろうか。逆転移の概念は、用い方次第では、治療者自身の省察を妨げることがありうる。つまり、気づきを促すはずの概念が、逆に気づきを妨げるものになってしまうのである。

本研究では、こうした逆転移概念が抱える問題について、精神分析における議論を整理して示すとともに（一節）、それを超えて治療的関係をよりよく理解するための手掛かりを提起したい（二節）。

なお、ここでは精神分析に関する議論が中心になるため、心理療法における人間関係を、「治療者」「分析家」、「クライエント」「患者」の語を用いて表すことになるが、いずれも医学用語としてではなく、心理療法・精神分析における文脈で用いている。

1　逆転移概念が抱える問題

問題点としては、（1）逆転移概念の成り立ち、（2）逆転移を用いたクライエント理解とその誤用、（3）意識的・否定的感情への焦点化の三つが挙げられる。

1　逆転移概念の成り立ち

フロイトは初めて「逆転移」の用語を用いた論文の中で、こう述べている。「技法論上の革新は、医師自身にも及んでいる。われわれは逆転移（counter-transference）の存在に気づくようになった。逆転移とは、患者が治療者の無意識的感情に影響を与えることによる結果として生じるものである。治療者は自分自身の逆転移に気づき、それを克服すべきだと言っておきたい[1]」。

この概念は、クライエントの内面に焦点を当てるばかりでなく、治療の関係性を重視する今日の心理療法を生み出す出発点だったと言えよう。その意義を認めたうえで、ここで述べられていることを詳しく見ていきたい。

フロイトはここで、逆転移を次のようなものと捉えている。

（1）逆転移は、治療の妨げとなる、治療者側の要因である。

（2）逆転移は、患者からの影響によって生じる。

（3）逆転移は、治療者の無意識的な心の動きである。

（1）と（2）から言えることは、治療者側の要因が、患者によって生み出されるものと捉えられている、ということである。しかし、治療を妨げる治療者側の要因としては、患者への反応として生じるものばかりでなく、治療者自身から生じているものもあるはずである。後者はむしろ前者よりも重要な問題でありうるだろう。

このことについて、ラングス（Langs, R.）によるコミュニカティブ・アプローチ[2]の立場から、スミス（Smith, D. L.）はこう指摘している。「『逆…（counter-）』という語は、それが反応によって生じる（reactive）ということを示唆している。転移を起こす側の人が、いわば精神病理を先導するというわけだ[3]」。

多くの臨床家によって、「転移─逆転移」の概念は拡大解釈され、治療関係のすべてを表す代名詞のように用いられている。このような状況で、逆転移が先に述べた受動的な意味合いを持っていることに無自覚であるならば、治療者は自らの問題を専ら「患者からの影響」と捉え、それを自分自身が生み出している部分に気づきにくくなるだろう（因みに、「逆転移」には「対抗転移」という訳もある。現在では「逆転移」が一般的だが、「対抗転移」の方が原義には近いかもしれない）。

もし治療の妨げとなる要因が、治療者の側から生まれた部分が大きいとすれば、患者はこの治療者側の要因から影響を受け、これに反応するであろう。さまざまな症状の変遷や、関係性の色合いは、治療者に対する患者の無意識的反応なのかもしれない。スミスは同じコミュニカティブ・アプローチをとるトロンビ（Trombi, G.）の表現を借りて、「患者の逆転移」を理解することが必要だと述べている。[4] 治療者が逆転移を起こすのではなく、むしろ患者の側が治療者への逆転移を抱くという表現はきわめて新鮮に響くが、そのこと自体が、われわれが気づかざるうちに、治療関係を対等でない、一方的なものと見てしまっている現れだと言えるだろう。

2　逆転移を用いたクライエント理解とその誤用

フロイトは逆転移について、教育分析の必要性を認めた以上には多くを論じなかった。フェレンツィ（Ferenczi, S.）やバリント（Balint, M.）などの先駆者を除けば、逆転移についての議論が盛んになったのは、フロイトの論文からおよそ四〇年後、ウィニコット（Winnicott, D. W.）やハイマン（Heimann, P.）らの論文がきっかけである。これらの著者は、逆転移をただ否定的なものと見るのではなく、「積極的な利用」が可能だと主張したが、このことがオープンな議論のきっかけとなった。

ウィニコットは、病理の重い患者に対して治療者が抱く「憎しみ」は「客観的」で妥当な場合があり、それを患者自身に伝えることが治療上必要だと述べた。[5] ハイマンは、治療者の逆転移が患者を理解する手掛かりになると主張した。彼女はその例として、患者が行動化を起こしそうなときに抱いた自分の不安感が、患者の夢を分析する手掛かりとなり、患者が彼女に向けている攻撃性を解釈することができたと述べている。[6]

いずれの著者も、逆転移を患者に対する治療者の「反応」と捉えたうえ、それが治療の妨げではなく、妥当なものであり治療の手掛かりになるものだと考えている。もちろん、人が相手に抱く感情が、相手の何かを反映していることはありうる。しかし、このように「妥当な」側面ばかりが強調されるとき、逆転移の原義（1）として挙げた「治療の妨げとなる治療者側の要因」が看過されてしまわないだろうか。

イーグル（Eagle, M. N.）は、近年こうした危険性が高まっていることを指摘している（イーグルは科学哲学者のグリュンバウム（Grünbaum, A.）とも交流があり、精神分析の理論的再検討を進めている分析家である）。彼は複数のカンファレンスで、治療者が患者に抱いた憎しみが、患者の攻撃性の反映だと即断されていた事例を挙げている。また、治療者の頭痛が、患者の投影同一化によって「押し込まれた」ものだと解釈されたカンファレンスの例も挙げている。本来なら、治療者が抱く感情には、治療者自身の要因が相応にかかわっているはずであり、その検討が必要だろう。にもかかわらずこれらの事例では、そうした検討がまったくなされないままに、治療者の感情があたかもテレパシーのように患者の心を直接反映するものと見なされていた。「実質上、現代の精神分析的理論家の多くが、白紙のスクリーン（blank screen）としての分析家モデルや、一者心理学（one-person psychology）の巧妙な新版を作り出しているのである[7]」。

治療者は患者の心を客観的に映し返すのみだとする、古典的な「白紙のスクリーン」モデルが成り立たないことは、広く認められている。どれだけ教育分析を受けたとしても、治療者も一人の人間であり、生きた心を、無意識を抱えているのである。それを認めた上で、治療者の感情を短絡的に患者の感情の反映と見なすなら、関係論を標榜し、あたかも自らが関係性を深く捉えているかのように錯覚しながら、実際には古典派以上に治療者の関与を否認する、きわめて巧妙な「白紙のスクリーン」モデルに陥ってしまう。

3　意識的・否定的感情への焦点化

逆転移の原義（3）は、治療者の無意識的反応であった。しかし、逆転移が論じられる場合、治療者の意識的感情が取り上げられていることが多い。ウィニコットやハイマン、そしてイーグルが挙げた事例では、いずれも治療者の意識に上った怒り、不安、憎しみ、痛みなどの否定的感情が、議論のきっかけとなっている。

これらはすでに気づいている意識的な感情なのだから、逆転移そのものとは言いがたい。もちろんこれらの感情の背景にも無意識的要因はかかわっており、それを理解することは重要だが、逆転移はわれわれの気づかないところにも現れるはずであり、むしろこうした無意識的影響に気づくことのほうが必要になるだろう。意識的感情にばかり焦点を当てるなら、無意識的影響を見逃してしまいかねない。

実際のところ、意識的・否定的感情ばかりが取り上げられるのには、こんな背景があるのではないだろうか。普段は治療関係を取り立てて振り返ったり分析したりしない治療者であっても、患者への否定的な感情が意識に上ってきたときは、そうはいかない。自分の感情が、自らの職務に反するように思われて耐えがたいため、何らかの解釈によって、心に収めたくなる。このような治療者自身のニーズによって、逆転移の理論が求められるのである。

そうだとすれば、逆転移の理論そのものが、治療者の逆転移的ニーズを満たし、耐えがたい感情を理屈で処理するための、防衛的なものになる危険性がある。イーグルが批判した関係論的「白紙のスクリーン」モデルは、治療者の不快な感情の原因を、患者に帰するものとなっていた。

2 治療的関係をよりよく理解するために

逆転移の概念は、治療者自身の要因を視野に入れた理論を生み出し、関係性が持つ無意識的側面を捉える意義を持っている。対人援助や対人関係についての理論は数多くあるが、自らがかかわる関係性について、意識の限界を超え、無意識的側面を含めて自らを省察するための理論は、精神分析と分析心理学を除いて他にほとんど類を見ない。こうした価値ある貢献を真に継承していく上では、次のような課題に取り組むことが必要になるであろう。

（1）相互作用論的観点

八六頁「1　逆転移概念の成り立ち」で指摘したように、この概念には治療関係を対等でない、一方的なものと見なす観点が含まれている。もし治療者も患者と同じ、対等な一人の人間なのだという原点[8]に還るなら、患者の側の要因も、治療者の側の要因も、等しく考慮する、相互作用論的観点（interactional viewpoint）を持つことが必要であろう。[9] このような観点からは、「転移—逆転移」のように、ある種の偏りを持った概念を使い続けるより、むしろ精神分析を批判的に再検討することを通じて、無意識を含めた関係性全体を理解するための理論を築くべきだと考えられる。

（2）解釈の方法論　八七頁「2　逆転移を用いたクライエント理解とその誤用」では、治療者が抱く不快な感情の原因が、十分な検討のないままにクライエントに帰される傾向があることを示した。この点からは、治療者の感情を患者の病理にそのまま還元するといった安易なものではなく、事例の詳細を考慮に入れて検討することのできる、事例解釈の方法論を築いていく必要があると考えられる。

また、八八頁「3　意識的・否定的感情への焦点化」において指摘したように、意識されない逆転移に気づいていくことも必要だが、これについてラングスは、「逆転移に基づく影響（countertransference-based influence）」[10]という考え方を示している。何気ない会話、面接時間の終わり方、クライエントの語りといった具体的な事実の中に、治療者の逆転移が反映されるというのである。無意識の逆転移を理解するためには、問題が治療者の意識に上ってからその感情を処理するのではなくて、むしろ「患者の逆転移」を含めて、事例に現れる個々の事実から、つねに治療関係のあり方をモニターしていることが必要であろう。このような読みを可能にするためにも、恣意性を超える、妥当な解釈の方法論が求められる。

（3）省察するコミュニティ　イーグルが挙げた恣意的な逆転移解釈の例は、いずれもカンファレンスからのものだった。こうしたカンファレンスでは、自らを省察する機能が、コミュニティとして危うくなっていると言えるだろう。カンファレンスを超えて、精神分析や心理療法というコミュニティ全体についても、同様のことが言える。たとえばウィニコットの言う「客観的逆転移」の概念は、[11] 治療者自身の要因への防衛として用いられる危険性が容易に想定されるが、こうした危険性が検討されることなく無批判に引用されることが多いことをブラム

(Blum, H. P.)は指摘している。[12] 著名な理論家の理論は、十分な批判的検討を受けているだろうか。逆転移の概念は治療者の省察を促すものだが、治療者個人だけでなく、カンファレンスや理論を含めて、コミュニティ全体が省察する機能を働かせていくことが必要だと考えられる。

[文　献]

（1）Freud, S.（1910）The future prospects of psycho-analytic therapy. Strachey, J.（Ed.）*The Standard Edition of the Complete Psychological Works of Sigmund Freud*, Volume XI. London: Hogarth Press. pp.144-145.

（2）Langs, R.（1995）*Clinical Practice and the Architecture of the Mind.* London: Karnac Books.

（3）Smith, D. L.（1999）Understanding patient's countertransferences. Sullivan, E. M.（Ed.）*Unconscious Communication in Practice.* London: Open University Press. p.17.

（4）前掲書（3）

（5）Winnicott, D. W.（1949）Hate in the counter-transference. *International Journal of Psycho-Analysis*, 30, pp.69-74.

（6）Heimann, P.（1950）On counter-transference. *International Journal of Psycho-Analysis*, 31, pp.81-84.

（7）Eagle, M. N.（2000）A critical evaluation of current conceptions of transference and countertransference. *Psychoanalytic Psychology*, 17 (1), p.28.

（8）Balint, M.（1968）*The Basic Fault: Therapeutic Aspect of Regression.* London: Tavistock Publications.

（9）Langs, R.（1978）*The Listening Process.* New York: Jason Aronson.

（10）前掲書（9）

（11）前掲書（5）

（12）Blum, H. P.（1997）Clinical and developmental dimensions of hate. *Journal of the American Psychoanalytic Association*, 45, pp.359-375.

3 心理療法における治療者の熱意の意義
――ナルシシズムを超えて

木下直紀

1 はじめに

「心理療法における〈私〉との出会い」に関連して、本稿では「治療者としての〈私〉」に焦点を当てる。これは、心理療法という専門職に従事する職業人としての特異な〈私〉である。私たちが心理療法や臨床心理学的援助に携わるのは仕事としてであり、フロイト（Freud, S.）が人生の目的を働くことと愛することとして示したように[1]、「治療者としての〈私〉」は私たちの人生の重要な部分を成している。その中でも、筆者は、心理療法という仕事に対する熱意が特に重要な問題だと考える。

角野善宏は、心理療法に携わる治療者としての存在について以下のように述べている。

> 面接において患者たちやクライエントたちを目の前にして思うことは…（中略）…もし私たちが、彼ら彼女らの苦しみや困難な心理的課題に取り組む覚悟ができて、それらを恐れずに克服する気概を持っているならば、彼ら彼女らはとても安心し私たちを信頼してくれる。そして、彼ら彼女らは……（中略）……自分たちも何とかできるのではないかと自信をもってこころの困難な課題に取り組んでくれる。だから、セラピストの存在はとても意味がある。[2]

ここで、角野は心理療法の相互性について論じているが、ここには、心の作業への「覚悟」と「気概」という、より一般的な治療者の内的態度の重要性についての示唆が含まれていると思われる。筆者はこれを治療者の熱意と言い換えることが出来ると考える。本稿では、角野の示唆を受けて、精神分析的な観点から治療者の熱意について論じる。

2 心の作業に対するモチベーションとしての熱意

松木邦裕によれば、[3] 心理療法における心の作業とは、狭義の「治す」アプローチではない。狭義の「治す」アプローチとは、外科的な疾患部位の切除や、内科的な苦痛の除去であり、「心理療法における心の作業とは、苦痛を自分のこころで抱えることを援助する」ことを指すという。後者は、広義には高度な専門性を持つ治療的アプローチだと筆者には思われる。ここに見る狭義の治療と心理療法での心の作業の相違は、心の作業の主体が様々な苦悩を抱えたクライエントの側にあるという点である。

つまり、概して言うと、心理療法はクライエントが行う心の作業を、治療者が様々なオリエンテーションや技法に基づいて支援する営みである。先の角野の論にも示唆されるように、ここには一つの相似関係がある。自らの心の作業に向かうクライエントと、そうしたクライエントの心の作業に向かう治療者との間の相似関係である。

どのようなオリエンテーションの心理療法であっても、クライエントにとってはそれまで維持してきた心の平衡状態を揺るがされる側面があり、そうした心の作業は決して快のみではなく、苦痛をも伴うだろう。そうした苦痛に持ち堪えながら心理療法を継続するためには、クライエント自身の変化に対するモチベーションが程度の差はあれ必要とされる。先ほどの相似関係に戻ると、クライエントが心の作業に向かうモチベーションは、翻って、治療者がクライエントの心の作業に向かうモチベーションに重なり、相互に影響し合う。

さらに、第一項でも触れたように、治療者にとってクライエントと行う心の作業は、仕事という治療者の人生の重要な一端を担っている。ここに二つ目の相似関係がある。すなわち、クライエントの心の作業に向かう治療者と、人生の仕事としての心の作業に向かう治療者との相似関係である。クライエントの心の作業に対する治療者のモチベーションと、治療者の人生に対するモチベーションとが相互に影響し合っている。

以上から、クライエントが自らの心の作業に向かう態度、治療者がクライエントの心の作業に向かう態度、そして、一人の個人としての治療者が心の作業という人生の仕事に向かう態度が、心理療法において相似関係を構成していると筆者は考える。本稿では、特に治療者が自らの仕事に向かう態度に目を向ける上で、治療者の仕事に対するモチベーションの情緒面、すなわち、仕事に対する熱意を中心的な検討点として据える。

次項に進む前に、本稿での論が置かれている軸足を明確にしたい。ここまで、筆者は治療者の抱える病理の補償として援助職を選択している側面や、治療者の病理的な逆転移としての過剰な熱意、あるいは、個々のクライエントの病理が喚起する逆転移としてのモチベーションは取り上げていない。なぜなら、本稿では、治療同盟やビオン（Bion, W. R.）[4]の集団理論におけるワークグループを構成する治療的枠組みに主軸を置いているからである。しかしながら、実際の心理療法において、治療者自身の抱える病理や、転移逆転移は治療上、きわめて重要である。

3　治療者の熱意についてのフロイトの言及

治療者の熱意についてフロイト[5]は一九一二年の論文「分析医に対する分析治療上の注意」の中で言及している。フロイトはこの論文の冒頭で「諸原則のほとんどは、結局ただ一つの規定に要約されてしまうものである」と述べている。フロイトは「ただ一つの規定」の中身を明確には述べていないが、精神分析的な治療を行う上での実際上の様々な注意について言及する中で、治療者の主観性が治療を妨げる要因として注意が払われる必要があることを示していると考えられる。

それでは、フロイトが治療者の熱意について言及している箇所を見てみたい。フロイトは「若い熱心な精神分析医は、自分の豊かな個性を投げ出し、それによって患者を思うままに支配し、患者の偏狭な個性の枠外へと彼を飛躍させてやりたい誘惑を感ずるであろう」（傍点筆者）と述べ、患者の信頼を得るために自己開示を行うことを戒めている。筆者は、ここに治療者の熱意が治療者のナルシシズムに陥りやすい側面が指摘されていると考える。つまり、治療者の心の作業への熱意は、クライエントを支配し、クライエントをより良い状態へと変化させたいという気持ち、すなわち、治療の主体がクライエントになく、治療者がクライエントと治療者自身が異なる存在であることを無視するナルシシズムに陥りやすく、かつ、様々な方法を用いてクライエントをより良い状態へと変化させたいという万能感に陥りやすい危険性を示していると思われる。こうした帰結をフロイトは次のように述べる。

> （これにより）患者が自分で知っていることや、もしそこに慣習的な抵抗があったとすればまだ暫くのあいだは持ち出さずにおいたであろうと思われることを、普通の場合よりも容易に報告しやすくすることは明らかである。しかし患者にとって無意識であったものを発見するためには、この技法は少しも貢献し得ない。ただそれはより深い抵抗を克服するのをますます難しくするだけである。（括弧内、傍点筆者）

これは治療者の熱意によって、問題はひとまず解決するかに見えるが、実際にはより深い問題の解決が困難になり、かつ、より長期的な解決を妨げることを示していると思われる。

その上で、フロイトは「分析医は被分析者に対して不透明な存在でなければならない。鏡面のように、その前に示されたものだけを写すものでなければならない」と、治療者が患者を映す鏡としてあることを求めている。さらに、「まず何よりも、患者の弱点に対して寛大でなければならない。不完全な者にも一片の行動能力と人生を楽しむ能力を再び取り戻してあげたということで満足しなければならない」と、治療者の万能感にも警鐘を鳴らしている。

以上のように、フロイトは治療者の熱意を否定はしていないものの、治療者のナルシシズムにより、クライエントとの心の作業を妨害する側面があることに注意を促している。

4 治療者の熱意についての再考――心の真実の重要性

前述のように、治療者の熱意はクライエントとの心の作業を妨害する危険性がある。では、ナルシシズムによる歪曲を避けるために、治療者は熱意を捨て、ニヒリズムに陥ることが望ましいのだろうか。第二項の議論を踏まえると、これはそのままクライエントが自らの心の作業に対して取り組むモチベーションを持たずに、心の作業に何も期待しないというニヒリズムを連鎖的に生み出すことに繋がるだろう。また同時に、治療者自身も自分の仕事に対するモチベーションを失くして、無力感に対する防衛としてニヒリスティックな生き方を選択するに至るだろう。これは、筆者には心理療法に携わる職業人として死んだ状態のように思われる。ではどうすればいいのか。

ここで、筆者はフロイトが鏡という比喩を用いた点に注目したい。治療者が鏡であるようにというフロイトの注意は、治療者の熱意や主観性による歪曲を出来るだけ避け、より深い抵抗という真実の姿を見つめることの重要性を指摘していた。そこには精神分析的治療における重要な要素として、心の真実（truthness）が見出される。すなわち、治療者の主観による歪曲とクライエントの心の真実を見ることとの対立が、前項で取り上げたフロイトの論文に通底していると言える。そして、治療者の熱意をめぐる先の疑問は、治療者の熱意とこの真実であることをいかに両立するのかという問いに言いかえることが出来るだろう。

現代対象関係論の分析家セドラック（Sedlak, V.）は精神分析的な治療の目的を、真実を見つめる対象との良い関係の達成としている。セドラックは重症パーソナリティ障害との分析的治療をもとに以下のように述べている。

> 良い母親とは、本当に問題が起こっている時に、理想的な赤ん坊（分析の中でうまくやれる患者）を求める自分のナルシスティックな願望をコンテインすることができ、そして赤ん坊が傷ついてしまった（決して成長出来ない患者）という自分の抑うつ的な不安をコンテインすることが出来て、その代わりに、彼女は赤ん坊を真に苦しめているのは何なのかを探索するために自分の心を使うことが出来るのだと思う。良い分析的な治療とはこのような思慮深い対象への陽性転移を喚起するものであり、そして、これこそが精神分析的な治癒にとって基盤となる洞察と陽性転移の重要な結合を提供するのだと思う。[6]（傍点筆者）

陽性転移とは、治療者に愛情や信頼を向けるという治療者との良い（good）関係である。クライエントが自らの心の作業に対してモチベーションを抱くとき、そこには心の作業に良さ（goodness）を期待している。そして、治療者の熱意とは、治療者がクライエントと行う心の作業にクライエントにとっての良さ（goodness）を期待する態度である。それは、自分の職業人生において、心の作業という仕事に対して良さ（goodness）を期待することにも重なる。しかし、フロイトが警鐘を鳴らし、そしてセドラックが述べているように、治療者の熱意が心の作業に必要な真実性を歪曲しないためには、治療者自身のナルシシスティックな願望と抑うつ的な不安をコンテインする必要がある。

しかし、実際の心理療法の臨床においては、個々のクライエントにより種々の現実の歪曲が生じて、治療者が心の真実を見るのが困難になることが生じる。また、クライエントが治療者に陰性転移を向けて、治療関係に悪さ（badness）が持ち込まれる。そして、それらが治療者の側から個人的な逆転移として持ち込まれることもある。そうした局面において要請されるのが、心の真実を見て、その良さに対する希望を少しでも持ち続けようとする心の作業に対するモチベーション、すなわち熱意ではないだろうか。ここにナルシシズムを超えて、心理療法における治療者の熱意に本質的な重要性があると筆者は考える。

以上より、治療者の心の作業に対する熱意は、理想的な心の作業を求める気持ち——ナルシシズムと、治療が何の役にも立たないという無力感——抑うつ不安、その防衛のニヒリズムとを心のうちに抱えながら、心の作業の真実性を維持しようとするために、心の作業を行っていくモチベーションとして必要になる要素だと考えられる。

5 おわりに

本節では「治療者としての〈私〉」について、治療者の熱意が、クライエントが心の作業に向かう姿勢と、治療者が自身の職業人生に向かう姿勢に影響を及ぼすという観点から、その熱意がナルシシズムに陥る危険性を持っていること、しかし、ナルシシズムを越えて重要性を有していることを論じた。本節では精神分析的な論考を素材に考察を行ったが、こうした治療者の熱意に関する問題は、症状水準の解決を目指す認知行動療法を含む、様々な学派や技法に共通するものだと思われる。なぜなら、いかなるアプローチであっても、心理療法はクライエントとの一定の共同作業を基盤にしており、それらがオリエンテーションの規定する一定の真実性に価値を置いていることに変わりはないと考えられるからである。そして、どんな治療者もそこに自らの職業人生を捧げていると筆者には思われるからである。

［文　献］
（1）小此木啓吾『現代精神分析Ⅱ——自我理論と人間のなりたち』誠信書房、一九七一
（2）角野善宏『心理療法を実践する——ユング心理学の観点から』日本評論社、二〇一一
（3）松木邦裕「もの想い……精神医療の内と外」『分析実践の進展』創元社、一〇〇～一一五頁、二〇一〇
（4）Bion, W. R. (1961) *Experience in Groups*. London: Tavistock.
（5）Freud, S. (1912) Ratschläge für den Arzt bei der psychoanalytischen Behandlung. *GW* Bd8, pp.375-387.（小此木啓吾訳「分析医に対する分析治療上の注意」『フロイト著作集9』人文書院、七八～八六頁、一九八三）
（6）Sedlak, V. (2012) The purpose of interpretation. (Unpublished manuscript).

4 クライエントにとっての事例研究

井芹聖文

1 はじめに

心理臨床の分野においては、事例研究という手法が極めて重要な位置を占める。河合隼雄[1]は、その意義について「一個人の全体性を損なうことなく、その個人の世界を探求した結果は、臨床家が他の個人に接するときに共通のパターン、あるいは型を与えるものとしての普遍性をもつ」と論じている。クライエントという一個人の全体性を大切にしながら、その内側とでも呼ぶべき主観の世界にセラピスト自身の主観の世界を関与させ、同時にそれを客観的に捉えることで、個別的経験は普遍的理解へと導かれていく。

ここで、面接室という二人だけの空間で行われていた営みが公に開かれていく際に、必ず検討しなければならないものに守秘義務の問題がある。事例研究の著者は著者である前に一セラピストであり、クライエントの人権と尊厳を守るため、内容を公表することが自他に与える影響を十分に考慮しなければならない。一般社団法人日本臨床心理士会倫理綱領[2]には「個人情報及び相談内容は対象者の同意なしで他者に開示してはならないが、開示せざるを得ない場合については、その条件等を事前に対象者と話し合うよう努めなければならない」と記載されており、事例研究においても出来るだけクライエントの同意を得ることが望ましいと考えられる。だが、同意を得られれば済むといった単純なものでは決してなく、そこには多くの議論を起こす問題を孕んでいるだろう。本論では、事例研究におけるクライエントの同意をめぐる問題について、自験例を提示したうえで検討を行ってみたい。

2 自験例より

まず実際に筆者が体験した同意をめぐる事態について、二つの事例を取り上げる。

1　本人の保護者からの同意

筆者が所属するある研究会では、特別養護老人ホーム（施設）で過ごす認知症高齢者に箱庭をつくってもらう活動をボランティアとして行っている。方法が特異なこともあり、あるとき長年にわたるこの活動内容の一部を学会で事例的に発表することが研究会内で決まった。意思疎通の難しくなっている対象者Aの容体を考慮し、施設職員およびAの家族に対して同意書への記入を求めるという方法によって、筆者らも含めた三方の間で同意は結ばれた。

日本心理臨床学会が編集する論文執筆ガイド[3]に記載されている倫理基準に従えば、本人からの同意を得ることが困難な際、保護者の代諾が認められる。また、本事例は継続中のケースであったが、箱庭の諸表現の展開に加え、箱庭自体を次第に本人がしなくなってきており、その意味で一つの区切りにあると思われた。しかしながら、倫理基準を満たしたからといって当の本人が認知していない実情は変わらず、筆者らのうちに大きな違和感が残ることとなった。

2　「原稿を見せてほしい」

問題行動を呈する子どものセラピーに並行する母親面接の担当者として、女性Bと筆者は面接を行っていた。そこでは「終わる」ことがBにとってどのような意味を持つのかということが何度も話し合われた。「終わらない」ことへの恐怖を感じるクライエントは筆者に対しても接近と離脱を繰り返すなかで、やがて子どものセラピーが終結した影響もあって、Bの心理学的課題が残るままに母親面接も終わりを迎えた。その後、筆者はこの事例を何度も思い返すなかで、この面接で何が起こっていたのかを考えるために紀要論文を執筆しようと決意し、論文執筆の承諾を求める手紙を送った。返信には、Bもまた幾度となく面接を振り返ってきたこと、そして「(筆者との) カウンセリングを終わらせるために、原稿を見せてほしい」と記されてあった。

3 関係性という視点

こうした筆者の体験は決して珍しいことではないだろう。そして、ここで起こった事態を考えるには、その事例研究が新たな知見を提示しえたかどうかという観点からでは捉えきれないものが存在しているのは明らかである。

ただし、事例研究は、何を主眼とするかという差異から、ときに事例報告や事例検討など区別して述べられることがある。山中康裕[4]は、事例検討が「あくまで、その事例自身に還元されることがひとつの究極目標である」のに対して、個性記述的な事例研究が「セラピストとクライエントとの『関係性』がどのような形で動いているか」という観点からなされるものだと指摘している。考えてみるに、私たちが一口に「事例」と呼ぶとき、実にさまざまな事象に言及している。面接室という閉じられた空間において、セラピストである私が、唯一無二の存在であるクライエントに出会う。そこで行われる心的な営み。面接終了後にセラピストが記録を書くとき。すべての記録を素材として取捨選択しながら一つの経過としてまとめるとき。検討会で発表し議論するとき。さらには、知的理解を重ね合わせて学術的な場で公表するとき。これら一つひとつの営みを思えば、事例研究が発表される場とは治療の場そのものからは次第に遠ざかっていくかもしれないが、事例研究の第一歩にあるのは、一つの事例そのものと向き合い、その内側から考えていくことにあると言えよう。そして、事例研究が関係性の視座に立ってなされるように、事例研究における同意を考えるに際しても、単に同意を得られたかどうかではなく、そこで起こりうる事態について二人の関係性に焦点を当てながら検討する必要性が浮かび上がってくる。

4　事例研究における同意の是非

事例研究における同意の問題を関係性の視座から考えるとき、まずセラピストに出来ることとは、「なぜ、あなたとの事例について研究を行おうとするのか」というみずからの内にある動機を見つめ直すことだろう。セラピストが事例を発表する理由には、主観的体験を客観化して捉えることによるクライエントの理解や、臨床家としての訓練・教育、さらには心理臨床という分野における専門性や技法の深化などが挙げられる。一方、クライエントの側に目を転じれば、そもそもクライエントは自身の抱える苦しみから解き放たれたいという切実な訴えを抱えてやって来るのである。事例研究あるいは事例検討に限らず、たとえ適切な援助の方法を考えるためにあなたとの面接過程を発表したいと言われたとしても、クライエントが全面的に肯定するとは必ずしも言えないのではないだろうか。継続中の事例であれば、個人情報が漏えいすることによる危害への不安に加えて、現在行われている自身への治療を知ることはさらなる治療への積極的な動機づけにも懐疑心にもつながりうるし、果てはセラピストの業績のために治療を求めて来たのではないという嫌悪感さえも生み出しかねず、面接関係への影響は免れないだろう。また、終結あるいは中断した事例であっても、セラピスト側から持ち込まれる同意の要求は現在の生活を営んでいるクライエントにとって青天の霹靂であるかもしれない。巳(匿名氏)[5]は治療者と患者の立場を「対等であろうとする治療者の心構えは必要だが、対等では決してあり得ない」として、「治療者の思い込み、勘違いそして思いがけぬ解釈につき合わされる」事態のほか、再発の可能性を想定し、同意を得ることに対して否定的な見解を示している。同様に、クライエントから発表の要望があったとしても、その動機は見つめられなければならないだろう。自分の治療過程を見直すことやセラピストがどのように自分のことを考えていたのかを知りたいという希望には、かつての自分を肯定的に受け容れたり区切りをつけようとしたりする思いもあれば、そこにクライエントの自己愛的傾向が見出されるかもしれない。

仮に同意が得られたとして、その内容をクライエントが読むことの影響もまた考えなければならない。たとえば、東山紘久[6]は事例発表の許可を得たかつてのクライエント四名に対して自分自身の事例が報告されたことに関する感想を申し出ており、それについて検討を加えている。また、鑪幹八郎[7]がクライエントとの心理療法過程の出版許可を求める際に得た返事をそのまま論文として公表しているのは注目すべきだろう。この手紙には、自身の治療過程を「資料」として扱われたこと、セラピストに必死で話した自身の苦しみがそのセラピストによって「主訴」という言葉でまとめられていることなど、事例にされることをめぐるクライエントの心情の揺れ動きが生々しく記載されているが、「もう一度カウンセリングを受けたよう」だと謝意で結ばれている。名前ひとつを例にとっても、ある意味で私と不可分に結びついた実名や固有名詞がCなどの記号に置き換えられることは、一方で守秘の徹底という大義を全うしながら、他方で匿名的存在に変換されてしまうことへの違和や恐怖を生み出してしまう。

同意を得るかどうかの是非は、一つひとつの事例によって異なる。だが当然ながら、セラピストの自己欺瞞によってクライエントを振り回すのではなく、あくまでクライエントにとっての利益を最優先に考えなければならないことは明らかである。重要なのは、クライエントが感じるであろう固有性の喪失感や対象化に付随する幾多の痛みについてセラピストが想像をめぐらせ、そのうえで同意を求めるのであれば、そこで起こりうるすべてを自身の責任において引き受けることだろう。当事者が読む読まないに限らず、「読んだ当人にとって、そこから何らかの新しい発見なり、あたらしい洞察なりへの何らかのプラス要素が見いだせるようにこそ、書く[8]」のも大切なことだと思われる。

5 自験例において起こっていたこと

これらの諸観点を踏まえ、先に挙げた二つの自験例について、若干の考察とその後の展開について述べておく。

Aとの事例において、当の本人を除いた関係者たちによる同意のために生まれた違和感は、筆者らに発表の動機を再度確認するよう迫ることになった。箱庭が高齢者や施設をつなぐ要として存在しうることを伝えようという思いや、そこに少なからず偏在していた自尊感情が自覚されるなかで、発表に先駆けて行われたのは、発表する旨をA本人に伝えることではなく、いかにしてAにとって有意味な事例研究たりうるかを考え、私の内にある、これまでのかかわりを通して築き上げられたAのイメージ像と対話することであった。ときに記録を参考にしつつ、見当識が低下していながらも周囲と微笑んだり箱庭へ真剣に向き合ったりしているAの姿を頭に浮かべるとき、Aがこれまで生きてきた歩みの一部に施設という今の場があることの意味に加え、その場に共にいるという私の体験も賦活され、それはまた、現実のAとの「かかわりの場」全体を捉え直す試みになっていった。ここから、学会発表後には施設職員とAの家族に対しても同等の発表を行い、Aのありようとそれぞれの現実的なかかわりについてともに協議する場が設けられた。

また、Bとの事例において、筆者はみずからの内に残る未整理なものを捉えようとしたが、今のBにとって意味のあるものをという意気込みを抜きにしても、いざ面接中のBのこころの動きや関係性に焦点を当てて考察することはなかなか困難な作業であった。それは筆者の内でこの事例を十分に考えられるだけの機が熟しておらず、やや尚早な知的理解を求めることで体験をおさめようとしていたようにも感じられた。だが、こうした筆者の感覚は、Bにとってもまた面接過程を何度も想起し、自分について書かれた内容を読みたいと言った動機とも通じているものがあると思われた。二人ともに面接関係に区切りをつけようとしたこの動きは、「終わり」をめぐって二人が今なおその関係性を生きていたことを明らかにしたのである。興味深いことに、執筆後の率直な実感としては、面接という直接的関係は終わっているものの、面接でもたらされた「私があなたと生きた関係性」について考えることはこれからも終わることはないだろうというものであった。

6 おわりに

本論で取り上げた事例や諸観点は、あくまで事例研究における同意の問題の一側面を取り扱ったに過ぎない。心理療法という営為の根幹に直結する問題として、関係性の視座からの検討に加え、倫理的側面や方法論、事例研究でもたらされるものの性質も含めて、今後もさらなる議論を重ねなければならないだろう。

本論の題目には「クライエントにとっての」という冠をつけている。それには、当然のことではあるが、臨床心理学という学問の発展やセラピスト側の利益のためではなく、第一に事例研究がクライエントにとって有益となるために今一度何を考えなければならないのかを大切にしたいがためである。クライエントにとっての事例研究を考えることはセラピストが臨床家である限り続くものであり、一人ひとりの今までの、そしてこれからの臨床経験と臨床観に基づくものであるべきだろう。

[文献]
(1) 河合隼雄「事例研究の意義と問題点——臨床心理学の立場から」京都大学教育学部心理教育相談室・心理教育相談室紀要、臨床心理事例研究、3、九〜一二頁、一九七六
(2) 一般社団法人日本臨床心理士会倫理綱領、第二条第二項、二〇〇九年四月一日施行
(3) 一般社団法人日本心理臨床学会学会誌編集委員会編「心理臨床学研究　論文執筆ガイド」一二頁、二〇一二
(4) 山中康裕「事例検討と事例研究」臨床心理学、1(1)、一七〜二〇頁、二〇〇一
(5) 巳「症例報告にさいして患者の許可を得ることについて」精神療法、26(3)、三一六頁、二〇〇〇
(6) 東山紘久「クライエントからみた事例報告」京都大学大学院教育学研究科・心理教育相談室紀要、臨床心理事例研究、26、一五〜二三頁、一九九九
(7) 鑪幹八郎「クライエントにとっての事例報告——あるクライエントの手紙から」京都大学大学院教育学研究科心理教育相談室紀要、臨床心理事例研究、26、三〜五頁、一九九九
(8) 山中康裕「クライエントにとっての事例報告」京都大学大学院教育学研究科・心理教育相談室紀要、臨床心理事例研究、26、一〇〜一二頁、一九九九

5 事例報告の夢

長田陽一

誰も　あの
証人たちのために
証言しない。(1)

1 身代わりの構造

夢（顕在夢）から夢思考（潜在夢）へ、夢を実際の生成過程とは逆方向に辿りなおすことが夢分析だとすれば、事例の報告もケースへ差し戻される《ラポルテ》という点で、夢の分析と類似している。それだけでなく、これから述べていくように、報告それ自体が夢と似ているとも言える（報告とは、書かれたものであり語り方であり、「関係」や「共通点」であって、この場合、英語よりも仏語の rapport《ラポール》 の周辺に引き寄せられ取り集められることになるだろう）。おそらく、報告《ラポール》について考えるべき多くのことが、いまだ残されている。

事例研究における報告では、報告者による意識的・無意識的な素材の取捨選択が行われるだけでなく、欲望の複雑な絡み合い（セラピスト＝報告者、クライエント、聴衆）がそこで生じている。臨床的スキルの修得を単に目的としている場合であっても、すべての事例報告・事例研究で目指しているものは、セラピストの欲望を夢見ることだと言えるかもしれない。これはおそらく学派を問わないだろう。さしあたって、セラピストの欲望を、（i）可能性への信、（ii）身代わりとしての主体、（iii）事例の範例性、という視点に絞って検討してみたい。

第一に、セラピストがクライエントと自分自身の可能性を、そして心理臨床の可能性を欲望〔願望〕できることが、事例報告・研究の重要な教育的効果なのであろう。河合隼雄は、「どんな方が来られても、その方たちに対して、われわれがそういう可能性を日々信じて、『ここから何が生まれてくるんだろう』というふうに思いながら会えるよう、ぼくらは自分を訓練していかなくちゃいけない[2]」と語っている。

ただし、可能性を信じることは、実際にクライエントの変化・成長を目の当たりにするという体験の積み重ねによってのみ芽生えるものではない。「自分を訓練」するとは、おそらく、みずからをセラピストとして欲望するという分析不可能な感情を引き起こすことであり、その過程において、変化や成長へ向かう可能性への信がもたらされるのではないだろうか。

それゆえ事例報告・事例研究では、クライエントの変化・成長の可能性の物語をめぐって、欲望の交換と共有が行われ、しだいにセラピスト（として）の欲望〔願い〕が醸成されていく。そしてセラピスト＝報告者は、実際は聞き手に聞き届けられることでそこにセラピスト（として）の欲望を見いだすのであるが、にもかかわらず初めから欲望が自分自身の中に存在していたかのように信じる――あるいは夢見る――ようになる（もちろん、これはクライエントがセラピストに語ることでみずからの欲望を発見していくのと同様である）。

さらに、セラピストは、クライエントの代わりに、彼（女）のことを、さらには両者の関係《ラポール》を報告する。そこでは、一方が他方について語るのだが、語られるほうがその内容について訂正も異議申し立てもできない、まして報告者を非難することも擁護することもできないという非対称性が生じる。しかし、この非対称性が、セラピストの欲望を焚きつけるのである。内田樹は、レヴィナス（Lévinas, E.）の議論に拠りながら、ここにいない誰かの身代わりになることによって、主体の唯一性が与えられると述べている。心理臨床においては、セラピストの欲望がいわば「臨床主体」――あるいは場なき場――を作り出し、それを維持し続けるためのエネルギーを注ぎ込むのである。

「私」は「覆い」であって「絵」ではない。だから、私は「この布がどのような絵を覆っているのか」を実定的に伝えることができない。私にできるのは、「私が布として＝身代わりとして機能している限り、絵は決して存在することができない」という仕方で、「隠された絵」に対する人々の欲望をかき立てることだけである。

（中略）

私は「彼」の証人となることができるが、「彼」は私のために証言することができない。だが、私が「彼の証人」であることを「彼」は決して姿を現して証言してはくれないという当の事実こそが、「身代わり」としての「私」の唯一無二性を担保しているのである。[3]

夢が紛れもないリアリティを持って、不可解な強度で欲望を引き起こすように、絵を覆う「布」――織物であり、夢を映し出すスクリーンであり、たぶん下着《スリップ》でもある――は、できるかぎり薄く透明に近づいていくこと、しかも無限の深さをもった現実の像をそこに映し出すことが求められる。おそらくは欲望を夢見ることから主体と呼ばれるものが生まれるのだ。

2 不可能なものの可能性

したがって、ある事例は絶対的に唯一であって、他の事例で置き換えたり代用したりすることはできない。しかし、この命題はそのロジックの解き難さから、現在、心理臨床の内部の対立も含め、さまざまな党派性を生み出しているように思える（この命題が提起する一連の問いをめぐって、かつて筆者は「喪の作業」の逆説的な複雑さにおいて考察を行った[4]）。唯一無二のものを敷衍したり一般化したりすることはできないのだから、そこから有益な知恵を得ることも、その他の事例に適用することもあらかじめ禁じられることになる。反対に、ある事例が唯一でなく置き換え可能なものであるとしたら、この事例のかけがえのなさも身代わりとしての私＝セラピストの主体性も失われてしまう。

しかし、事例は代替できないものであっても、この代替不可能性そのものが代替可能（範例的）なものとなりうるだろう。これはデリダ（Derrida, J.）が、証言のアポリアとして記述しているものである。反復の可能性によって、証言は証言として聞き取ることができるようになる。

> 私が見聞きする唯一のひとであったところで、またそのことを証し立てできる唯一のひとであるところで、私は真実を述べることを誓います、と言う時でも、それが真実なのは、誰でもよい不特定のひとが、私の代わりに（à ma place）、その瞬間に、同じものを見、聞き、触れていたかもしれないという限りでのことなのです。また不特定のひとが範例的に、普遍的に、私の証言の真実を反復しうるだろうという限りでのことなのです。⑸

事例報告・研究において、唯一で代替不可能な事例は、その不可能性によって、即座に代替可能なものへ引きさらわれる。回り持った言い方になるが、例外が成立するところでは、実際にはその他多くの例をすでにつねに潜在的に想定してしまっているように、可能性（可能態）としての代替可能性によって、不可能なものが可能になるのだ。あの特異性でなくまさにこの特異性を理解して欲しいという私＝セラピストの欲望は、事例の特異性の間の深淵を開き、特異性を普遍化する場を生み出すのである（しかし多くの場合、不可能なものの可能性をみずから引き受けるというより、あたかも夢を見ているかのごとく、深淵をその都度縫合《ラポルテ》してゆくように思われる）。

誰も、あの証人たちのために、証言することはできないというツェラン（Celan, P.）の詩（本稿のエピグラフ）は、これまで述べてきた身代わりとしてのセラピスト（証人）の唯一無二性を意味している。しかし「あの証人たち」がホロコーストの生き残りを指しているのなら——実際にツェラン自身がそうであったのだが——、事態は一変する。この詩は救いようのない絶望を歌っていることになるだろう（レヴィナスも家族のほぼ全員をホロコーストで失っており、そもそも身代わりの主体についての彼の議論も、「アウシュヴィッツ以後」の文脈で身を削るようにして析出された極限の倫理であった）。けれども、ツェランのこの詩は、絶望の中で希望を――おそらくは唯一可能であった幽かな希望を――も歌っている。

「誰も……ない（niemand）」という独語の不定代名詞は、「誰でもない者（Niemand）」という名詞として読むこともできる。「誰でもない者」は、誰なのかという規定を受け付けない名前のない誰かである。こうして、「誰も……ない」の唯一性は、すぐさま「誰でもない者」によって範例的に証言されうるだろう。それゆえ、おそらく、代替不可能なものの代替可能性とは希望を生み出す条件なのだ。誰でもない誰かが、ここではないどこかの未来に、「私の代わりに」――身代わりである私の身代わりに――証言するかもしれない。ツェランはこの詩を大文字のNiemandで始めている。すなわち、Nが大文字であるのは文頭にあるためなのか名詞だからなのか、どちらかに決定することができないという緊張状態を作り出すことで、そこに希望と絶望の声をいつまでも重ね合わせ続けようとしたのだろう。そして、これが両親をはじめホロコーストの犠牲者に対する、ツェランにとっての永遠に続く「喪の作業」であったと思われる。ここでは、特異性と普遍性、過去と未来が、謎めいていながらも明解な仕方で、たがいに否定し合いながら肯定し合うのである。

3 「私を信じてください」

報告の辞書的な語義は経過や結果を伝えることであって、オースティン（Austin, J. L.）[6]によれば、これはコンスタティヴ（事実確認的）な次元の発話行為である。しかし、これまで述べてきたように、事例の報告は、何かを知らせるという認識に関わるだけでなく、伝えることによって他者と自分自身のうちに何らかの変化を引き起こすパフォーマティヴ（行為遂行的）な次元にも属している。

事例の報告《ラポール》には、報告する私＝セラピストにも理解できない何かが含まれている以上、虚偽と不正の不安から、（主体としての）セラピストは逃れることができない。報告においては、クライエントの内面生活をさらけ出し、いわば密告《ラポルテ》する。報告する際の私＝セラピストは自身の声（身代わりの声）に、どこか裏切りのような違和感を覚えてしまうこともあるだろう。それに、そもそも次のような暗黙の前提がなくては、事例報告・研究は成立しない。報告される情報の多くが報告者＝セラピストの主観を通して収集され編集されたものであること、つまり事例報告は報告者についての報告でもあるという告白的な性質がその場に持ち込まれてしまうのである。続いての前提は、報告者＝セラピストが偽証していない、少なくとも意識的には嘘や改竄などしていないと信じていることである。したがって、けっして口に出すことはないにせよ、報告者は「私を信じてください」というパフォーマティヴな言葉から事例報告を開始しなくてはならないだろう。そして、クライエントの身代わりであることを聞き手に承認してもらわなくてはならない以上、唯一の身代わりであることは構造的につねに未完の状態に置かれていると言える。もしくは報告の場において初めて身代わりの唯一無二性が到来するのかもしれないが、あらかじめ何も約束されないまま、いわば暗闇の中での跳躍においてそれは与えられるのである。

　事実の客観性という観点から、このことが事例報告の不安定さや不完全さを意味しうるとしても、重要なことは、そこで他者（へ）の語りかけが可能となることである。仮に、唯一無二である私＝セラピストの報告であれば、誰も私の代わりに報告（証言）できる者はいないのだから、誰もが「私を信じなくてはいけない」。つまり、報告は容易に、暴力と濫用の場へと倒錯しうるのだ。そうだとすれば、事例の特異性を損なうことなく、独善の閉鎖系へと転倒する危険性に抵抗し続けるために、必要とされているのは、クライエントの身代わりとなろうと欲しながら、それにいくらか失敗し続けるといった――ツェランの終わらない「喪の作業」のような――この二重化された身振りなのである。

　「私を信じてください」という懇願は、許しを請うことと、今日、ほとんど見分けがつかないくらいに重なり合っている。事例報告という行為に対して、あるいは報告しようとする動機そのものに、何らかの過失と謝罪の感覚がしばしば潜んでいるというだけでなく、報告や証言や告白という行為は、おそらくア・プリオリに、もしくは歴史的に、許しの構造ないし形式によって裏打ちされている。

アウグスティヌス（Augustinus, A.）が、すべてを知っているはずの神に告白する必要があるのはなぜかと問題提起し、過ちを愛に変えるためであると考えたように、許しを求めることは他者に語りかけ、他者の声を聞き、みずから主体として生成してゆくための、祈りにも似たひとつの様式なのではないだろうか。クライエントの語りもそうであるし、この小論も何かを報告することで証言し、告白し、許しを求めようとしている。あたかも、許しを請うことの許しを、何より求めているかのように（身近なところで例を挙げれば、語りかける際に発する日本語の「すみません」や、英語の I beg your pardon 等にその一端をうかがうことができるかもしれない）。

さらに、心理臨床の様々な場において、証言や告白へつながる地下の通路を開いてゆくことは、主体を歴史的存在として捉えなおすことを、さらには、きわめて困難な課題ではあるが、近代、主観（＝主体）、内面性、固有性、語り、自伝、許し、過失、アイデンティティ、症状、狂気、といったものに通底し沈黙のうちに響きあっているものの再検討を可能にするだろう。

4　心理臨床の夢

デカルト（Descartes, R.）のコギトには多くの誤解がつきまとっているが、徹底した懐疑の末に彼が見いだしたのは、私がどれだけ欺かれていようが、欺かれている当の私は存在するという確信の瞬間であった。だが、この究極のコギト（主体）は、夢のまどろみから目覚めているのかどうかさえ、神の善性に全面的に頼らない限り、みずから判別することができない。なぜなら、夢を夢であると規定する視点は、夢の中には欠けているからである。たとえ、夢のなかで自分は夢を見ているのではないかと疑ったとしても、夢の外に出ることはできない。視野の盲点に日常ではなかなか気づけないものだし、たとえ気づいたとしても盲点そのものを見ることができないように、夢が何を意味するのか、でなく、夢はいかに意味するのかを問うことは、きわめて困難なのである。おそらく、夢を見ることは超越的（transcendent）であるが、超越論的（transcendental）ではない。超越論的であるには、夢の外に出なくてはならないのである。

超越論的であるとは、超越的であること、いいかえれば、メタレベルに立って見下ろすことではなくて、逆にそのことが不可能であり、不当であることを示すことです。超越論的であることは、自らが思考において暗黙に無意識に前提している諸条件そのものを、自己吟味することです。（中略）彼ら〔マルクスとニーチェ〕は、意識あるいは主体を否定するように見える。しかし、それは、意識または主体が或る無意識の構造や歴史的なシステムの中にあることを見ようとすることであって、そのこと自体がいわば超越論的主体によって可能なのです。(7)

同様に考えるなら、心理臨床の内部に、これを心理臨床だとする視点は存在しない。たとえば、事例報告・研究では多くの新しい気づきを得るという超越的な視点（超越的主体）を獲得することができる。しかし、これは、心理臨床の外へ出たこと（超越論的主体）を意味しない。心理臨床のアイデンティティを心理臨床の内部にのみ求めるのであれば、すでにそれは夢の詭計に陥っているのだろう。というのも、心理臨床とは何かを、そこではすでに「暗黙に無意識に前提」してしまっているからだ。

・・・しかし、心理臨床にとって超越論的な視点がどれほど必要なものなのか、実のところ筆者は確信がもてないでいる。さらには、これまでの議論を続けることに、そして書くことに、羞恥心といささか後ろめたい気持ちを抱いている。この（夢のように）短い論考のなかでさえ、筆者は、言い換え、並置、「あるいは」等の接続詞によって言葉を横滑り《スリップ》させ、換喩ないし置き換え――夢と欲望の重要な戦略――に頼りつつ、多くの言葉を消費してきた。いくつもの言葉に関して、それらの意味を定義したり固定化するのと引き換えに、いくらかの不安定さを許容することで流動性をもたせておく。すると、それぞれの言葉が磁場のように周囲に多くの言葉を関連づけ《ラポルテ》、いつの間にか他へと移り変わっていく。たぶん、筆者は夢を見ながら書いているのだろう。おそらく、私はセラピストの欲望を夢見ている。夢を見ていると信じ、夢を見ていると告白し許しを請おうとしている。

けれども、この夢はいったい誰の夢だろうか。心理臨床は夢を取り扱う。しかし、ウィトゲンシュタイン（Wittgenstein, L.）が言語の見る夢について論じたように[8]、心理臨床が見る夢というものがあるのではないか。それぞれが個別に見られた特異な夢でありながら、大きな一つの普遍的な（普遍性の）夢を作り出そうとしているのではないか。

私たちは覚醒時にも、異なる意識ないし無意識の層では夢を見続けている。それは、星が目にはけっして捉えられなくとも、日中も夜と同じく輝き続けていることに似ている。もしかすると人は夢から覚醒するのでなく、夢の中で目覚め、そして夢の中で覚醒するのかもしれない。夢の中にこれを夢だと規定する視点が欠けているとすれば、夢から目覚めたとしても、それが本当に夢からの覚醒であって、目覚める夢に再び落ち込んでしまっていないと、人はどうして言うことができるだろうか。

夢と覚醒を、夜と昼や、睡眠と目覚めといった区別に従属させるのでなく、昼間の意識に夢を認めるという超越論的な「自己吟味」によって、語りながら夢を見ることが、そして夢を見ながらその夢を語り、夢の中で覚醒することが、場合によっては可能となるかもしれない。それは、一方では、睡眠時の夢をさまざまな夢と関連づ《ラポル》け《テ》、語の多義性の振幅の最大値において夢を守り抜くことである。というのも、夢は、故郷と異郷、真実と偽り、希望、美しいもの、はかないもの、弱者や追放者、怠惰、熱狂、陶酔、不安、錯乱、悪、等々、すなわち人間の欲望という欲望がそこで紡がれる「織物（Geflecht）[9]」なのであるから。そして、他方では、夢のまどろみから抜け出し、非－人間の危険を冒してでも、機織り機の秘密、未知へとつながっている「夢のへそ（der Nabel des Traums）」を求めることでもある。なぜなら、夢とは、気が遠くなるほど長い時間をかけて人間を夢想し続けてきたあの存在の、もうひとつの名なのだから。

[文献]
（1）P・ツェラン『パウル・ツェラン全詩集　第一巻』中村朝子訳、青土社、一九九二
（2）河合隼雄『カウンセリングを考える　上』創元社、一九九五
（3）内田樹『他者と死者――ラカンによるレヴィナス』文春文庫、二〇一一
（4）長田陽一『犠牲と身代わり――記憶できないものをめぐって』春風社、二〇一一
（5）J・デリダ『滞留［付／モーリス・ブランショ「私の死の瞬間」］』湯浅博雄監訳、未來社、二〇〇〇
（6）J・L・オースティン『オースティン哲学論文集』坂本百大監訳、勁草書房、一九九一
（7）柄谷行人『言葉と悲劇』講談社学術文庫、一九九三
（8）L・ウィトゲンシュタイン『論理哲学論考』野矢茂樹訳、岩波文庫、二〇〇三
（9）S・フロイト『フロイト全集　第五巻　夢解釈Ⅱ』新宮一成訳、岩波書店、二〇一一

コラム

保護者面接の軸とカウンセラーの親経験

石原みちる

学校臨床では保護者面接の割合は少なくなく、保護者のみの支援となることもある。ここでは学校臨床、特に中学校の保護者面接での筆者の「軸」について考えてみたい。

親面接には二つの流れが指摘されている[1]が、学校臨床での保護者面接の焦点は、親自身の問題ではなく、親としての機能にあると筆者は考えている。子どもが自分らしい人生を歩むことを家族が側面から協力するための工夫[2]が目的と言える。

実際の面接で軸となる考えとして、まず保護者の不安を和らげることを挙げたい。村瀬嘉代子[3]が十分語っていることではあるが、不安定なこの時代に、思春期の子どもの不安定さに付き合う時、親は自分の育て方を責めたり、子どもの変化に翻弄されたりする。一緒に悩みつつ、「安心できる関係があるから反抗できる」「揺れながら自分を作っていく時」と伝えることで、保護者に余裕が生まれる。ここまで育てて来たことへのねぎらいと尊敬は、筆者自身が至らない親であるとの思いからも自然と生じる。「そこそこが丁度いいようです」と伝えることもある。

次に保護者の主体性、自尊心を大切にするという軸。徳田[4]も指摘している点である。親としての取り組みには敬意を表し、失敗ではなく「実験」と位置付ける。一般の治療関係では歓迎されない他機関への相談も、色々な人の意見を聞くという親の主体的な動きとして受け止める。ただし、そこで得た意見やサービスがどうだったのかを面接で話し合い、保護者自身が整理する場を提供する。

そして子どもの個性を理解し、それを活かす将来像を保護者と一緒に眺めるようとする軸。どの子にも多少はある発達の凸凹も、それを活かした未来が描けるようにと考えていく。遠い道のりのこともあるが、親として子どもの未来を楽しみにする喜びを共にしたいものである。

親の思いに自然体で寄り添おうとする時、様々な矛盾を共に生きる時、筆者自身の親経験が重なることは少なくない。しかしそれは、筆者が学生時代に河合隼雄先生からよく聞いた「経験したらわかるというものではない」という前提あってのことである。また、経験できないことに想像力を働かせることこそ大切だとの村瀬の感覚を失うとただの邪魔物でしかなくなるだろう。

［文　献］

（1）磯邉聡「相談場面における親面接のあり方をめぐって」千葉大学教育学部紀要、60、七九～八六頁、二〇一二
（2）徳田仁子「学校臨床における保護者面接で考えたいこと」子どもの心と学校臨床、3、遠見書房、四五～五三頁、二〇一〇
（3）村瀬嘉代子『子どもと家族への援助』金剛出版、一九九七
（4）前掲書（2）

第3章……表現における「主体」と「関係」

1 プレイセラピーにおける解釈と洞察
――潜在的な関係性知識に向けて

髙森淳一

1……はじめに

心理療法において言語的解釈は偏重されてきたきらいがある。その根底には「はじめにロゴスありき」という、言語への愛好と行為への貶価という西洋的価値観が潜んでいるようにも思う。

心理療法のなかでもプレイセラピーは、自己表現や交流手段として、行為はもとより描画や箱庭といった非言語的表出の占める割合が高い。こうした状況を鑑みれば、プレイセラピーにおけるそれらの言語的解釈について、もっと議論があって然るべきだ。

くわえて、本邦のプレイセラピーにおいては、無意識の意識化を目的とした言語的解釈はあまりなされないが、それにもかかわらず、功を奏している事実をどのように考えるべきであろうか。

本論文では、プレイセラピーにおける遊びの言語的解釈（遊びが有している深層心理的意味合いを治療者がクライエントに対して言語的に伝えること）と洞察をどう考えるべきかを検討する。また、それが心理療法一般とどのように関連しているのかを議論する。

2　プレイセラピーにおいて解釈をどう考えるか

1　解釈に関する見解の相違

こんなジョークがある。プレイセラピーで解釈をしたら子どもが部屋から飛びだしてしまった。アンナ・フロイト派の分析家は、解釈が性急すぎたためにそうなった、解釈すべきでなかったと考える。一方、クライン派の分析家は、解釈が不十分だった、もっと解釈すべきだったと考える。つまり解釈で生じるであろう不安を見越し、それも含み込むかたちでより十全たる解釈をすべきだったと主張する。

解釈といっても、アンナ・フロイト派とクライン派において、解釈によって扱おうとする内容が異なるため、解釈をするかしないかという二項対立的な問いは適当でない。

もっとも、クライン派の解釈投与はある種の処方を連想させなくもない。高力価の抗精神病薬の副作用によって統合失調症の陰性症状とよく似た状態が出現するが（神経遮断薬起因性欠陥症候群）、それを副作用ではなく主症状と取り違え、投薬量を減らすべきところを増やしてしまう。

先ほどのジョークと関連して、プレイセラピーの黎明期における、ある議論が思い出される。ローウェンフェルト（Lowenfeld, M.）とクライン（Klein, M.）の議論だ。ローウェンフェルトは箱庭療法の先駆となった世界技法を創案した。一九三九年に英国心理学会医学部門で事例を交えて世界技法について提示（正確には再度提示）し、クライン、ウィニコット（Winnicott, D. W.）、アイザックス（Isaacs, S.）らと討論している。

ローウェンフェルトは先行する児童分析の成果を高く評価すると述べるものの、その賛辞はリップサービスにすぎないようにみえる。とはいえ児童分析を否定しようというわけではなく、子ども独自の心理作用の実態については いまだ解明されていない、と保留の立場を貫く。つまり、成人の精神分析的原理を無条件に子どもに拡張しようとするのではなく、精神分析を含む既存のいかなる理論的予断も排したうえで、子どもの内的世界に迫ろうとしていた。そのため「子どもがおもちゃを使うのを精神分析理論に調和する形で象徴的に解釈する」[1]ことに違和感を覚えたのだ。そして「児童分析家は、心の性質について多大なるドグマをはなから念頭においたうえで……それを使って子どもに遊びの解釈を伝えている」と指摘する。[2]

ローウェンフェルトは遊び自体が重要な心的作用を有していると確信しており、こう述べる。「子どもとの作業のなかで、私自身が試みているのは、ある種の手段を考案することです。それによって、転移や解釈による大人の介入を必要とせずに、子どもが自分自身の感情状態と心理状態を表明しうる手段をです……私の目的は、それ自体で自立し、その性質についてどのような理論からも独立した何ものかを子どもが作り出すよう援助することにあるのです[3]」。

それに対して、解釈を重視するクラインは、治療者が子どもの遊び、描画、行動全体について解釈するからこそ、プレイの背後に潜む空想への抑圧が解除され、空想が自由に表現されるようになるのだ、と弁駁する。総じてローウェンフェルトは手厳しい批判を一身に浴びた。

2　置き換えによる解釈

精神分析治療は草創期からずいぶん様変わりした。しかし無意識の意識化という根本原理は保持されており、治療者による解釈とクライエントの洞察はおおむね重視されている。児童分析においては、遊びの無意識的意味を言語的に解釈することで、子どもが一次過程と行動の機能様式から二次過程の様式に移行するのを援助しうると考えられている。

しかしながら、ケネディ（Kennedy, H.）は、児童分析において洞察の果たす役割は限られているという。「子どもは洞察を得ようと積極的には動機づけられておらず、洞察獲得への防衛を示すことさえ非常によくある[4]」。この主張は、ハムステッド児童治療クリニックにおける二五年にわたる分析的資料に基づいている。

そしてこう述べる。「児童分析家が子どもの象徴的遊びを理解し、しかしそれに（遊びを通してであれ言語化を通してであれ）間接的手法で応じるとき、子どもは自分が表現していることへの意識的自覚を得ることはないが、理解されたと感じるだろう」[5]。

いうまでもないが、ハムステッドクリニックはアンナ・フロイト（Freud, A.）が創設した児童分析のための機関だ。アンナ・フロイト派においては、プレイへの自覚的認識を促す直接的解釈に慎重な立場をとる。[6〜11] すなわち、プレイで隠喩的に表現される感情は、投影以前のクライエント自身の心理状態に翻訳しなおして解釈するのではなく、プレイの文脈に即して、使用されているキャラクターに帰属させるかたちで、つまり「置き換え」を介して間接的に解釈すべしとされる。

たとえばリトヴォ（Ritvo, S.）はこう論じている。「児童分析における主たる技法上の教義のひとつに、プレイの語法に則って解釈することがある。そうではなく解釈を直接的に行う場合、子どもは直接的解釈への耐性がきわめて低いため、そのタイミングや状況を注意深く選ぶ必要がある。そうした解釈に反応して、子どもは不安そして不快になりがちで、解釈を理解しない。そして空想的プレイによるコミュニケーションをやめてしまうことが多い[12]」からだ。

アンナ・フロイト派の考えによれば、遊びの文脈に即して置き換えによって解釈するのは、子どもの自我機能が未発達なために、自己省察や言語化の能力が制約されているからであり、かつ葛藤を直視することから生じる不安への耐性が充分でないためである。洞察志向の乏しさが心的機能の未発達に起因する以上、それを抵抗とみなすべきではない。また直接的に解釈した場合、子どもは治療者との関係をとり結ぼうと、迎合目的で同意することも少なくない。

間接的解釈の使用については、対象関係論志向のラニャードとホーン（Lanyado, M., & Horne, A.）なども、その有用性を論じており、怒りをクライエントのものとして扱う前に怒ったワニのおもちゃに焦点を当てるといった具体例を挙げている[13]。置き換えによってクライエントの感情を扱う手法は、サリヴァン派でいう third party technique に近似している。

ノイバウアー（Neubauer, P. B.）が指摘するように、置き換えには葛藤解決への模索が含まれるとはいえ[14]、置き換えは防衛機制の一種であり（ただ意外なことに、フロイト〔Freud, S.〕およびアンナ・フロイトの防衛機制の一覧に置き換えは含まれていない）、置き換えによる解釈には防衛を支持するという面もある。したがって、間接的解釈を推奨するにあたって、そうした見解はプレイセラピー（心理療法）においては治療的に正当とはいえ分析的には正統でないと見做されかねないことに、アンナ・フロイト派の分析家は危惧の念を抱くようで、実践的正当性が分析的正統性に違背しないことを説くのに一定の紙幅が割かれがちだ。

本来、治療者は直接的解釈をし、クライエントは洞察を得るべきだが、それを子どもに要求するのは実際的でないため、次善策として間接的解釈を採用するといった消極的な認識が窺える。神経症患者との解釈的作業を亀鑑とする正統性と、実践的に要請される、しかし古典期には非分析的とされた介入を行うこととのあいだに緊張が存在する。

3　解釈よりもプレイの体験そのものを重視する立場

解釈は治療に必要不可欠ではないと、ウィニコットはいう。「遊ぶことはそれ自体が治療である、ということをつねに忘れないようにするのが良い。子どもが遊べるように取りはからうこと自体が、すぐにそしてどのような場面においても適用しうる心理療法なのだ。……深層におよぶ種類の心理療法は、解釈的作業を必要としないかもしれない。その好個の例がニューヨークのアクスライン（Axline, V. M.）（一九四七）の仕事だ。心理療法における彼女の仕事はわれわれにとってきわめて重要である[15]」。

精神分析へのアンチテーゼとして登場した来談者中心療法のアクスラインをウィニコットが評価している点は、刮目に値する。

ウィニコットの考えはまた、遊び自体を尊重するローウェンフェルトの立場にも近づいている。ローウェンフェルトは、ウィニコット同様、元来小児科医で彼より六歳年長である。同じロンドンにあって、子どもの心理療法を創始するという共通の目標もあった。しかしウィニコットは、世界技法の発表当時、ローウェンフェルトの意図を汲みとったとは言いがたい。

さて、ウィニコットの妻クレア（Winnicott, C.）とシェファード（Shepherd, R. D.）は、ウィニコットの臨床的な姿勢について、次のように評している。「彼は転移を認識し受容するが、それ以上のことをする。ウィニコットの臨床的当てられたさまざまな役割を演じることによって、転移に生命をもたらす。子どもの内的世界をドラマ化することで、子どもは、自分の心をもっとも混乱させる空想を体験し、それらと遊ぶことが可能となる」[16]。

メイズとコーエン（Mayes, L. C. & Cohen, D. J.）もまた、ウィニコット同様、治療的プレイそのものに備わる治癒的作用を強調している。「分析空間で展開する空想的プレイによるエナクトメントの過程そのものが、それ自体で、発達上適応的な心的機能への回復を促す。この文脈でいえば、分析家の役割は、子どもが空想的プレイを展開しようとする努力を促進し支援することにある。つまり、解釈は実際上、空想で表現される物語の内部に包摂され、その物語に即した形で行なわれる」[17]。また、展開したプレイの内容を意識化させる解釈よりも、空想的世界に参入するのを妨げている要因を取り扱い、プレイが展開するよう促す解釈のほうが重要だとする。

念のために註釈しておけば、メイズらのいう遊びの行為そのものとは、日常的な遊び一般のことではない。治療者の存在を前提とした治療空間内で展開する、しかも物語を伴った空想的な遊びのことである。

ジョイス（Joyce, A. F.）[18]は、置き換えを通じて解釈するアンナ・フロイト流のアプローチと、治療者の行為が行為そのものとして解釈を伝達するウィニコット流のアプローチとの二刀流こそが児童分析の本質だとする。事例に即して、遊びの展開と解釈の複雑な相互関係を具体的に提示し、直接的解釈も含め、子どもの無意識的内容を扱う臨床的機微を論じている（ただ具体的介入をみるに、治療空間で展開するプレイ自体、そしてそれに応答する治療者の象徴的行為そのものが治療的に作用するという視点は二刀流という程には明確でなく、解釈の伝達様式には複数のバリエーションがあり、状況に応じてそれらを機敏に使い分ける必要があるというのが、主張の実質と思われる。そうなってしまったのは、直接的解釈への忠誠心が抜けきらないためだろう）。

ドノヴァンとマッキンタイヤ（Donovan, D. M., & McIntyre, D.）は、被虐待児の心理療法を専門とし、精神分析モデルに批判的である。彼らは直接的解釈によって無意識の意識化をはかること自体に根本的な疑義を呈する。「子どもの表現行動が高度に象徴的であればあるほど（それはしばしば『行動化』として言及されるが）、隠喩内にとどまった象徴的介入を子どもはよりいっそう受け入れる[19]。しかし『無意識的（あるいは前意識的）なものを意識にのぼらせる』必要があると治療者が考えるなら、象徴的にあるいは行為的相互作用によって今まさにせっかく成し遂げられたことを言語的解釈によって台なしにすることとなる[20]」。「一般に、子どもが幼ければ幼いほど、相互作用的で象徴的な介入が増える。また必要なものが体験のみであるといった子どももいる[21]」。「意識的な自覚ではなく、体験にこそ心理生理学的な形成力が備わっている。……成人そしてある種の子どもにとっては、意識的自覚は再統合的体験をみずから構造化する手立てとなりうる。しかし、それ自体が治癒的であることは稀だ[22]」。「コミュニケーションの意味や内容を子どもが把握しているかどうかは、（意識的自覚ではなく）子どもの行動から作業的に判断しうる[23]」。

ドノヴァンらにすれば、間接的解釈は直接解釈の次善策でも、子どもに分析治療を応用するための弥縫策でもない。直接的解釈によって自覚的認識を促すことを理想とする古典的な精神分析モデルが、そもそも錯誤を孕んでいるのだ。

3 象徴的なプレイ体験そのものが治療機序となる理由

しかし翻って考えるに、どうして象徴的なプレイ体験それ自体が治療機序となりうるのだろうか。それは扱っている主題が、抑圧を前提とする「力動的無意識」ではなく、潜在的な手続的知識に属するものだからであろう。手続的知識はそもそも本質において、意識化＝言語化しうるものではない。

従来、無意識とは欲動と欲動への防衛に充ちたものとされた（奔出を求めて沸き立つ興奮に満ちた大釜《カルデロン》としてのエスのイメージ)。しかし近年、精神分析学において無意識の概念がおおきく変化してきている。[24・25] 無意識は潜在記憶、わけても手続的知識との関連で議論され、抑圧を前提とするこれまでの力動的無意識は、そうした潜在的手続記憶のごく一部をなすに過ぎないとされる。

手続的知識は宣言的知識と対比される。宣言的知識とは、意識の範囲内にあって言語的に明示しうる知識であり、いっぽう手続的知識は意識的にはアクセスできず、なんらかの行動の一環を通して間接的にのみその存在が知られる潜在的な知識である。認知心理学におけるこの宣言的知識と手続的知識の対比は、哲学者ライル(Ryle, G.)における knowing that と knowing how の対比に対応している。

二者心理学(two-person psychology)の観点からすると、無意識の内容とはさらにそうした手続的知識のなかでも、他者とともにあるための潜在的知識(knowing about "how to be with someone")として考えられる。それらは力動的に抑圧されたためではなく、手続的知識であるがゆえに容易に意識にのぼらないが、種々の、とりわけ親密な対人関係において隠然たるままに影響力を振う。

この種の無意識(非意識)について、「二者無意識」「関係性無意識」「潜在的な関係性知識」といった概念が提唱されている。[26~29] これらは従来、対象関係や内的ワーキングモデルとして論じられてきたものといえる。

プレイセラピーにおいて主題となるのは、内的な欲動(性的衝動や攻撃性)よりも、おかれた環境(主として親子関係)に適応する過程で子どもが身につけた潜在的な関係性知識である場合がはるかに多いだろう。遊びという行為によってはじめて、子どもは潜在的関係性知識への接近が可能となる。治療者もまた非言語的な象徴的介入によって、クライエントの潜在的な体験領野に参与する。

「1　はじめに」で本邦のプレイセラピーにおいては、精神分析的な解釈があまりなされていないにもかかわらず、功を奏している事実をどのように考えるべきかという問題提起をしたが、これまでの議論からその解答はおおむね得られるだろう。あるいは、ドノヴァンらの考えに即して当初の前提を改めるならば、解釈しないにもかかわらず、ではなく、さほど解釈しないがゆえに奏効しているということになる。

4 おわりに——成人の心理療法との関連

潜在的手続記憶が力動的無意識とは別種のより重要な無意識として注目されるにともなって、近年、分析治療一般において非解釈的機制が治療機序として注目されるようになった[30・31]。スターン（Stern, D. N.）らの論文「精神分析的治療における非解釈的機制——解釈『以上のなにか』」（一九九八）[32]は、過去五年（二〇〇八～二〇一三）あるいは過去一〇年（二〇〇三～二〇一三）において、精神分析学系の雑誌に最も引用された論文となっている(Psychoanalytic Electronic Publishing のデータに拠る)。

そうした潮流と直接関連するとはいえないが、かつてはもっぱら否定的に考えられてきた治療者の行動化についても、エナクトメントの観点からその肯定的側面が論及されるようになった[33・34]。もっともエナクトメントそのものが治療的作用をもたらすという考えよりも、エナクトメントを事後的に解釈することが重要だとする立場が優勢ではあるが、それでも治療者の行為が治療を促進する大きな要因として認識されたことの意義は少なくない。

児童分析は成人における分析治療の応用であったが、クラインは統合失調症の心理療法を試みる精神科医たちを指南したわけであり、児童分析が分析治療全体に変革をもたらした面は見逃せない。

プレイセラピーは、クライエントと治療者のあいだで行き交うプレイ（遊ぶ、演ずる、なりすます等々）という行為的相互作用によって成立している。潜在的関係性知識を扱うことの多いプレイセラピーの知見は、成人の心理療法に対してこれまで以上に寄与するに違いない。

[文　献]（１） Lowenfeld, M.（1939）The world pictures of children: A method of recording and studying them. Urwin, C. & Hood-Williams, J. H.（Eds.）（1988）*Selected Papers of Margaret Lowenfeld*. London: Sussex Academic Press, p.267.

（２） 前掲書（１）p.302.

（３） 前掲書（１）p.267.

（４） Kennedy, H.（1979）The role of insight in child analysis: A developmental viewpoint. *Journal of the American Psychoanalytic Association*,

27, p.26.

（５）前掲書（４）p.25.　強調は筆者

（６）Bleiberg, E., Fonagy, P., & Target, M.（1997）Child psychoanalysis: Critical overview and a proposed reconsideration. *Child and Adolescent Psychiatric Clinics of North America*, 6 (1), pp.1-38.

（７）Feigelson, C. I.（1977）On the essential characteristics of child analysis. *The Psychoanalytic Study of the Child*, 32, pp.353-361.

（８）Hoffman, L.（1993）An introduction to child psychoanalysis. *Journal of Clinical Psychoanalysis*, 2, pp.5-26.

（９）Neubauer, P. B.（1987）The many meanings of play. *The Psychoanalytic Study of the Child*, 42, pp.3-9.

（10）Neubauer, P. B.（1994）The role of displacement in psychoanalysis. *The Psychoanalytic Study of the Child*, 49, pp.107-119.

（11）Solnit, A. J.（1987）A psychoanalytic view of play. *The Psychoanalytic Study of the Child*, 42, pp.205-219.

（12）Ritvo, S.（1978）The psychoanalytic process in childhood. *The Psychoanalytic Study of the Child*, 33, p.301.

（13）Lanyado, M. & Horne, A.（2009）The therapeutic setting and process. Lanyado, M. & Horne, A.（Eds.）*The Handbook of Child and Adolescent Psychotherapy: Psychoanalytic Approaches*. 2nd. ed. London: Routledge, pp.157-174.

（14）前掲書（10）

（15）Winnicott, D. W.（1971）*Playing and Reality*. London: Tavistock Publication, p.50f.

（16）Winnicott, D. W.（1977）*The Piggle*. London: Penguin Books, p.viif.

（17）Mayes, L. C. & Cohen, D. J.（1993）Playing and therapeutic action in child analysis. *The International Journal of Psychoanalysis*, 74, p.1236.

（18）Joyce, A. F.（2011）Interpretation and play: Some aspects of the process of child analysis. *The Psychoanalytic Study of the Child*, 65, pp.152-168.

（19）Donovan, D. M. & McIntyre, D.（1990）*Healing the Hurt Child: A Developmental-Contextual Approach*. New York: W. W. Norton & Company, Inc., p.31.　強調は筆者

（20）前掲書（19）　強調は筆者

（21）前掲書（19）

（22）前掲書（19）p.142f.

（23）前掲書（19）p.263.

（24）Cortina, M. & Liotti, G.（2007）New approaches to understanding unconscious processes: Implicit and explicit memory systems. *International Forum of Psychoanalysis*, 16, pp.204-212.

（25）Hirsch, I. & Roth, J. R.（1995）Changing conceptions of unconscious. *Contemporary Psychoanalysis*, 31(2), pp.263-276.

（26）Gerson, S.（2004）The relational unconscious: A core element of intersubjectivity, thirdness, and clinical process. *Psychoanalytic Quarterly*, 73, pp.63-98.

（27）Lyons-Ruth, K.（1998）Implicit relational knowing: Its role in development and psychoanalytic treatment. *Infant Mental Health*

Journal, 19 (3), pp.282–289.

（28） Lyons-Ruth, K. (1999) The two-person unconscious: Intersubjective dialogue, enactive relational representation, and the emergence of new forms of relational organization. *Psychoanalytic Inquiry*, 19, pp.576-617.

（29） Stern, D. N., Sander, L. W., Nahum, J. P., Harrison, A. M., Lyons-Ruth, K., Morgan, A. C., Bruschweiler-Stern, N. & Tronick, E. Z. (1998) Non-interpretive mechanisms in psychoanalytic therapy: The "something more" than interpretation. *International Journal of Psychoanalysis*, 79, pp.903-921.

（30） 前掲書（28）

（31） 前掲書（29）

（32） 前掲書（29）

（33） Hirsch, I. (1998) The concept of enactment and theoretical convergence. *Psychoanalytic Quarterly*, 67, pp.78-101.

（34） Ivey, G. (2008) Enactment controversies: A critical review of current debates. *The International Journal of Psychoanalysis*, 89, pp.19-38.

2 「私」のリズムと表現
――瞬間の関係性としての前言語的表現

佐藤　映

1 「私」のリズム表現を捉える

心理臨床の場で行われる描画表現は、どこに何が描かれたかなどの空間配置や全体印象、象徴的意味等が重視されるように思う。しかし描かれる瞬間のセラピスト―クライエント関係、二人の雰囲気や間合いも、描画が療法的に働くために重要な要素であろう。サリヴァン（Sullivan, H. S.）が、精神医学的面接は言語的（verbal）ではなく「優れて音声的（vocal）なコミュニケーションの場である」[1]と述べ、言語表現に伴う前言語的なものを重視したように、描画を見るにも、そのリズムを見立てることが必要である。描画は、既に描かれてしまったものを事後的に検討する以上に、面接でライブに描かれ、その過程を二者で共有することで優れた力を発揮する。どのような速度で、筆圧で、表情や呼吸、姿勢で描かれたのかという前言語的表現には、クライエントの「私」のリズムがあり、それはまたセラピストの「私」のリズムと共鳴しながらその場の雰囲気を作っている。西澤伸太郎は「関係性というとき、面接経過における全体の流れの中で捉えられるような関係性がある一方で、一瞬一瞬のかかわりの側面も関係性であり、そのような微細な関係性の体験が重要になることもある」[2]と述べたが、本稿で扱う「私」のリズムも、個の内面だけでなく、二者関係の場で常に流れている。クライエントとセラピスト双方が「私」の心理療法を生きる上で、間主観的に流れるリズムが持つ意味は、事例研究にも取り上げられにくい心理療法の瞬間を捉えようとする新しい視座である。本稿では描画表現における流動的なリズムの様相に注目し、前言語的表現のリズムが「私」にとって如何なる表現であるのかについて考えたい。

本稿では、筆者が行った調査面接から、二事例を挙げて考える。この調査では大学生二一名に言語連想検査（WAT）と樹木画法を実施した。[3]樹木画の元はコッホ（Koch, K.）による描画法であるが、青木健次は「描線は人間の運動の、直接的には手であるが、さらに全身的な生きる律動を含めた総合的運動の固定されたものである」[4]と述べ、描線の律動（リズム）を重要視した。[5]筆者はA4ケント紙に枠付けし、鉛筆で描かせ、さらに色鉛筆で彩色を行う変法を用いた。鉛筆で描くことによってそのリズム変化や筆圧を見やすくし、また彩色させることで、筆跡のリズムが如何に澱むのかを見やすくしようとした。樹木画の様子は動画撮影され、描かれた後には半構造化面接によって樹木画の体験の一部が事後的に言語化された。本稿では、WATから捉えられた被検者の情動の様子に触れつつ、樹木描画に見られたリズム表現を中心に検討する。

2 「私」のリズムの実際——二つの調査事例より

1 【事例A　二三歳　女性】

Aは面接において身体をほぼ動かさず、凝り固まった物静かな女性であった。AのWAT過程は、全協力者の中で最も身体動作が少なく、三つの刺激語に対して少し笑うという動作だけが見られた。しかしAは反応時間の遅れの連続やコンプレックス指標の重なりが多く見られ、情動が激しく動いていた。またAの語りからは、WATの反応によって内面が露わになることへの抵抗や、面接者が男性であることに対する防衛が見られた。

次にAの樹木画を図1に示す。Aはまず幹の左側を下へと描き、ギザギザと根を描き、幹の右側を下へと描いた。次に樹冠を左から右へと囲うようにはっきりと描いた。根のギザギザも樹冠のモクモクも、一定のペースで澱みなく、素早く描かれた。次に幹に線を二本入れ、切断された枝を描いた。その後、幹先端の枝を左側から、中心をやや過ぎた辺りまで一筆で描き、残りの右側の枝を少しずつ伸ばしながら描いた。このとき枝が折れる部

［図1］ 事例Aの樹木画

分などは方向に迷うように少し止まりながら描いたが、全体的にほぼ一筆で、線は真っすぐ堂々と描いた。その後、小さな実を右下から左下にあるものまで順番にテンポよく描き、素描を終えた。彩色では、まず茶色で、枝を左側から順に丁寧に、しかし薄く塗っていった。その後、幹の上部から根へと、全体を薄く塗りつぶすように塗った。リズムが澱むこともなく滑らかに手を動かし、一定の速度で塗りつぶした。次に緑の鉛筆に持ち替え、樹冠内部を、実と枝を避けるようにして左側から、これもリズミカルに、止まること無く塗りつぶした。最後に赤で実を塗りつぶし、終了した。全体的に色が薄いが、しかし澱みなく均等に塗っていった。

2 【事例B 二一歳 男性】

Bは面接において常に微笑み、ふわふわした印象があったが、面接中の貧乏揺すりなど落ち着きの無さもあった。WATの反応時間の遅れやコンプレックス指標の重なりはあまり見られず、反応時間の系列はほぼ一定であり、また足の動作と反応時間の遅れがほとんど重なっていない。BのWAT後には、自らの内面が知られることへの萎縮や、調査への圧迫感、さらに調査者にどのように思われているのかという不安を体験していたことが語られた。

次にBの描いた樹木画を図2に示す。Bはまず、幹の左側を下へと伸ばし始め、そのまま根を描き、上へと進んで幹の右を描いた。そのまま右側の枝から順に一筆で枝の真ん中辺りまで描き、鉛筆を少し浮かせてから枝を交差させて後ろの枝を描き、左の幹の上部へとつなげた。この流れは一見、描くスピードもゆっくりで、一筆に

［図2］ 事例Bの樹木画

描かれて滑らかなように見えたが、ところどころで筆を止める姿は、道に迷った人の歩く軌跡のようだった。その後、樹冠の右下を紙の端まで波線のように素早く描き、左側も同様に描いた。その後、樹冠の内部を右下側から、枝に冠らないようにしつつ、なぐり書きのようにして右往左往させながらグルグルと描いた。描く手の速度は早かったり遅かったりで、方向もランダムでぎこちなさが感じられた。左下の樹冠まで均等にグルグルと描かれた後、さらに枝にも冠るように樹冠全体をグルグルと重ねて描いた。そして落ち着きを取り戻したように、幹の内部に縦の線を入れ、地面の線を左から右へと二重に走らせた。彩色段階では、茶色で根の先から塗り始め、鉛筆を浮かせることなく幹を塗りつぶした。途中、筆先が止まることも無かった。枝に差し掛かると、枝が細いからか、何回か手を止めながら塗りつぶした。枝を塗りつぶし終わったところで、鉛筆の線では枝が描かれていなかった樹冠の右側へ、バランスをとるように枝を付け足すようにして色鉛筆で枝を伸ばした。右が終わると左側にも伸ばした。その後、樹冠が冠っていない幹の部分をより濃くなるように重ね塗った。そして緑の鉛筆に持ち替え、左上から斜めに塗りつぶそうとして、すぐに方向転換し素描時のなぐり書きと同じ様式で、樹冠内部を塗りつぶし始めた。枝を気にしつつ全体を塗りつぶしたところで、枝を無視して樹冠全体を大きく塗りつぶし、終了した。

3 二つの事例の考察

1 二つのリズムと心的エネルギー

Aは WAT において、情動的な混乱というリズムの動きはたくさん見られたが、身体の動きはほぼ皆無であった。一方でBは混乱はほとんど見られず、逆に身体の動きは多く乱れていた。つまりAのエネルギーは情動へ流れやすく、身体へは向かいにくい一方でBのエネルギーは、情動の混乱よりも身体の動きへと流れていた。つまりAの「私」のリズムはすぐれて心的な次元で、Bのリズムは身体の次元でそれぞれ機能していたのである。このことが、樹木画にも表れている。Aは樹木画をリズミカルに描き、このバランス感覚は、根の太さや樹冠のふくらみの大きさの均質性に表れている。またAの樹木画は幹や根、樹冠ともに明確な線で描かれ、自我の固さを印象づけられる。一方でBの樹木画のプロセスは、鉛筆を紙から離す回数が少なく、澱みながら速度を変えながら、ほぼ一筆で幹と枝が描かれた。樹冠内部に差し掛かると途端に鉛筆先端の速度が増し、グルグルと激しく埋め尽くされる様子は、Bの描画行為におけるリズムの乱れを示している。出来上がった樹木画を見ても、Bの混乱の跡が如実に示されている。しかしBはこの激しいグルグルをにこやかに描いた。このように二事例を見ると、エネルギーの方向付けの違いは、樹木画のプロセスにおけるリズムのバランスの違いとして表れているように見える。

2 リズムとは何か

クラーゲス(Klages, L.)は、生命現象としてのリズムと、リズムを意識する人間の営みとしての拍子付け(Taktung)を区別し、「リズムは（中略）生命現象であり、拍子はそれにたいして人間のなすはたらきである」[6]と述べた。リズムは睡眠時も活動する生命的な営みであるのに対し、タクトは、覚醒時にメトロノームの拍子打ちを聞き取る人間の意識を表している。Aの樹木画に見られる一定のリズム性は、むしろタクトの働きであり、逆にBはもっと原初的なリズムを用い、澱みながらその身体性・生命性を描画プロセスに流し込んでいたのではないかと考えられる。意識的体験であるタクトはリズムに対して補償的に働き、Aの無意識的情動の賦活を統制するようである一方で、Bは生命性をそのまま描画上に豊かに表現し、タクトの働きへはエネルギーが流れなかったのである。このようにリズム的な営みは、リズムとタクト／心と身体の弁証法の中で展開するものであろう。

3　イメージ表現のリズム

またBは描画時、貧乏揺すりを一切行なわず、黙々と描いていた。Bは、WAT状況における緊張感・圧迫感や、それを補償するような足の揺れという身体リズムを表出した一方で、イメージを働かせる描画行為では、描く行為そのものによって混乱を表現したのである。角野善宏は、全身熱傷を受けて痒みが引かない青年Aとの事例において、Aの描画行為について、「描画を行なっている間、Aは一時的に痒みを意識していなかったのである。それは、Aが描画によるイメージを働かしている間、描線がAの痒みや痒みを押さえられないための怒りを表現し、発散してくれたからである[7]」と述べた。この時の描画にある「赤色のギザギザ模様とそれを取り巻いている黒色の一連の波形」は、Aの痒みがイメージのリズムとなって表現され発散されたものと考えられる。WAT状況における圧迫感を身体の次元で防衛しリズム化していたBは、描画時にそのリズムを描画過程それ自体へとうつし、イメージとして発散することで、その身体動作を補償したことが示唆される。これらより、樹木画に表現されたのは、心的でも身体的でもない第三のものとしてのイメージのリズムであったとも考えられる。

4　おわりに——心理臨床におけるリズムの表現をどう捉えるか

本稿では「私」のリズムの有り様を、二つの事例より検討した。二つのリズムは、そのエネルギーの方向付けの違いから、心的／身体的次元に分けられ、さらに第三のものとしてのイメージのリズムが考えられることを示唆した。本稿はリズムの部分的な在り方に関する考察であり、リズムの有り様は今後も検討されねばならないが、心理臨床の場において「私」のリズムに注目することは、これまでの表現療法の扱われ方を問い直す新たな視点を提供すると思う。セラピストが捉えたクライエントの行動として表れるリズムは、クライエントの体験の語りと併せて考えて初めて意味をもってくる。また、前言語的表現に注目しすぎることで、クライエントの部分的な振る舞いのみを重視し、語りを聴くセラピストの姿勢を妨げる可能性にも注意が必要である。「私」にとってのリズムや瞬間の関係性も、心理療法の全体のプロセスの中で位置づけられてはじめて意味をもってくる視座であろう。

［文　献］

（1）Sullivan, H. S. (1954) *The Psychiatric Interview.* New York: Norton.（H・S・サリヴァン『精神医学的面接』中井久夫他訳、みすず書房、二二頁、一九八六）

（2）西澤伸太郎「関係性におけるイメージ体験としての『響き』」〔藤原勝紀、皆藤章、田中康裕編〕『京大心理臨床シリーズ6　心理臨床における臨床イメージ体験』創元社、四四三～四五二頁、二〇〇八

（3）佐藤映「心身の律動についての心理臨床学的研究――言語連想検査と樹木画による接近」京都大学大学院教育学研究科修士論文（未公刊）、二〇一三

（4）Koch, K. (1957) *Der Baumtest: der Baumzeichenversuch als psychodiagnostisches Hilfsmittel. 3 Auflage.* Bern: Verlag Hans Huber.（K・コッホ『バウムテスト〔第3版〕――心理的見立ての補助手段としてのバウム画研究』岸本寛史、中島ナオミ、宮崎忠男訳、誠信書房、二〇一〇）

（5）青木健次「バウムテスト」〔家族画研究会編〕『臨床描画研究Ⅰ　特集 描画テストの読み方』金剛出版、六八～八六頁、一九八六

（6）Klages, L. (1923) *Vom Wesen des Rhythmus.* Zürich und Leipzig: Verlag Gropengiesser.（L・クラーゲス『リズムの本質』杉浦實訳、みすず書房、二二頁、一九七一）

（7）角野善宏「全身熱傷を受けた青年の心理療法過程」心理臨床学研究、19（5）、五一三～五二三頁、二〇〇一

3 バウムという投影法——共感するバウム

鶴田英也

1 投影法再考——その治療的意義を探る

1 投映法と投影法

杉浦京子ら[1]は『投映描画法ガイドブック』の冒頭で、〝Projective Technique〟の訳語には「投映法」と「投影法」があり、どちらの訳語を用いるかは研究者によって分かれると述べている。大まかに言えば、無意識的内容を映し出すという意味合いを強調するなら「投影法」、一方、無意識に限定されないパーソナリティ全体を映し出すという意味合いを強調するなら「投映法」といった具合である。そこにはProjective Techniqueによって映し出される内容やProjective Techniqueという体験そのものに対するセラピストや研究者の志向性が反映していると言える。そして杉浦ら自身は、「Projective methodsの機能を、Freudによって提唱された防衛機制の一種であるprojectionの様相を導き出すものとして限定的に捉えるのではなく、被検者のパーソナリティ傾向を、意識的水準から無意識的水準に至るまで幅広く〝映し出す〟技法として位置づける意味合いから」、「投映法」という訳語を用いると述べている。

一方、本稿では一貫して「投影法」の訳語を用いている。ただしその意図するところは先述したものとは若干異なる。無意識的な内容を映し出すという意味合いは残しているが、防衛機制としての「投影」とは一線を画している。むしろ筆者が「投影法」という訳語に託しているのは、分析心理学における「投影」の意味合いであり、さらに言うなら「投影」そのものに内在する治療的意義である。

2　描くことそのものに内在する治療的意義について

絵画療法、芸術療法、表現療法と言われる心理療法の治療的要因については、すでに中井久夫[2]、山中康裕[3]、高江洲義英[4]、角野善宏[5]らによって整理されてきたし、最近ではバウムテストの治療的側面についても岸本寛史[6]や村瀬嘉代子・齋藤ゆりら[7]によって取り上げられている。こと描画に関しては以下のように整理できよう。

・描くことそのものに内在する治療的意義
・非言語的表現に対するセラピストの治療的臨在（見守り、共感）
・描画を媒介とする言語的コミュニケーションの活性化
・絵との出会いによる描き手の自己理解、気づき、語りの促進
・カタルシス効果
・第三のもの（The Third Object）の出現による治療関係・治療構造の安定化　などなど

さて、「描くことそのものに内在する治療的意義」の大きな源流の一つがユング（Jung, C. G.）自身のマンダラ体験にあることに異論はないだろう。そしてその流れを最も忠実に汲む臨床家の一人として挙げられるのが角野であろう。角野によると、「治療の究極の目標は人間のもつ創造性が発揮されること」であり、その創造性の源泉であり、また「こころの平衡を保つホメオスタシス（恒常性）の作用」を持っているのが集合的無意識である。描画においてその集合的無意識はイメージやシンボルとして具現化され、その治癒力が賦活される。ここまでが描くことそのものに内在する治療的意義を説明するものであり、さらにシンボルの治癒力を活性化させる治療者の役割として、シンボルやイメージの内容をいち早く読み取り、患者と共有することが肝要であると述べられて

いる。[8]

3　投影という心理学的知とリアリティ

シンボルやイメージが表現されるということは、そこに投影という心の働きがあるということである。投影についての記述方法には能動態と受動態の二種類がある。まず能動的な扱いとしては少なくとも二つの場合が考えられる。一つは、例えば「彼はアニマイメージを彼女に投影している」というように、一人の人間を主体とするものである。これは投影だけでなく投影の引き戻しにまでいたる過程に要される意識的な主体に焦点づける表現であり、また治療関係における投影、すなわち転移に焦点づけた文脈でも使われるだろう。そしてもう一つは投影法である。例えば描画法であれば「描き手は無意識的な内容を描画に投影する」という表現がよくされる。投影法は技法であるから、投影させようというか、投影するという能動性に働きかけるようなニュアンスをどうしても感じさせる。これらに共通して見出されるのは心理学という客観的な視点である。投影という「心理学的知」と言ってもいい。外的な事象を心理学の対象として扱うためには、内側を起点とする能動的なベクトルを前提とすることが必要となってくるのである。

次に受動態について取り上げるために、ユングの投影の定義の一つを引用する。

「投影（projection）は厳密に言えば、決して作為的に行われるものではなくおのずから生じる（geschehen）もの、知らず知らずの間に起こっているものである。曖昧にして未知なる何らかの外的なもののうちに、それと気づかないまま自分自身の内面もしくはこころを見出す――これが投影である。[9]」

またノイマン（Neumann, E.）はこう述べる。

「心的内容はもともとはほとんど外在化されていたのである。投影ということは、投影されるもの・ある働きによって外に置かれるものがその前に心的なものとして内在していたことを前提としている。ところが心的内容の外在性と言うときには、投影という概念とは違って、初めから人格の中ではなく外にあるという意味である。

内容の外在性が初めにあったのであり、そのことは、後に意識が発達したときに初めてその内容が心に帰属するものとして認識される、ということを意味している。この立場に立って初めて、外在化された内容を投影であると診断することが可能となる。[10]」

投影は常に無意識的であり、自ずから生じてくるものとされる。コッホ（Koch, K.）も「投影は、意思されたものではなく、受身的に、自然と生じる」[11]と述べている。皆藤章の言葉に倣うなら「イメージはもたらされる」[12]。やはり投影は意識的な体験としてはより受動的なのである。描くことは能動的ではないかと思われるかもしれない。確かにそうである。しかし、描き手は決して意識的に内面を映し出そうと描くのではない。投影は無意識的であるがゆえに、体験としてはやはり受動的だと言えるのである。

内から外へ（＝自から他へ）というベクトルは、事後的かつ客観的な特質をもつ投影という心理学的知の内側にのみ存在するのである。一方、バウムに限って言えば、投影法における投影というリアリティは、ユングの言う「神秘的融即」あるいは「投影同一化」として考えるべきであろう。すなわち、自他が無意識的に同一化したものがバウムという形で描き手に向かって現われる（present）のである。

本論で着目したいのは、心理学的知とリアリティという、この対照的な両者が投影という体験全体を相補的に構成している点である。というのも、この体験は一言で言うと「出会い」である。投影というリアリティは投影という心理学的知を介して初めて意味あるもの、すなわち「出会い」への可能性に開かれていく。投影という心理学的知を介してこそ、自と他が分かれ（神秘的融即の解体、あるいは意識の芽生え）、他ならぬ「私」と対象とが対峙し、現前（presence）が「私」にとって意味ある表象（representation）へと変換される。リアリティという「今、ここ」の偶然性と知という歴史的必然性が折り重なると言ってもいい。そこで初めて投影という営みが「出会い」という未来の新しい知の創出へと開かれたものとなる。

4　投影法におけるセラピストの役割

治療関係における投影が転移と呼ばれるものであるが、武野俊弥は転移に関する論述の中でこう述べている。「Jungにとって転移は、治療によって克服ないし解消すべきものではなく、むしろ治療を支えるものであり、治療的な働きかけの基礎となるものであった。たしかに、とりわけ治療初期の転移のなかには患者の神経症的な投影が多く含まれているが、その背後には純粋に相手との出会いを求める心があり、真のラポールの礎があるとJungは考えていたのである。」[13]（傍点筆者）

また、岸本は「バウムは投影の留め金である」というコッホの言葉に着目しているが[14]、同様の記述はユングの『転移の心理学』の中にもある。

「投影の受け手とは、経験が示すとおり、けっして任意のXという対象ではなく、つねに投影される内容の性質に適することが確かめられた、あるいは掛けるべき事柄にふさわしい掛け釘を提供する何かなのである。」[15]（傍点筆者）

またユングは投影の対象として大切なのは、容器として適切な形態をもつことだとも述べている[16]。

さて、バウムという投影法に携わるセラピストが担う役割として、まず前項から考えられるのは、媒介となる心理学的知を仕掛けるというものである。次に本項で見えてきたのは、出会いを求めているクライエントの無意識的内容に対して、投影に適切な容器、出会いの場としての樹木という対象を提供するということである。あと一つ、出会いを演出するために重要な役割が考えられるが、それは次項で述べる。

5　共感するバウム

出会いを求めていた無意識的内容がバウムという器を得てその姿を映し（移し）出す、それがバウムである。無意識的内容がバウムに「宿る」、逆にバウムは見えないものに「感応」する、あるいは「共感」すると言ってもいい。共感と投影はともに、意図せずして起こっていて、事後的にそれと了解されるという点で共通する。セラピストが共感する前にまず、バウムが共感するのである。無意識的内容は自らが映し出されたその姿によって共感されるのである。投影そのものに内在する治療的意義がまずは一つここにある。

投影同一化の治療的意義についてはオグデン（Ogden, T. H.）がかなり精力的に論じており、また分析心理学的な立場とも共通点が多く、基本的には本論もそれに倣い、バウムが第三主体としての創造的・治療的可能性を担っているものと考える。ただしここではよりイメージしやすくするためにあえて「共感」という言葉を用いている。もちろん藤山直樹が指摘するように、[17]「共感」という言葉を使うことには慎重さが求められるし、バウムを万能視することも避けなければならない。そして、投影同一化自体は治療過程の途上にある。治療を促進するためにセラピストに求められる役割としては、バウムが何に共感しているのかを感じ、翻訳・代弁し、クライエントの意識化を促すことが挙げられる。

バウムが共感しているものが何かを探ることは投影というリアリティに寄り添うということでもある。バウムを外側の何かに還元せず、バウム自体にとどまり、深めていく。加藤清・丸井規博は木景療法の留意点として、「バウムテストの解釈を口にしないように細心の注意を払って治療的態度を堅持する」とまで述べている。[18]解釈はバウムをパーソナリティに還元することであり、投影という心理学的知をベースとするものである。投影という心理学的知はバウムの外側にある。ここにおいて、投影という心理学的知は投影というリアリティを「出会い」の可能性へと開くための必須条件であると同時に、バウムの治療的意義を決定的に損なう可能性を秘めたものでもあるという両面性が見えてくる。治療的側面に限って言えば、バウムという投影法はそのアイデンティティの基盤となる投影という心理学的知によって自らの足元をすくわれかねないのである。

オグデンは、投影者が主体を否定し他者＝無意識に身を委ねることによって第三の主体＝投影同一化の主体が創出されると述べている。[19]投影法においてもまた、投影という心理学的知を保留にし反省し続ける地平にこそ、投影法の治療性が開かれているということではないだろうか。

2　バウム事例検討

本節で試みられるのは、前節の論考をもとにしたバウム事例検討である。紹介するのは三〇代男性が描いた二枚のバウムである（二枚とも模写）。男性は腎疾患を患い週三日の人工透析を受ける生活を続けているが、職場での人間関係に行き詰まり抑うつ状態を呈して来談した。一枚目は初回面接時、二枚目は一年半後に描いてもらったものである。

［図1］初回面接時のバウム

まず一枚目である（図1）。描き順は、幹→地面線→樹冠→実であった。特徴としてはまず、幹の線と一つだけある実の筆圧が濃く、それ以外の樹冠や地面線や根などの線の筆圧が弱く、そのギャップが大きいことが挙げられる。また、樹冠は包冠線ではなく非常におぼろげな断続的な線で構成されている。筆圧以外の全体のバランスはむしろとてもよい。

最初に目が行ったのはやはりひときわ筆圧の濃い幹の線であり、筆者はひと目見て「通路のようだ」という印象を持った。考えてみれば、人も木もすべて「通路」のようなものでもある。「媒介的」「境界的」と言ってもいい。このバウムから強く感じるのは、〝無私〟の「通路」性を自らのアイデンティティたらんとする（あるいはそうせざるをえない）生き様と、その生き方によって保たれてきた世界との調和である。ただしこの開いたバウムにあって、一つの実が唯一閉じており、しかも幹と同じく濃い筆圧で描かれていることにも注目したい。この実はまるで幹の線から分化して閉じた円環へと結実したかのようである。この実がこのバウムにあることこそが、このバウムの苦しみであると同時に変容への萌芽でもあると筆者は感じた。そして男性に通路と実のことを伝えた。

［図2］一年半後のバウム

人工透析は人工的に全身の血液を入れ替えて浄化する治療法である。その継続によって形成されていく身体イメージを抱えてもいるであろう男性にとって、初めてのバウム体験はどのように感じられたであろうか。

次に二枚目である（図2）。描き順は、幹→地面線→根→包冠線→実→幹の模様とうろであった。特徴としては、筆圧が一定で、開いている箇所はあるものの包冠線が描かれていること、地面線は弧を描き、幹は地面線から浮いていること、全体のバランスはむしろ一枚目より悪いこと、一枚目よりは根がはっきりと描かれていること、実の描写は適当、幹に模様のようなものとうろのようなものが描かれていること、などが挙げられる。

バウムは完全ではないが閉じている個としてあり、そこに「通路」の印象はもうない。生まれたばかりなのか、全体のバランスはまだ整っておらず、幼さも感じられる。バウムが大地に接地していないことや心もとない根っこ、弧を描いた地面線などからは、どこでどう生きていけばいいのかまだ手探りなのであろう様子がうかがえる。しかしその様子は孤独ながらも生きた実感を帯びたものであろう。

そして、何よりも幹に描かれた模様やうろのようなものからは、一枚目の空洞のような幹からは感じられなかった中身や「身」を感じる。模様やうろを傷と一義的に解釈することはできないが、傷や痛みは「身」を生きていることの証である。筆者には、一枚目の唯一閉じていた「実」が、この閉じた「身」あるバウムへと変容を遂げたのと同時に、うろへと象徴化し、このバウムにとって生きている証しや拠りどころとなっているような気がしてならない。筆者は男性に「中身」ができてきたみたいだということを伝えた。

もう一つ興味深いのは、男性はここには描かれていないバウムの彼方の風景について語ったということである。そこには空があり、雲が自由に形を変えながら流れていく。そんな雲が男性は昔から好きだったと言う。このバウムは、自らを閉じ定めていくことによって、そこから望む空を流れていく雲へと同一化していくような自由を逆説的に手に入れていっているのだろうか。

3 最後に――未来への共感

本論はバウムという投影法における投影そのものの治療的意義を探っていく中で、バウムは第三の主体として何かに共感しており、そのことがまず治療的であるということを論じ、さらにバウムが何に共感しているのかをセラピストとして感じとっていくことが大切であるという視点を提示した。

次にその視点から、一事例の二つのバウムについて、バウムが共感しているものを探っていく体験を筆者なりに試みた。その体験を通じて感じられたのは、バウムが共感しているのは過去、現在、そして未来だということである。未来への共感、バウムという投影法の治療的可能性はそのあたりにもあるような思いがする。今後もこの視点を大切にしていきたい。

最後に、本事例を掲載することを快諾してくださった男性に心からの感謝の念を表する。そして男性の未来への祈りをバウムと共に捧げ、本稿を閉じたい。

〔文献〕
(1) 杉浦京子、香月菜々子、鋤柄のぞみ『投映描画法ガイドブック』山王出版、六頁、二〇〇五
(2) 中井久夫「芸術療法の有益性と要注意点」〔徳田良仁他監修〕『芸術療法1 理論編』岩崎学術出版社、二八～三八頁、一九九八
(3) 山中康裕『心理臨床と表現療法』金剛出版、一九九九
(4) 高江洲義英「イメージ表現の心理学――芸術療法とそれを包む場」こころの科学、92、一八～二三頁、二〇〇〇
(5) 角野善宏『描画療法から観たこころの世界――統合失調症の事例を中心に』日本評論社、二〇〇四

(6) 岸本寛史「臨床に生きるバウム」臨床心理学、10(5)、金剛出版、六四五～六五〇頁、二〇一〇
(7) 村瀬嘉代子、齋藤ゆり「テストとしての木、表現としての木」臨床心理学、10(5)、金剛出版、六五五～六一一頁、二〇一〇
(8) 前掲書(5)
(9) C・G・ユング『心理学と錬金術Ⅱ』池田紘一、鎌田道生訳、人文書院、三三一頁、一九七六
(10) E・ノイマン『意識の起源史 下』林道義訳、紀伊國屋書店、四三一～四三二頁、一九八五
(11) K・コッホ『バウムテスト[第3版]――心理的見立ての補助手段としてのバウム画研究』岸本寛史、中島ナオミ、宮崎忠男訳、誠信書房、二六頁、二〇一〇
(12) 皆藤章「投映法論 イメージと人間」〔皆藤章編〕『臨床心理学全書7 臨床心理査定技法2』誠信書房、四四頁、二〇〇四
(13) 武野俊弥「精神療法の本質――関係性と個人神話」精神療法、24(3)、一九九八
(14) 岸本寛史「『バウムテスト第三版』におけるコッホの精神」〔山中康裕、皆藤章、角野善宏編〕『バウムの心理臨床』創元社、四六～四七頁、二〇〇五
(15) C・G・ユング『転移の心理学』林道義、磯上恵子訳、みすず書房、一五四頁、一九九四
(16) C・G・ユング『分析心理学』小川捷之訳、みすず書房、二五二頁、一九七六
(17) 藤山直樹『精神分析という営み――生きた空間をもとめて』岩崎学術出版社、一三九～一五六頁、二〇〇三
(18) 加藤清、丸井規博『木景療法――樹木画による力動的治療』創元社、三二頁、二〇〇一
(19) T・H・オグデン『「あいだ」の空間――精神分析の第三主体』和田秀樹訳、新評論、一四七～一五四頁、一九九六

4 風景構成法における自己像の「定位」
——風景の「見え」との関連から

浅田恵美子

1 風景の「見え」

風景構成法の場において描かれる風景が、体感的な感覚を伴って施行者に訴えかけてくることがある。連なる山の寒々しさ、音高い川の流れ、描かれた人物の動きや表情などが感じられるとき、それは描き手にとってどのような意味を持つ風景なのかと、心惹かれる。

「心象風景」という言葉があるように、風景に心境を託することは日本の文化であり[1]、風景は私たちにとって、さまざまな情感をそこに投影することのできる対象である。また、私たちはしばしば、周囲の自然や環境との間に感覚的な接触、五感を通じての体感的な関わりを感じることがある。それはイーフー・トゥアン（Tuan, Y.）のいう「親密な経験[2]」、そこに付随する匂いや音、感触などによって、かかわりのなかった自然や環境が、個人的で親密なものとなる体験である。私たちはそのような体験によって、「風景との関係を結ぶ[3]」。高江洲義英も、東洋的風景においては、主体と客体の峻別が不明瞭なままであることを指摘し、風景を「わたし（主体・人間）」と「まわり（客体・自然）」との間に成立してきた「あいだがら」の世界であるとする[4]。

そのような風景と描き手との関係を考えるとき、それは固定化された描き手の視点という見方からだけではとらえにくい。描き手の「視点」はあくまで主体の側にあるものだが、その体験的な関係の顕れは、主体に訴えかけてくる「あいだがら」の世界、描かれる風景の側にあると考えられるからである。そのような風景のありようを、本稿では、「見え」という言葉で表す。「見え」は、描き手の視点や視向という視覚のみを表すものではなく、風景にかかわる描き手の体感的な感覚や、風景への思い入れ、ノスタルジーといった情動を含みこんだ、風景のありようを表す言葉といえるだろう。

風景構成法における「見え」としては、四つのものが考えられる。まず、(一) 描き手の内的イメージとしての風景の「見え」である。はっきりとした映像的なイメージもあれば、夏の暑さ、冬の寒さといった季節の感覚や、遥かに広がる草原、遠く青い山脈といった情感を伴うイメージとして風景が浮かぶ場合もあるだろう。次に、(二) そのイメージを描いていくプロセスの中で顕れてくる「見え」がある。施行者から「最初に川を……」と項目の提示を受けたあと、描き手は用紙を前に、自分の川の「見え」が徐々に実感をもって顕れ、描くべきものとして形を成してくるのを待つ。そして、川を描き上げる。このとき、施行者にも、描かれた「川」の「見え」が顕れることとなる。このようにして、(三) 絵が描き上げられた時点では、二次元的に描かれた描画としての風景の「見え」が顕れる。さらに、(四) 描画の後、描き手と施行者が描画をともに眺め、味わうときに、描画そのものに触発されることで顕れる「見え」がある。この四番目の「見え」の顕れに大きな役割を果たすのは、描画後に描き手と施行者との間で交わされる対話、Post Drawing Interrogation (以下、PDI) の手続きである。PDIは「季節、時刻、川の流れの方向や深さ、山の高さ、遠さ、家の住人の数、人と家との関係、花の種類など[5]」の他、施行者が描き手の内面を理解しようとする問いに沿って行われる。本稿では、PDIでの対話によって、描き手と施行者の間に顕れてくる、最後の「見え」についての検討を行いたい。

2 調査事例から

PDIにおいて「見え」が顕れる過程をみるため、調査では、PDIの中に、皆藤[6]によって検討された「風景の中の自己像」に従い、「もしも、この風景の中にあなたがいるとしたら、どこにいますか、いたいですか。また、描いた人がそうなら、そのようにお答えください」という問いを取り入れた。また、「描画の中にいない」と答えた場合には、さらに、「ではどこにいますか？　どこからこの風景を見ていますか？」という質問を加えている。

中野江梨子[7]は、描き手がPDIの中で施行者に答えるときの態度・意識の働かせ方によって、風景構成法に表現されたイメージに対する描き手の体験が変化することを示している。表現されたイメージに対する体験の変化を、本稿で言う「見え」の変化ととらえれば、PDIの中で風景の中の自己像について問い、描き手の意識を自己像の位置に焦点づけることで、本稿における「見え」のあり方をうかがうことができるといえよう。例えば、自己像が風景の中のどこかにいるとされる場合、描き手は風景に包み込まれており、より体感的な、濃密なやりとりの感覚が付与された「見え」が顕れると考えられる。また、自分は風景を取り囲む世界のどこかにいて、この風景を眺めているという「見え」は、風景との体感的なつながりはありつつ、風景との距離があることを示している。また一方で、自己像が定位されない場合には、描き手の「見え」は、風景との間に現実的な距離を持ったものであると考えられよう。

1　事例A

〈PDIにおける描き手の語り〉

「相当な田舎で、車もほとんど通らないようなところ。初めての場所。牛が牧場で飼われているような、農場が広がっているような風景。季節は春と夏の間で、晴れている。時間は午後二時か三時ごろ。時間の流れが日常とは違っている場所。自分は近くを走る高速道路上の車からこの風景を眺めている。車を走らせながらも、ここはいい空気の流れ、時間の流れがある場所だなぁと思っている。地蔵はこの場所を守ってくれる存在、人口は多くなく、老夫婦が田んぼをしている。ここに住んでいる人はみな、幸せを感じながら生活していて、自分はそれを羨ましく思っている。」（図1）

〈施行者にとっての、描き手の「見え」の顕れ〉

アディションとして「橋を描きたくて……」と、空から画面中央へと滔々とした流れを持つ川に橋を付けたこ

〔図1〕事例Aの風景構成法

とで、分断されていた道がつながり、橋が風景の中心となって、静かな村の風景が完成した。描かれた風景は、牧場や田んぼのある鄙びた村であり、川の大きな流れを中央に据えつつも、どこか乾いた、静謐な空気が漂う場所のよう。ＰＤＩで、近くを通る高速道路で車を走らせているという描き手の視点が示されたことで、風景は道路脇を流れ去る、描き手にとって瞬間的な関係しかもたないものであるという「見え」が顕れた。しかし、短い時間の間にも、流れる時間の豊かさや住人たちの幸福な生活を思い描かせる「見え」が示され、その描き手の「見え」を共有することによって、施行者にも風景の持つ幸福感を味わおうとする姿勢が生まれた。また同時に、高速道路で目的地へ急ぎながらも、通りすがりの風景にある幸福な時間へと思いを馳せるという、描き手の心境を考える契機を得ることとなった。

2　事例B

〈ＰＤＩにおける描き手の語り〉

「ちょっと田舎の風景で、のんびりしている。夏の、陽が暮れてきた頃で、夕焼けがきれい。川には魚が泳いでいて、木の上や岩の上には鳥がいるような、自然に恵まれた農村で、空気もいい場所。夏休みの男の子が虫取りに来て、陽が暮れてきたので、「もう帰らなくちゃ」と思っているところ。風景の中には自分はいない。男の子の視点から全体を見ている。男の子と自分は完全に一致してはいないけれど、重なり合っている感じ。」（図２）

〔図2〕事例Bの風景構成法

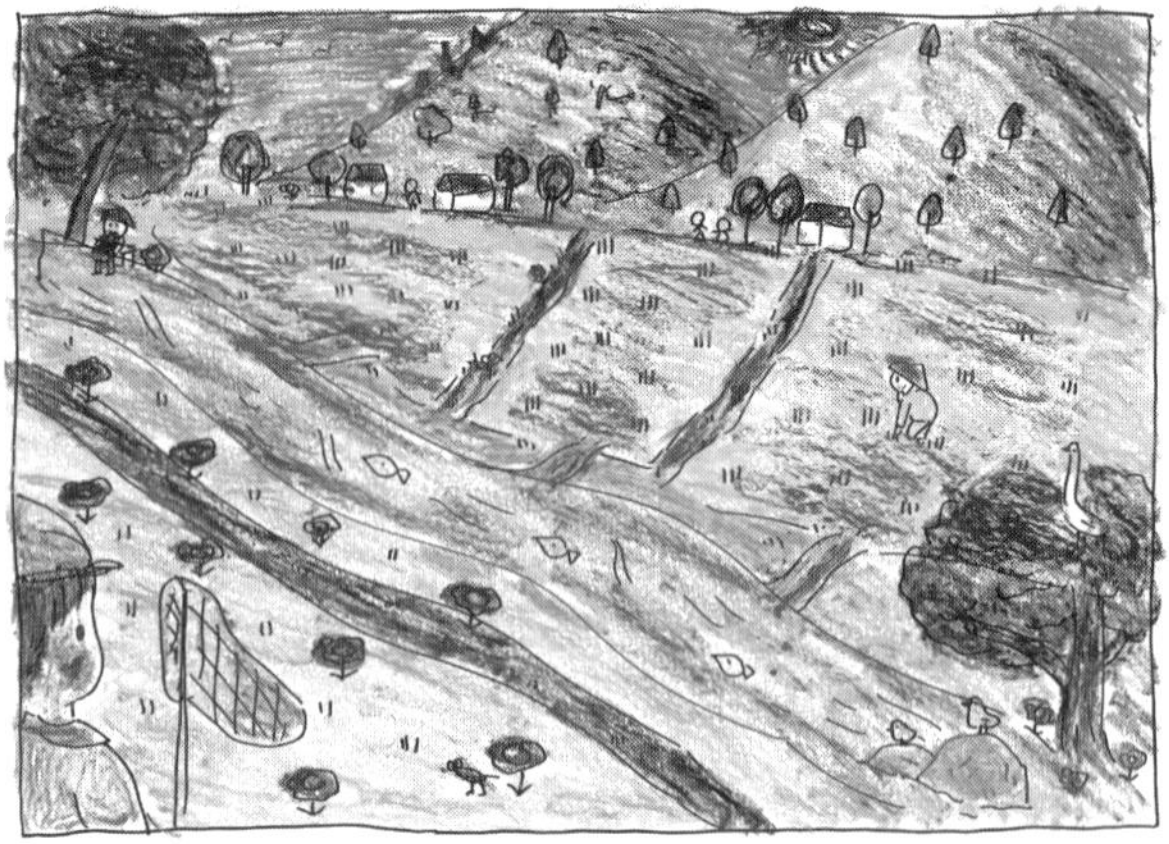

〈施行者にとっての、描き手の「見え」の顕れ〉

川向こうには田んぼが広がり、畦道や田から川への水路などから、豊かな耕作のありようが感じられる農村地帯。山は緑におおわれ、道のあちこちに花が咲いている。家のまわりや田んぼにいる人々、木には鳥、川には魚と、その場所で暮らすものたちの姿も数多く描かれた、穏やかで満ち足りた風景である。虫取り網を持った少年の姿からは、夏の夕暮れの、暑さを残しつつもいくぶん涼しい空気や、沈んでいく夕日の切なさといった情感も感じられる。PDIにおいて少年の目線からの語りが示されたことによって、施行者にも、少年の眼を通した「見え」が顕れてきた。描き手は少年と完全には一致していないという言葉から、描き手は、少年となって夏の夕暮れの風景を体感しつつ、また同時に、描かれた風景の中に少年が生きる物語を見ていることがわかる。施行者も、描き手と少年の持つ二つの「見え」を共有することによって、少年の「見え」として夏の夕暮れを味わい、さらに、少年の物語が展開する舞台としての描き手の「見え」を受け取ることとなった。

3 自己像の定位と「見え」の重なり

ここに示されたように、風景の中に自己像を定位することは、描き手のイメージを刺激し、描画から受け取るメッセージとしての「見え」の展開を促す。それは、前述の（二）で示したように、現出してくる内的イメージであるところの「見え」が、描き出されたときには既に他者性を帯びて、描き手との距離を持つ「見え」となるのに対して、風景の中の自己像という質問が、「投影された内的世界である風景の中に、質問によって描き手がさらに自己像を導入し定位させる」[8]心的作業を促すからである。

すなわち、内的イメージが外在化した「見え」は、描き手にとっての意外性を持ち、驚きや刺激を与える力を持つ反面、内的イメージの生々しい感触を切り離す機能も備えている。そこで、風景の中に自己像をあらためて定位しなおすことは、描き手が、距離のある「見え」を手離し、目の前の描画の中に入り込んで、新たに体感的な「見え」を獲得する作業を可能とするのである。そのようにして描画との関係性のイメージを喚起されたとき、それをどう見るか、そこにどのような情動が伴われるかを示すという点で、「見え」は描き手の体験世界のあり方と、その個別性を如実に映し出すものであるといえるだろう。

一見、このような「見え」の語りは、ロールシャッハテストにおける反応に通じているようにも思われる。しかし、中井が、ロールシャッハは「絵から言葉へ」であるのに対し、風景構成法は「言葉から絵へ」、流れの方向が逆であると指摘するように、[9]風景構成法がロールシャッハテストと大きく違う点は、まずは風景が描かれる中で、施行者と描き手の項目提示のやり取りがあり、両者の「見え」がそれぞれに織り上げられていくプロセスが先んじて存在しているという点である。施行者の項目提示に応じて、描き手が項目を描き、描き手の「見え」が顕れるとき、施行者にもまた、独自の「見え」が顕れ、このプロセスが素描や彩色を通じて繰り返される。このような、個々の「見え」が形づくられるプロセスの中で描き出された描画に対して、さらに対話が行われるという点が、風景構成法におけるＰＤＩの特徴といえよう。中井の言葉を借りれば、風景構成法は「言葉から絵へ、そしてまた言葉へ」という流れを持つといえるのかもしれない。

この描き手と施行者の「見え」が、徐々に、独自に織り上げられていくという風景構成法独自のプロセスがあるからこそ、ＰＤＩにおける両者の「見え」の重なりがダイナミズムを持ち、施行者にとって、描き手の体験世界をより鮮やかに浮かび上がらせるものとなる。自身が持った川の冷たさや草の匂いなどの実感の、描き手にとっての意味を理解するとき、施行者は描画そのものに向き合いつつも、描き手との間に交錯するものを感じとる。
また、描き手にとって、PDIにおいて風景の中の自己像を定位し、それについて語るということは、「見え」の世界とのかかわりを再確認する作業でありつつ、施行者に自身の「見え」を理解させるための作業でもある。それは「現出した内的世界における描き手の、現時点での内的状況を焦点づける」[10]ことでもあり、この質問が促す心的作業については侵襲性が懸念される。しかし、ここにも、施行者が項目を提示し、順次描いていくという風景構成法独自のプロセスが影響するのではないか。つまり、両者が暗黙裡に各々の「見え」を織り上げる中で形づくられる関係性が存在することこそが、描き手にとっては、対話の中でイメージを言語化していくことにおいての、自由と安全性を担保するものとなり、その侵襲性に脅かされない構えが作られるとも考えられるのである。

〔文　献〕

(1) 中井久夫「風景構成法」精神科学治療、7（3）、二三七～二四八頁、一九九二
(2) イーフー・トゥアン『空間の経験』山本浩訳、ちくま学芸文庫、四二四頁、一九九三
(3) 皆藤章『風景構成法――その基礎と実践』誠信書房、六四～七九頁、一九九四
(4) 高江洲義英、大森健一「風景と分裂病心性――風景構成法の空間論的検討」〔山中康裕編〕『H・Nakai 風景構成法』岩崎学術出版社、一一九～一三七頁、一九八四
(5) 前掲書（1）
(6) 前掲書（3）
(7) 中野江梨子「PDIの前後における風景構成法体験の変化について――作品の主観的な『感じ』に関するSD法評定の変化とインタビューから」心理臨床学研究、28（2）、二〇七～二一九頁、二〇一〇
(8) 前掲書（3）
(9) 前掲書（1）
(10) 前掲書（3）

5 絵を見ることにおける触覚性——スクィグルを題材に

山﨑玲奈

はじめに

スクィグルとは、わが国で広く用いられている芸術療法の一技法であり、一方が紙の上になぐり描きをし、もう一方がそのなぐり描きから形を見つけて絵にする、という遊びである。このスクィグルを用いた事例報告のなかには、治療者（とクライエント）が、両者の絵の中に共通性を見いだし、またそのことが事例の転機につながる、といった現象が散見される（岸本寛史[1]、村瀬嘉代子[2]など）。筆者の事例においてもまた、両者の描く絵が偶然に「一致」し、事例の転機につながったように思われたものがあった。

しかし、こうした絵の「一致」現象は、スクィグルにおける重要な局面と見なされながらも、治療者の視点から語られるばかりで、それがどのような現象なのか、議論されることはほとんどない。そもそもスクィグル自体、遊びとしての自由度の高さや治療者の積極的関与という要因が影響してか、調査研究の俎上に乗ることが少なく、他の技法とくらべると、その基礎的研究は立ち遅れていると言わざるを得ない。こうした状況を背景として、筆者は両者の絵の「一致」に、スクィグルの最初に描かれるなぐり描き線がどれだけ関与しているのかを検証するため、実際の事例に基づいた調査研究を行った。[3] 本稿は、その流れを受けて、面接場面での治療者の「一致」という捉え方そのものを、具体的かつ多面的に問い直そうとする調査研究である。

調査では、筆者が絵の一致を見いだしたスクィグルの絵を、別の心理臨床家に提示し、二枚の絵の「近さ」という観点から絵の評定を行うよう求め、その評定理由について問うた。調査の対象となったのは、描画を用いた心理療法の経験のある三〇～五〇代の心理臨床家六名（男性三名、女性三名）である（以下、評定者と表記する）。調査では、面接で描かれた治療者とクライエントの絵を二枚ずつ対にして、評定者に提示した。なお評定に際し、事例やクライエントについての情報、スクィグルが描かれた状況については伝えなかった。

1 面接における筆者の体験

調査の詳細については別の機会に譲るとして、本稿では、スクィグルの導入から三回目のスクィグルで描かれた絵に焦点を絞り、その絵に対する評定者の語りを紹介しながら、考察を進めていく。この回のスクィグルは、治療者とクライエントの絵に初めて「形の一致」が見られた回として、筆者が事例の転機の一つと捉えたセッションである。以下に、面接場面で筆者がクライエントの絵を見た時の体験を記す。

治療者は、クライエントのなぐり描きからネズミのイメージを想起したものの、実際のクライエントの線の形にはそぐわないように思われた。かといって他の形を見つけることもできず、「ネズミ」として仕上げることにした。クライエントと互いの絵を交換する際、治療者は「なんか変なんだけどね」と言葉を添えた。

クライエントの絵を受け取った瞬間、治療者の目はそこに「ネズミ」の姿をとらえた。「うわぁー、ネズミだ！一緒やね」。治療者は思わず笑い出した。一方のクライエントは、懸命に笑いをこらえているように思われた。面接が終わる頃、治療者はもう一度クライエントの絵を見返した。「面白いね。二人ともネズミ描いている。……砂時計にカップ。これも面白いね。でも、（クライエントの）ネズミのほうが上手だね」。

2 「一致」という囚われ

では調査において、評定者はこの絵をどのように捉えたのだろうか。以下に紹介するのは、評定者Ａの語りである。

【評定者A】　直感的感覚的に言うと、そんなに似てないと思うんです。ネズミが出とるなあという感じは、近いんですけどもね。（絵の違いは）線の使い方なのかなと思うんですね。線からどう絵を描いていくかって。

筆者は調査においてAの語りに接した時、内心強い衝撃を受けた。筆者にとって、事例の転機の象徴のように感じられていたネズミは、Aにとっては、何の変哲もない、ただのネズミにすぎなかった。

この絵に対するAの関心はむしろ、両者のなぐり描き線の使い方、つまり相手のなぐり描きをどのように使って絵を描いていくかという過程にあった。確かにAの指摘の通り、両者の描き方にはいくつかの違いが見受けられる。たとえば、筆者がクライエントの線すべてを意味づけてネズミに変えていくのに対し、クライエントは、筆者の線を自由に用いてネズミの絵を描いている。

絵の中に「同じ」物が描かれることと、絵の近さを感じることとは、必ずしも結びつくわけではない。「同じ」であるがゆえに、「違い」がより際立つこともある。また治療者が両者の絵を「同じ」と捉えていても、クライエントは同じ絵の中に「違い」を見いだしている、という事態も考えられるだろう。[4]筆者は、絵の「一致」という捉え方に囚われていたのかもしれない。

では、面接場面での筆者のあの体験は何だったのだろうか。ネズミのイメージは非常に鮮明で実体感があり、それを描くかどうか、筆者は煩悶したが、その圧倒的な存在を前に、何か強い力に引きよせられるようにしてネズミを描いている。

村瀬は、スクィグルにおいて治療者が「活き活きとした体感覚」をともなったイメージを体験することを報告しており、[5]筆者の体験と重なるところがある。加えて村瀬は、こうした治療者の体験が、スクィグルにおける治療的展開に何らかの意味を与えるのではないかと述べている。面接場面での筆者の体験をさらに検討していくために、次項においては調査において絵の近さを見いだした評定者の語りをとりあげ、その体験の実際について具体的に記述していく。

3 「一致」における触覚性

【評定者B】 面白いなと思ったのは、今度はネズミつながりですよね。線の形はぜんぜん違うし、ネズミの場所もぜんぜん違うんやけど、むしろ、ネズミの触感、温かさというか、そんな感じがすごい近い感じがしました。

【評定者C】 これは両方ともすごく動きがあると感じました。（ネズミの顔は）反対向きですけど、やっぱり両方ともネズミが動いて見える。ぱっと見た時に。右の絵のせいで、よけいに思うのかもしれないですけど。だから、左側のネズミも、もう左向きにわぁっと動いているようなイメージ。

近さを見いだした理由として、Bは線の形やネズミが描かれた場所の違いに触れた上で、両方のネズミから感じられる触感、温かさの類似を指摘している。Cもまた、ネズミの顔の向きの違いに言及しながらも、両者の動きの「勢い」という点から絵の近さを見いだしている。ここで違いとして指摘された、線の形やネズミが描かれた場所、ネズミの顔の向きは、絵を見ることで共有できる客観的事実でもある。

それに対し、ネズミの触感や温かさ、動きは、絵そのものの中にはなく、評定者の中で喚起されている触感的・運動感覚的な印象である。しかし、「ぜんぜん違うけれども、近く感じる」という語りが示すように、評定者には、こうした温かさや動きの印象が、目に見える形よりもさらに強く、迫力をもって体験されていることがうかがえる。ここから、二枚の絵に近さを感じる心の動きに、絵から想起される触覚的・運動感覚的な印象が、大きく関わっていることが推察される。

次に取りあげるDの語りにおいては、二枚の絵の近さを感じる過程について、より具体的に、体験に即した形で語られている。

【評定者D】　何でやろ、さっきより近い感じがするな。同じネズミやからかな。ちょっとよくわからないですけど。もう妄想ですけれども、左の絵にネズミがいて、カップがあって、カップとネズミが隣接してるので、ネズミがお茶を飲んでるという感じで、ほほえましいような気がしたんですが。よく見ると砂時計があって、時間計られる感じで。あまりほのぼのしない実験のマウスみたいな印象もあって、ちょっとこう閉塞感があるという気がしました。その閉塞感の感じが、（右の）前の見えなくなったネズミに、ほんとによく対応してる気がします。

最初にDが語るのが、絵の「近い感じ」であるが、その全貌は明らかにされず、Dが絵の事実と照らし合わせながら自身の感覚を探っていく中で、少しずつ見えてくるものとして体験されている。その過程は、Dと絵とのあいだで繰り広げられる対話のようでもある。Dが近さの理由をたずねて絵を見返すうちに、ネズミからカップ、そして少し離れた砂時計へとDの視点は移動していく。同時に、カップからお茶を飲むネズミ、ネズミの時間をはかる砂時計といった関係が見いだされてゆき、最終的には「閉塞感」という感覚的な印象を核とした物語へと展開した。そしてDは、絵によって喚起されたイメージ体験の類似性から、二枚の絵を近いものと評定したわけである。

このような過程を、Dは「絵の中に入っていく作業」と表現していたが、調査に立ち会った筆者の視点から記述するならば、それはDが絵から喚起された自らの感覚を検証していく過程、つまり絵という具体的事物を触媒として、「Dの内的世界を探っていく作業」であった。またそれは同時に、Dの内的世界を、絵という文脈を通して再構成していく作業でもあったように思われる。

今回の調査は、スクィグルで描かれた絵だけを見て、二枚の絵の近さを評定するというものであった。本来のスクィグルでは、両者の絵を見る前に、なぐり描く過程、そして相手のなぐり描きから絵を描いていく過程がある。したがって、評定者は、スクィグルがすべて終わった時点から、しかも、それに至るまでの過程を切り離した状態で、絵を見たわけである。しかし、こうした実験的な状況においても、面接場面での筆者と同じ絵の部分に着眼し、絵の近さを感じた評定者が見受けられた。また、絵の「一致」と言うと、目に見える事実の類似であるかのように思われがちだが、時にわれわれは同じ表現を用いて、目には見えない事実の一致、つまり絵から喚起された触感的・運動感覚的な印象やイメージ体験の一致を語っていることがある、ということが示唆された。

ただ、絵から目には見えない一致を探っていく方法は、始点としての絵という現実から遊離し、「妄想」に陥る危険を秘めている。しかし、村瀬が指摘するように、なぐり描きや絵を「活き活きとした体感覚をともなって」体験する治療者の姿勢が、何らかの治療的展開につながっているならば、スクィグルを用いる治療者は、こうした主観的世界に立ち入る危険を冒さなければならないだろう。

4　スクィグルにおいて交錯する視覚と触覚

次に挙げる中井の文章は、スクィグルの特徴を端的に捉えた表現としてしばしば引用されるが、スクィグルにおける視覚と触覚について言及しており、これまでの議論を深めていく手がかりとなるだろう。

「『限界吟味法を加味したスクィッグル』は（中略）、治療者と患者との『波長合わせ tuning-in, Balint』を可視的 tangible なものにする場だということができる[6]」。

この一文の「可視的」という言葉の隣に添えられているのは、tangible という言葉であり、「視覚（vision）」の派生語である visible ではない。tangible と visible という二つの言葉は、どちらも対象の存在を（はっきりと）感じとることができる、という点では共通しているが、tangible が「触覚」を通して、visible は「視覚」を通して対象を知るところに違いがある。

そして中井は、スクィグルを語るにあたり、可視的という「見る」ことから派生した表現と、tangible という「触れる」ことに由来する表現を併記したのである。確かに、スクィグルのなぐり描きや絵は、視覚的に捉えられるものである。しかし、スクィグルの最初に顕れるなぐり描き線という形の中には、なぐり描く行為、すなわち触覚的な主体の運動が秘められている。それゆえ、スクィグルの絵を見る際には最初のなぐり描きの過程にまで遡及し、形の背後にある動きをなぞりながら眺める。それがスクィグルにおける治療者に求められる姿勢ではないか、と筆者は考えている。

しかしながら、われわれの関心は目に見えるものへと傾き、目に見えないものとのつながりを忘れがちである。スクィグルでも、ややもすれば「見ること」と「触れること」が分離してしまい、形重視の思考に陥る危険がある。このことは、前掲の中井の一文が引用される際、原文からなぜか tangible という一語だけが抜け落ちる、という現象に端的に現れていると思われる。

形のなかに蠢く触感の存在に、これからも筆者は目を向け、探りながら、言葉を紡いでいきたいと思う。

［文　献］
（1）岸本寛史「d-MSSM（double Mutual Scribble Story Making）法の治療的要因」学園の臨床研究、4、三一〜四四頁、二〇〇五
（2）村瀬嘉代子「スクィグルの治療促進的内面過程」臨床描画研究、8、三五〜五〇頁、一九九三
（3）山﨑玲奈「スクィグル・ゲームのなぐり描き線に内在するはたらきについて」心理臨床学研究、26（1）、五九〜七一頁、二〇〇八
（4）前掲書（2）
（5）前掲書（2）
（6）中井久夫「相互限界吟味法を加味したスクィッグル法」『中井久夫著作集　精神医学の経験2――治療』岩崎学術出版社、二三六〜二四五頁、一九八五

［付記］調査にご協力下さった評定者の皆様に、この場を借りて心より御礼申し上げます。また、いつも温かくご指導下さる放送大学京都学習センター所長・京都大学名誉教授　藤原勝紀先生に深く御礼申し上げます。

6 「チャムシップ関係」という視点からみた心理療法

須藤春佳

1 チャムシップという関係性とその心理治療的側面

チャムシップ（chum-ship）とは、前青年期頃に出現する、同性同年輩間の一対一の親友関係を指し、米国対人関係学派のサリヴァン（Sullivan, H. S.）によって提唱された概念である［前青年期とは、サリヴァンによれば、八歳半から一一歳頃をさすが、その後の研究（須藤など）[1]によると、中学生の時期（一五歳頃まで）を含む。本稿では前青春期とも示される］。サリヴァン[2]によると、前青年期になると、それまで自己中心的だった子ども同士の関係に変化が現れ、「水入らずの相手というか、大の親友というか、そういうものになる同性の特定の人一人に対しての関心という点で新しい型」の友人関係が現れるという。ここでは、「ある他者、ある特定の相手が体験する満足と安全とが自分にとって自分自身の満足と同等の重要性を持つ」愛の能力の初期の形態が現れ、その対象者ははじめは同性を対象とするのがふつうであり、よく似ているとか、同一方向の衝動をもっているなど、多くの要素が揃っていなければならず、「この〈同類だという感じ〉すなわち同一視（identification）が、前青春期的変化をこうむりつつある者の感じ方を左右する」という。そして、自分の相手が自分自身と同じくらいに大事になることで、今まで誰にも話さなかったこともその人には話せるようになり、二人の間で秘密の共有が始まる。また、「前青春期という人格発達段階には精神療法のさまざまな可能性が、非常に大きく開かれうる」[3]に示されるように、前青春期はそれまでの発達の過程で培ってきたものを、いったん見直し修正する可能性に開かれる時期でもある。チャムシップはこのような発達上の転換期に現れ、それまでの心理発達上の歪みを修正しうると同時に、子どもたちの内面を支える上で、重要な役割を果たすことがわかる。

では、チャムシップのどのような側面が心理治療的なのだろうか。まず、チャムシップの中心的な特徴である「相手のことが自分と同等に大切に思える」同類愛的関係が挙げられる。この時期の子どもたちは、同性の友人である相手の中に、自分を見ているのであり、友人の行動や考えは、相手のことでもあり自分のことでもあって、真剣に相手に関心を寄せ、互いを尊重する間柄であるため、治療的であると考えられる。また、サリヴァン[4]によると、前青年期の親友同士は、互いの感情や考えを包み隠さず分かち合うことで、「象徴や象徴操作、人生や世界に関する情報やデータをお互いに照合し確かめあう」、「共人間的有効妥当性確認」が行われ、「生まれて初めて自由に自分自身を表現」し始める。さらに、前青春期の親友同士が親しさの中で互いを知り合う中で、「自分は他人と違っている者だという感じを非常によく治してくれ」、「自分が非常に相手に近づき、相手の目で自分を眺めるという新たな能力を持つようになるので、人格発展上、前青春期は、自分自身にせよ、自分以外の人々にせよ、それらについての自閉的幻想的な考えを訂正するうえで特別に重要な意義を持つ[5]」という。ここから、親友との間で、自分の感じ方はおかしなものではなく、人と共有されるものであると感じることが子どもたちに安心感を生じさせ、自分は他人と違っているという感じを和らげる点、また友人と比較し自分を対象化してみることができるようになり、独りよがりな考え方が修正されうる点が、心理治療的であると考えられる。

加えて、「その人は〈共通の人間性〉が他の人々の中に存在していることを認めることができるようになった点で今までよりも〈全幅的に人間〉となる[6]」と示され、チャムシップという関係性、すなわちチャムシップ関係においては、人との間の共通性に根差した自分を感じる体験が重視されていることがわかる。このような体験は、青年期に向け自己を確立していく上でその基盤として重要となる、存在的な次元での安心感の獲得につながるといえる。よって、チャムシップ関係によって培われるものとは、「人との間で自分としていられる安心感」のような存在的次元にかかわる感覚のようなものであると考えられる。

2　チャムシップ関係を応用した心理的援助としての「ピア・サポート」

では、心理臨床の実践現場では、チャムシップ関係の心理治療的側面はいかに応用されているのだろうか。ここでは、ピア・サポートという視点からみていくこととする。

吉井[7]は、学校で教室に入ることが難しい、別室登校の中学生グループにおけるチャム関係について、スクールカウンセラーとして関わった事例を通して考察している。吉井[8]の事例では、小学校時代にいじめを受けた体験があったことから、友人の態度に過敏になって被害意識が強いという問題があった、四名の中学生女子たちが、別室登校の生徒には心を開いて交流することができており、彼女たちの仲間関係はチャム関係であったと述べられている。すなわち、別室登校の彼女たちは、仲間との親密性の感情の獲得が不十分であり、前青春期の心理発達的課題を抱えていたと解釈され、別室における仲間との関わりは学童期への退行であり、同時に健康的な学童期の再体験という意味があったのでないかと示唆されている。この事例を通して、教室に入りづらい別室登校生徒の心の修復において、グループ面接やグループ活動等のかたちで、同じ悩みを共有できる仲間との関わりの場を設定することが有効であることが示されている。

また、鍋田[9]は、青年期の神経症者を対象に、親密さ、一体感などを感じさせることを目的としたグループ・ワークを実施し、その後に参加者が適応上の改善をみた例を示している。ここでも、グループの成員同士の関わりの中で学童期への退行が促進される効果があったといい、集団という状況で、参加者たちが一体感、万能感を再体験しつつ、それらを徐々に、彼らが体験しえなかった学童期的な親密感や自己評価に発展させたのではないか、と述べている。グループ・ワークでは、しばしば「他者と共にあり、自分の価値も十分に認められ、受容され、深い共感とふれあいの世界に存在するという宗教的体験に近い」体験が生じるといい、これをサリヴァンのいう親密なる友を通じて抱く、素晴らしい世界に存在するという前思春期の体験ではないかと考察している。

以上に挙げた、女子中学生同士の仲間関係、青年を対象としたグループ・ワークにおける参加者同士の関係は、いずれもグループの中で生じるチャムシップ関係の支持的な側面に焦点を当て考察されている。これらは、問題を抱える者同士が互いに支え合う構造であり、「ピア・サポート」という形の相互支持的な援助形態であるといえ、チャムシップ関係に含まれる「相手のことを自分のことのように感じる」関係が、対等な者同士の間で生じることにより、治療的に働くと考えられる。一方、鍋田[10]によると、治療的に用いられた構成化したエンカウンター・グループは、対人恐怖症および慢性不登校状態においては症状の改善、社会適応上、行動上の改善がみられたが、深いintrapersonalな問題や、家族間の問題に対してはあまり治療効果がなく、家族的な世界から家族外の世界への参入という発達課題上の混乱や、思春期における同年輩者間での現実的な対象関係の獲得の混乱に対しては、非常に発達促進的な効果を示す、と結論づけた。つまり、ピア・サポートによる援助は、個人の内面や生育史上の問題に取り組む形ではなく、参加者が現実的に対等な立場の者との関わりをもつことで、過渡期の発達課題を乗り越える上で支持的な役割を果たすと考えられる。

3 心理療法の中にあらわれるチャムシップ関係

では、チャムシップ関係は、字義通りの対等な立場の者同士の間でしか心理治療的な働きをしないのだろうか。ここで、心理療法のセラピスト（治療者）―クライエント（患者）間で生じるチャムシップ関係について考えたい。

角野[11]は、統合失調症を発症した青年期男性との面接の中で、治療関係の中に展開したチャムシップの関係が治療的展開を生じたことから「内面のチャムシップ」という視点を展開している。角野の考察によると、青年は、ある特定の同性同年齢の他者、つまり内面に存在するもうひとりの自分との関係がうまくいかずに成長したと考えられ、それが現実のチャムシップにも影響を及ぼしていた。角野は、「現実の他者との親密関係は、内面のもう一人の自分との親密関係と同じ意味をもつ」といい、青年が内面でのチャムシップにも何らかの傷を深く受けていて、それが発症の一因になったと考察している。この時治療者としては、彼との間で内的なチャムシップ関係をやり直すことが治療的に意味のあることと考え、治療者自身のもつチャムシップの力を最大限に生かし、面接でそのエネルギーを再活性化していた。このとき青年を支えるためのよき治療関係と治療的雰囲気は、よき質のチャムシップであったといい、それは「彼への誠実さと真剣さ、無償の親しみとお互いを認め合うこと」であり、心理療法において行われた彼の内面のチャムシップの回復が、その後の青年を支えたと考えられている。ここでは、治療者―患者間の心理的次元でチャムシップ関係が展開され、過去の患者の傷つきを癒す作用が生じたことが示されている。

また、前青春期心性をもつ母親に対してセラピストがchumとして機能したという観点から考察された上野[12]の報告もある。上野の事例では、長期不登校を続ける青年期の娘をもつ母親との面接の中で、セラピストとクライエントの間で前思春期的な仲間関係が成立していたと考察されている。ここでは、子どもの問題について取り組むといった目的に縛られない親密な関係が成立し、セラピストを「絶対に自分を否定しない人」として面接場面をchumのいる安全基地として使いながら前青春期を追体験し、娘に対する分離不安の葛藤や、自分の家族背景について振り返り、クライエント自身が娘との分離を意識した行動に移った過程が示されている。このクライエントの場合、自身の母親との関係が葛藤を孕んでいたため、セラピストとの間に生じる関係は、母親転移よりも、むしろ前青春期の同性の仲間関係が投影された面接関係のほうが、陽性転移を生みやすかったという。

上の二事例はともに、クライエント自身が前青年期の頃に何らかの発達上の躓きや心理的な問題を抱えたまま成長した事例であり、後に統合失調症という症状や、子どもの分離不安といった問題を呈した段階で、クライエント自身の心の中の前青年期に遡り治療を行ったものである。両事例とも、各々の症状や治療の経過自体は異なるが、クライエントが存在的次元での不安を抱えており、それを治療者がチャムシップ関係を通して支えたと考えられる。角野の事例では、統合失調症を患う青年に対して、セラピストが親しみをもった関心と安心感を与え、一人の個人として尊重する姿勢でかかわり、安心感を青年の中に形成していった。これに対して上野の方は、母親と娘の分離―個体化のプロセスの中で、母親の不安から離れられず一体となっていた母子二者関係の世界からクライエントが一個人として分離する過程を、セラピストが支える役割を果たした。須藤[13]では、「チャムシップとは、『他者と関係すること』と『ひとりでいること』との『間』にある関係ではないか」と考察されており、根源的な不安を抱える人に対して、セラピストが一対一の心理療法でチャムシップ関係を通して関わることで、クライエントに存在的次元での安心感を培うことが可能となるのではないか。上述の両事例に示されるように、チャムシップは、存在的な次元で相手の内面に関わる治療的関係であると考えられる。

一般的に、心理療法における「セラピスト―クライエント関係」は、その構造上、対等な関係ではないが、これらの事例をみると、暦上の年齢は青年期ないしは成人期にさしかかっているクライエントであっても、心理的次元では前青年期の課題を抱えている場合、その過程で、両者の間でチャムシップ関係が生じることに非常に治療的な意味があることがわかる。特に、存在的次元での不安を抱えるクライエントに対して治療的に働く関係性であるといえる。こういった関係は、予めセラピストが用意して関わるものでなく、クライエントに求められる関係性のニーズとセラピストとの相性に応じて、自然と治療関係の中で形成されるものであろうが、セラピストが自身のチャムシップの体験をもとに、親友との間で体験したよき関係を用いて面接を行うことが治療的に働くといえよう。このように、同性同士の治療関係において、年齢や立場を超えた心理的次元における関係として、チャムシップ関係は心理療法の中で形成されうるのである。また、重要なのは、チャムシップ関係の本来備える「対等さ」であり、たとえ親子関係において否定的な影響を受けている人であっても、権威関係や援助関係から自由な、自身が尊重される関係であるということが、治療的な要素であると考えられる。このような意味で、チャムシップ関係は、発達上の一時点における支持的関係として、あるいはピア・サポートという形によってのみ治療的に働くのではなく、心理療法の治療関係のある局面では、クライエントに対して存在的次元での安心感を培うという、非常に重要な治療的関係であるといえるだろう。

〔文　献〕

（1）須藤春佳『前青年期の親友関係「チャムシップ」に関する心理臨床学的研究』風間書房、二〇一〇
（2）H・S・サリヴァン『現代精神医学の概念』中井久夫、山口隆共訳、みすず書房、一九七六
（3）前掲書（2）
（4）前掲書（2）
（5）H・S・サリヴァン『精神医学は対人関係論である』中井久夫他訳、みすず書房、一九九〇
（6）前掲書（5）
（7）吉井健治「別室登校の中学生グループにおけるチャム関係――スクールカウンセリングの事例」鳴門教育大学研究紀要（教育科学編）、19、六七～七五頁、二〇〇四
（8）前掲書（7）
（9）鍋田恭孝「Sullivan, H. S. の発達論から見たグループワークの意味」〔北田穣之介他編〕『増補　精神発達と精神病理』金剛出版、一三六～一六二頁、一九九〇
（10）鍋田恭孝「構成化したエンカウンター・グループの治療促進因子について――思春期の神経症状態とくに対人恐怖症および慢性不登校児に対する治療を通じて」集団精神療法、7（1）、一三～二〇頁、一九九一
（11）角野善宏「『凪』から『嵐』へ――孤独な旅立ちへの始まり（青年期前期）」〔松島恭子編〕『臨床実践からみるライフサイクルの心理療法』創元社、一〇五～一一九頁、二〇〇四
（12）上野永子「前青春期心性をもつ母親との面接過程――セラピストがchumとして機能すること」心理臨床学研究、26（3）、三〇二～三一三頁、二〇〇八
（13）前掲書（1）

コラム

心理療法再考――『気』の観点から

生島博之

心理療法において重要なのは、クライエントへの共感的理解であり、主訴となっている症状や悩みなどへの手当である。そして、これらの症状や悩みなどは、「心の病気」「狂気」等と呼ばれることが多く、来談される方々の多くは、「気が重い」「気が沈む」「気が滅入る」「気が萎える」「気が散る」「気が気でない」「気がせく」「気疲れする」「気詰まり」「陰気」「無気力」「気が向かない」「気が乗らない」「気が抜ける」「生きている気がしない」「気が遠くなる」「気を失う」「気を病む」「気に障る」「気がとがめる」「気をもむ」等の発言をされることが多いと思われる。

それゆえ、『気』がマイナスに向かっているクライエントへの心理療法においては、「元気」「陽気」「やる気」「活気」「勇気」「気を休める」「気が楽になる」「気を許す」等の発言に象徴されるように、自己治癒の力によって『気』が湧き出てくることが期待されているともいえる。

さて、筆者は最近、夫婦関係や恋人関係の悩みで来談される方々にお会いする機会が増えてきたので、二つの終結事例を紹介し、夫婦関係を『気』の観点から考察したい。

定年退職を間近にひかえた男性Aは、妻の嫉妬妄想に悩んで来談され、「天地神明に誓って浮気などしていないのに、毎日、妻が『何故、浮気したの!』『今から、相手の女の家に抗議に行く!』『職場に乗り込んで、女のいる前で、みんなに言いふらしてやる!』等と喚くので困っている。仕事も手につかない」等と訴え憔悴していた。だが、カウンセリングが進んでくると、Aは、「これまで、仕事に力を入れすぎていた。職場での人間関係の方が楽しくて、妻のことを忘れかけていたのかもしれない」と内省しだし、『浮気』に関しては、「男性は、妻が浮気したとしたら、身体の浮気が許せないが、女性の場合は、夫の心の浮気が許せなくて泣いているのかもしれない」と述べ、浮気の事実関係(冤罪)について不毛の議論をするのを止め、仕事を減らし、妻と一緒に過ごす時間を増やすようになった。

一方、婚約を一方的に破棄されてパニック障害に陥った三〇歳代の女性Bは、「彼とはとても気が合っていた」「彼の転勤の関係で、婚約指輪をもらった直後(夏頃)から、『年を越したら結婚式をして籍を入れる』ということで職場を退職し、同居を始め順調にいっていたが、年末に、彼の母親から突然に婚約破棄を言い渡された」「その直後から、彼は私に会おうとはせず、『一緒に暮らす気持ちが無くなった』と母親に言っているらしい」等と訴え混乱していた。そのため、話題の中心は、「気が合っていた」「気持ちがよかった」から「気が無くなった」ことへの推移の謎(『気』変わりの理解と『気』の合わせ方)を筆者と解くことであるが、Bはこの難問をひとまず括弧に入れることにより快復された。

コラム

「私」が「私」になる過程としての原光景について

菱田一仁

原光景とは「両親や他の大人のあいだの性行為を目撃すること[1]」である。しかし同時に、フロイト（Freud. S.）自身「現実にそれがなかった際には、それらの出来事は示唆的な事件から組み立てられ、空想によって補足される[1]」と述べているように、両親の性交を目撃することでなくとも、それに類する体験も同様の意味を持ちうると考えられる。そう考えると、原光景を理解するためにはそこに象徴されるものを理解することが必要だと思われる。

原光景は両親の性交を盗み見る体験とされているように、そこには分離の体験があると考えられる。それまでつながっていると思っていた母親が別な誰かと自分の知らないところで濃密な接触を持っており、自分はそこに入り込む余地がないということは、「私」という存在にとって、それまで一体となっていた母親からの強烈な分離、そして象徴的な死の体験である。さらにそれが性的な体験として現実的なものを突きつけるが故に外傷的でもある。しかし、フロイトが「両親の性交を見て性的欲情が燃え上がった[2]」と、性的な衝動につき動かされることを述べていることにも見られるように、それは自らもまた生々しく濃密な接触を持ちうるという可能性でもあるのだ。直接の体験ではなく見るという形の接近であるが故に、現実的なものとの接触は可能性として見いだされる。ここに原光景的体験の本質的意味があると考えられる。つまり、「私」という存在が他者から絶対的に分離されていると同時に、密接な関係を持ちうるという、分離と接触の可能性の両方が強烈な衝撃とともに生まれる体験ということができるだろう。

そして、それが「私」にとって本質的な体験であるが故に、原光景は様々に原光景的な体験として反復され続ける。松木邦裕が「治療機関での女性治療者と男性治療者のなにげない普段の会話は、そうしたクライエントには両親カップルの性交、原光景ともとらえられるものです[3]」と述べるようなセラピストとクライエントの関係のほかにも、浮気をされることや失恋なども同様の体験として考えられるだろう。また、秘密や嘘をつかれた時、あこがれていたアイドルが知らない異性と交際していたという事実。それらすべてが分裂の痛みを伴う原光景的な体験として反復し、「私」という存在を規定しているのではないだろうか。

［文　献］

（1）S・フロイト『精神分析学入門Ⅱ』〔懸田克躬訳〕中央公論新社、一九六～二二五頁、二〇〇一

（2）前掲書（1）

（3）松木邦裕「研修症例コメント『原光景という強烈に魅惑し、死を怯えさせるもの』」精神分析研究、44（3）、八四～八五頁、二〇〇〇

第4章……事例研究

1 「私」の凝固と溶解
——クライエントとセラピストの交錯するところ

井上嘉孝

1 はじめに——分裂病コンプレックス概念からみえてくる心理療法観

角野善宏は統合失調症（旧病名　分裂病）者と関わる際に治療者の内なる統合失調症性が活性化されることの治療的意義と危険性を事例とともに明らかにした。

> 分裂病者であろうと治療者であろうと、それぞれがもつ分裂病コンプレックスは、その病理性は違っても、独自の、基本的には同じ分裂病元型が中心となっている分裂病コンプレックスと呼べるのではないだろうか。だから、われわれは自分たちの分裂病コンプレックスを通して、患者の治療に向かうことができると思う。[1]（傍点筆者）

ユング心理学におけるコンプレックスとは、多層的で多元的な心の動きの核のようなものといえる。一般的には劣等感を指すように考えられているが、そうした半ば自我に属する要素のみならず、自我ですらコンプレックスのひとつとして捉えられているし、さらにはより無意識的な、自我に対して自律的で対立的なものもある。いずれにしてもコンプレックスは私たちに感情に彩られた様々な体験や影響をもたらす。

角野が統合失調症の治療において注目した分裂病コンプレックスとは、自分が統合失調症であるかどうかは別にして、誰しもの心に布置される可能性をもった、統合失調症的世界との接点として捉えられる。角野は「われわれは自分たちの分裂病コンプレックスを通じて患者の治療に向かうことができる」と述べているが、こうした観点からは治療者と患者、セラピストとクライエントは、一方が健康で他方が病んでいるという単純な関係ではなく、それぞれの心の深みを通じて相互浸透的な治療関係をもつと考えられる。

こうした治療者のなかの「病」や「傷」あるいは「患者」イメージの治療的意義についての指摘は従来主として逆転移の有用性という観点から盛んに論じられてきたが、そこにはともすれば治療者の個人的な問題が心理療法の原動力になるかのように誤解されかねない危うさも孕んでいると言えよう。だが角野の言う分裂病コンプレックスという次元においては、そうした個人の病理が問題になるのではなく、個人は深化され、ある意味で個別性を失う。さらにそこではセラピストはクライエントの深層世界へと飛び込み、融合的な心理的関係に入り込みながらもしっかりと自分の内面をみつめることが大切であり、それと向き合っておくことで互いの心的作業が進められるということが指摘されているが、この指摘は大変重要である。こうして考えてみると分裂病コンプレックスとは、クライエントとセラピストの生が交錯する心理療法の極めて根源的な地平を真っ直ぐに指し示していると同時に、ひとつの場で相互に浸透し、融合し、作用し合いながら生じる個性化の過程をも表現している概念であると言えよう。

相互浸透する個性化とは一見矛盾したようにすら聞こえる。しかし、ユング心理学に根ざしたこのような心理療法観に基づき、症状や人格、思考や感情、様々なものが融け合ってひとつになった心理療法という場で生じてくる個性化の過程について、筆者の担当した事例に添って考えを深めていくことにしたい。

2 事例の概要と面接経過

■クライエント A　二〇歳女性　大学二年生（インテーク時）

■主訴 不眠、下痢、微熱。気分の波があるので、安定させたい。

■生育歴・問題歴・来談経緯　Aは生まれつき、アトピー性皮膚炎や喘息などの様々な身体症状を抱えていた。小学校高学年頃、男子からいじめを受け、それをきっかけに「人から悪く思われているのではないか」と感じるようになった。さらに施錠確認や手洗いなどの強迫症状も出現。両親の勧めで精神科を受診したところ、投薬により一年ほどで強迫症状は改善したものの、対人不信感は残されたままだった。心身のしんどさを抱えながらも、中学高校では休むことに対する罪悪感と一度休むと元に戻れなくなるのではないかという恐怖心から皆勤を通した。

大学に入学して遠方での一人暮らしを始めたAは、一回生時に強い耳鳴りに襲われ、歩けないほどのめまいや吐き気とともに突発性難聴に陥る。幸いにして二、三週間ほどで耳は回復するも、二回生の春には不眠や下痢、微熱が生じ、次第に悪化。三九度を超す高熱が一週間も続いた。睡眠時間は一日二時間を切り、体は疲れて眠たいが思考が止まらないという状態になる。内科を受診するも身体的には異常なしと言われたため、筆者の勤務する相談室に来談し、面接が開始された。

■臨床像　素直で礼儀正しく、飾り気がなく純朴な雰囲気。自分からはあまり話さず、やや受動的。小柄で年齢よりも幼く見えるため、「今どきの女子大生」というより「言いつけをよく守る女の子」という印象がある。一方で、どこか若い女性らしからぬ老成して枯れた雰囲気も併せ持っていた。

■面接の経過　Aとの面接は二年八カ月、八五回にわたった（週一回、五〇分。以下、クライエントの言葉は「　」、セラピストの言葉を〈　〉で表す）。

面接過程のなかでクライエントが何より苦しんだのが発熱、下痢、アトピー、喘息、突発性難聴、耳鳴り、めまい、発疹、ヘルペス、鼻炎など数々の身体症状だった。症状には波と季節性があり、例えば夏場にとくに悪化するアトピーは「扇風機の風に当たっても痛い」というほどで、発熱や鼻炎などの症状とともに、セラピストにはあたかもクライエントの全身が炎症し、燃えているかのようにすら思われた。主訴にある通り、日常生活とともに身体症状、不眠、気分の波に関する話題を中心として、慎重かつ支持的なスタンスで面接は進められた。ここでは面接経過を三期に分けて報告する。

【第一期　「私」との出会い（#1〜#25）】

几帳面で律儀なクライエントは友人たちから何かと頼りにされた。人に嫌われるのが怖く、強い自己嫌悪感を抱えていたクライエントは人の役に立っていると自分の存在意義を感じられるがゆえに、また他人に悪く思われないために、用事を休んだり頼みを断ったりすることができなかった。一方、マイペースが崩れるとパニックになってしまう堅さやこだわりの強さがあることが自分でもわかっていた。にもかかわらず容量を超えた仕事を引き受けてしまう強迫的な傾向があることをどうにかしなければならないと感じていた。人の悩みを聞いて朝まで眠れなくなってしまうこともあり、「ずっと一人でいると考えてしまうし、ずっと人といると気を遣う。常に緊張しているのかもしれない」。クライエントは、人と離れても人のあいだにあっても生きにくさを感じていたと言えよう。睡眠の話題から夢が報告されるようになる。

夢1　スイカを盗んで、自転車のかごにいれて逃げる。（以下、報告された夢に対するクライエントの連想を↓で示す。）

↓落としたら割れちゃうし、追いかけられるし困った。小中学校時代の友人二人が一緒に走ってくれた。一人は仲良かった子で、もう一人は仲良くなかった子。

夢2　山奥に向かって車で走っていく。

↓小さいころから何度も見ている夢のひとつ。またここか、あーあって感じ。自然のままの山奥で人がいなくて、行っちゃいけないところのように思う。怖い。

昔からクライエントにはいわゆる霊感があり、事故現場などに行くと声が聞こえることもあるという。親戚には警察にも協力した霊能者のような人物もいたらしく、「慣れているけど、とても疲れるし、そういうことがあると死んでしまったような気分になる」とのことで、クライエントにとって生きた人間との関係はただしんどいだけではなく現実とつながるための役にも立っていた。二人の友人のイメージは人間に対するアンビヴァレンスを表しているようであり、クライエントは人のあいだでは疲労と罪悪感を、人を離れたところでは不安と恐怖を感じていたといえる。

年末年始を挟んだあとの#17、高熱と耳鳴りが一〇日間ほど続いたあと、所属するサークルの大事な公演の直前に祖父が危篤だという連絡を受け、どちらを取るべきか悩んだとクライエントは語った。頑固で自分のペースを崩せない人だという祖父は、クライエントにとって自分を重ね合わせる特別な存在だった。優先順位のつけられない重要な出来事が二つ重なったクライエントは、ぎりぎりまで公演の練習を続け、祖父の訃報を聞いて急ぎ帰省し、通夜に出席。その後、告別式を待たずに戻って公演本番をこなした。「みんなに合わせて明るく元気に振舞った」ということだった。

祝祭と葬儀という大切な出来事のひとつひとつを粛々と語っていくクライエントの言葉を聴いていたセラピストには、そのときどうしようもない感情の波が押し寄せてきて、自然と涙が流れた。クライエントはセラピストを見つめて微笑んでいた。気持ちを言葉にし辛く沈黙がちだったクライエントとの面接は、どちらの感情ともつかない深く沈潜した共感の場となっており、セラピストはクライエントの感情を体現したかのようであった。

そしてクライエントは「教訓みたいな夢を見た」と晴れ晴れした表情で報告した。

夢3　景色のいいところを友人と二人で歩いていて、原っぱに出る。バイクが二台、停めてはいけないところに停めてあって、婦人警官が二人「こんなところに！」と、イライラして怒って私たちに話しかけてくる。「綺麗なところに大きな会社が出来てから、世の中の人たちがせかせかし出した。悪い影響が出ている。その人たちが停めたに違いない。停めた人を見つけるため、会社でその人たちの心理を調査する」と難しい顔をしていってしまう。しばらくすると、のんびりしたおじいさんが二人やってくる。「たまたま天気が良くてピクニックしていて、知らなくて。気が済んだし帰るか」という。私たちも帰る。

→警官は私だと思う。難しくせかせかして、自分で問題を大きくしている。夢に教えられたようで、気分が楽になった。

クライエントが「それは私だ」と語っているように、婦人警官とおじいさんのイメージは強迫性と老成・諦念のあいだを生きるクライエントのありようを体現しているようであり、クライエントはまさにこの夢で自分自身と出会ったのではないだろうか。この夢やクライエント―セラピスト関係にみられる融合的で自己関係的な展開とともに、クライエントは無意識的な自らの心と直面していくこととなった。

【第二期　深層が動き出す――火を放ち、水に入る（＃26〜＃55）】

この時期、枯れたような雰囲気が消えてクライエントは次第に女性的になっていくとともに、見知らぬ中年男性に公園で声をかけられ身体に触られるなどといった侵襲的な出来事が続いた。体調が悪いときは休んだり、嫌なことを断ったりするようにもなっていた。しかし身体症状と不眠は一段と悪化し、クライエントはそんな自分の日常を「生き地獄のようだ」と表現した。このころ大学の実習のため障害者施設を訪れ、障害者とともに過ごした一週間のあいだ、心身の状態が顕著に回復していたのは大変印象的であった。夢も新たな展開を見せる。

夢4　自殺しようとする夢。

夢5　火を持って、ベランダから外に投げる。ボヤになって、消そうとして水をかける。警察が来て、燃やしただろと言われて、しらばっくれるが、水の中にあなたの髪の毛が入っていたと言われて、でもしらばっくれる。

→こんな夢見ちゃったと罪悪感。ストレスがたまっているのかな。最近しんどくて夢見が悪い。

意識されていなかった希死念慮が無意識によって明確に表現されている。著しく不調であったこのころ、意識的に自らを傷つけてしまいたいという欲求も高まってきたものの、バイト中に偶然の火傷をしたことをきっかけにそうした気持ちはいったん静まる。次の夢では、自ら火を放っている。クライエントの身体を焼いている火のイメージが動きだしたのだろうか。夢からは深層の蠢きが感じられるが、自我はそれに強い違和感をもっていた。

夢6　川のところで、男の人が赤ちゃんを落とそうとしている。

↓一枚の絵を見ているような感じだった。

夢は、新しい命を水中に落とそうとする。それは破壊的な殺害や入水とも、洗礼や沐浴とも、大いなる流れに身を委ねようとする動きとも取れる様々な可能性をもっている。いじめの体験以来、クライエントにとって否定的なものである男性像がそれにコミットしているのも印象的である。しかしいずれにしても絵のようであり、意識からはまだ距離がある。

夢7　耳が悪くなって、保健室で薬を貰うが、飲みこむ直前に吐き出してしまう。

夢8　トイレに行きたいけど、その前に温泉があって、行けない。

強迫と諦念という殻が崩れつつあり、気持ちを吐き出すようになってきたことと呼応するように、このころの夢では入る・入れる／出る・出すといった境界を巡るテーマが続いた。入ってくるものは薬でも何でも善悪の区別なく出そうとされる。ただし夢8は印象的である。「トイレ」は排出を行う閉鎖的な個人空間であるが、一方「温泉」とは非個人的で開放的な空間であり、様々なものが相互浸透し溶解する治療の場であり、そこでは身に纏っていたものを脱ぎ捨て、湯水のなかに身を浸すことで治癒が生じる。また温泉は境界の揺らぎとともに火と水のイメージが治療的につながっていく可能性をも感じさせるイメージであるといえよう。

【第三期　自分自身へのイニシエーション――水と一体化する火（＃56〜＃85）】

やがてクライエントの精神状態は就職活動と大学卒業を間近に控えてこれまでになく悪化した。緊張や不安の高まりとともに強迫症状が再燃。玄関の出入りを繰り返して外出できず、ベランダですら一歩も出られないほどとなった。また、寝ている自分と起きている自分が分かれる、記憶が飛ぶ、自分がバラバラになったように感じられるなどの解離症状が出現。剃刀で実際に手首を切ってしまうこともあり、希死念慮も明確に意識化されるようになっていた。苦悩は極限に達していた。

シャーマンとしての天命をもって生まれた人間のなかには、一人前の治療者になるためのイニシエーション過程で「巫病」に陥ることが知られている。そこではめまいや耳鳴り、消化器症状などの身体症状のほか、自分がバラバラに解体されたり、自分が二つに分かれて自分で自分自身を眺めているイメージなどが出現する。[2]これまでクライエントには強い霊感があることが語られており、また実習とはいえ障害者を援助する施設で働いていた期間、心身の状態が一時的に顕著な回復を見せていた。立て続けに語られる解離や解体のエピソードを聴いたセラピストのなかで、クライエントが生来抱えてきた身体症状と、いわゆる霊感体質や治療者性といった要素が全体像を結び、ひとつの連環を生じた。思案の末、心身ともにぎりぎりの状態となっていたクライエントに対してセラピストは「巫病」の観念を伝えることにした。するとクライエントは頷き、「これまで学校に行きたくないけど行かないといけないと思ってやってきた。社会に出るのは嫌じゃないけど、自分が虚ろな気がして、これまでの歩みが止まってしまっていた」と呟いた。

その後、表面的に落ち着きを取り戻したクライエントは「自分の感じが変わってしまった。同じものを食べてもおいしくないし、日々感じていたことをあまり感じなくなった」と、従来の自分が死んでしまったかのように語るとともに、次のような印象的な夢を見たことを報告する。

夢9 プールで泳いでいる。ひっぱられるようにすーっと泳げて、水は冷たいし、一人になれる感じで、気持ちよかった。

↓自分の思う方向へすーっと行ける。乱されない。

安永浩によれば、強迫的防衛とは不確実な流れに浮かぶことの拒否であり、泳ぎのできぬ人に似ている。[3] 流れに身を委ねて泳ぐイメージは強迫性をすでに後にしており、またクライエントの抱える火と水があたかも一体化したかのようですらある。その身を燃やし続けたクライエントにとって、水の冷たさは格別なものであっただろう。

やがてクライエントは知人の紹介で自閉症に関わるバイトを始めたのだが、そこで彼女は自分が自閉症の人の感覚が手に取るようにわかるということに気づく。彼女の理解と対応は適切であり、彼女が寄り添っていると、自閉症の人たちは落ち着いて作業することができた。スタッフのひとりから「Aさんって自閉症ぽい」と言われ、「あぁそうだと思って、すごく安心した」という。

クライエントは対人援助職への就職が無事に決まり、面接も大学卒業をもっていったん終結することとなった。その後の夢では、長年にわたる心の構造が変化して元に戻らなくなったことが幾分の不安や恐怖とともに表現されるとともに、それとは対照的に幼少期からの変わらぬ反復夢も現れていた。最終回、イメージの変わりようと変わらなさの両面が印象的だったので〈変わったこと、変わらないこと〉を尋ねてみたところ、クライエントは「変わったのは一人で何でもできるようになり、対人関係でも差しさわりのないことができるようになったこと。自分の好きなことと嫌いなことがわかってきたこと。変わらないのは、自分は自分ってことですかね」としっかりと答えた。成長して新しい自分に変わったというより、クライエントは本来の自分へとイニシエートされたのではないかと感じられ、セラピストは彼女の出立を見送った。

3 考察とまとめ──相互作用と個性化の領域としての「私」

本事例の要点のひとつは、クライエントの強迫性および生来の心身症、身体症状をいかに理解するかにあるだろう。

自分自身と周囲の世界に対する不確実感や非安全感をコントロールする試みとしての強迫的防衛は堅い殻を形成するがゆえに、心理療法においては言語の中間領域を形成すること、心身の堅さをほぐし弛ませることなどが重要であり、治療者はその殻の内側にアプローチしていくことが肝要とされる。[4・5] 成田善弘は強迫の内側にある「孤独な魂」に治療者と患者の接点を見出している。[6] そこでは「分裂病コンプレックス」とも相通じるクライエントとセラピストが融合するほどの共感の深まりが治療の鍵となる。

熾烈な心身症とそれに伴う身体症状の内側に、セラピストはクライエントが抱える秘め隠された火的本性を見た。クライエントは身体に根ざした生来の深い不確実感や非安全感を強迫的な防衛によってコントロールしようとしてきたと考えられるが、それは燃え上がる炎に対して石の壁を築こうとする試みにも思える。しかし、それはあまりにも無力で、自らの本性を否定するような堅い防衛であった。凝固し堅くなりすぎた生命は石化し、その本性を失っていく。クライエントの老成し、枯れたような印象はそうした内的な戦いの果てにあったものではないだろうか。

本事例におけるクライエントとセラピストはイメージを媒介しつつ、焼き尽くされるような身体症状のなかで、どちらの感情ともつかない共感の場で融け合い、無力感を味わっていた。ユング（Jung, C. G.）によれば、錬金術において対立をひとつのものへと溶け合わせるのが火である。対立物は坩堝のなかで溶かされて形が崩れ、互いに混じって区別がつかなくなる。

しかし、こうした溶解とは変容を経験するために甘受しなければならない比喩的な死の過程でもあり、さらにそれに続いて重要になるのが、水のイメージが大切な役割を果たす再生・蘇生の過程である。[7]

個性化とは自らの本質との結合[8]であり、クライエントが自らの本性たる火にその身を焼かれることなく結びつき、それを生きるためにも、水のイメージを媒介する必要があったように思われる。融け合った感情の場で流れ出した涙（#17）は、クライエントを守ってきた堅い殻が割れて流れ出した水のようでもあり、その身を焼きつくしてきたクライエントにとって大切なことではなかっただろうか。水のイメージはその後の夢でも重要な役割を果たす。夢5で相反するものとして現れた火と水のイメージは、夢6、8を経て、夢9の泳ぐクライエントイメージにおいて象徴的次元で一体化する。

強迫は意識に属するが自我違和的なものとして、心身症は我が身に生じる不快な異物として、クライエントは内なる他者との、自分自身との戦いを続けていた。面接過程を通じて、こうしたクライエントの症状はクライエント個人が担う精神と身体の領域から非個人的なイメージの領域へと移された。心理療法過程において変容を蒙り、個性化過程を歩むのは、クライエント個人でもなければ、セラピストでもない。「エスが苦悩するのであり、エスが死を通過し、エスが甦る」[9]のであり、「内的な結合がなされる領域とは、個人的な部分でも自我でもなく、それらの上位にある自己である」[10]。本事例におけるイメージの結合と生成はクライエント個人のものでありながらセラピストをも含みこんだ多層的な「私」の変容の過程であったといえよう。

こうしてクライエントの症状は、「私」は、溶解する心理療法の関係性とイメージのなかで再凝固する。事例を通じて見てきたように、主観的・内的過程のみならず客観的な二者関係とその無意識の過程を含みこんで進む個性化の過程は、クライエントあるいはセラピスト個人の内面に生じるというよりも、溶解するクライエントとセラピストのあいだ、あるいはイメージの領域において生じるのではなかろうか。そしてクライエントは熾烈な症状とイメージのなかで溶解し、まったく解体しそうになりながらも解体しきることなく、あくまでその自分の過程を生き抜いた。そこにクライエントが見出したのは、「変わらないのは、自分は自分ってことですかね」という最後の言葉に結実している、自らの変わらぬ核であった。

［文　献］
（1）角野善宏『分裂病の心理療法――治療者の内なる体験の軌跡』日本評論社、一九九八
（2）Eliade, M. (1968) *Le Chamanisme.* Paris: Editions Payot & Rivages.（堀一郎訳『シャーマニズム』ちくま学芸文庫、二〇〇四）
（3）安永浩「分裂病症状の辺縁領域（その2）――強迫型意識と感情型意識」〔中井久夫編〕『分裂病の精神病理8』東京大学出版会、六五～一一四頁、一九七九
（4）前掲書（3）
（5）成田善弘『強迫性障害――病態と治療』医学書院、二〇〇二
（6）前掲書（5）
（7）Jung, C. G. (1955-6/1970) Mysterium Coniunctionis: An inquiry into the separation and synthesis of psychic opposites in alchemy, In *CW14*.（池田紘一訳『結合の神秘Ⅰ・Ⅱ』人文書院、一九九五／二〇〇〇）
（8）Jung, C. G. (1946) The Psychology of the Transference, *CW16*.（林道義、磯上恵子訳『転移の心理学』みすず書房、一九九四）
（9）前掲書（7）
（10）前掲書（8）

2 「人の悪口が勝手に浮かんでくる」と訴えた統合失調症青年との面接過程

――統合失調症における自他の成立、および主体定立の試みという観点から

石原　宏

はじめに

本稿では、統合失調症と診断された一青年（以下、Aとする）との面接過程を取り上げる。Aと筆者は、月に二回の頻度で約二年間、三九回の面接を行った。二年の経過を振り返ると、面接開始から九カ月が経った一四回目のセッションの頃からAの生活に顕著な改善が認められ、面接でのAの語りにも明らかな変化が見られた。また、その変化は終結までおおむね維持された。変化が見られた前後にあたる一二回目から一四回目の三つのセッションは、筆者にとって非常に印象に残るやりとりが連続したセッションであり、そこでのやりとりが、Aの変化に深く関連していたと筆者は考えている。本稿では、この三セッションでの印象的なやりとりを軸に、Aに起きた変化について、特に「人の悪口が勝手に浮かんでくる」という訴えを手がかりに考察したい。

1　事例の提示

以下の事例の記述中の「　」はAの言葉、〈　〉は筆者の言葉、（　）は筆者による補足を表す。

1　事例の概要

A（男性、面接開始時一九歳）は、家族と同居していた一八歳の時、些細な行き違いから家族への加害行為に及

び、それがきっかけとなって、医療を受けることのできる入所型の施設で家族と離れて生活することとなった。Aには精神科の主治医がおり、統合失調症と診断されて、入所時から継続して薬物療法を受けていた。入所後最初の一年は、他の入所者（Aと同年代で三〇名程度）との集団活動にはほとんど参加できず、主治医による診察や入浴以外は、居室（一人部屋）で寝て過ごすような生活を送っていたが、入所後一年が過ぎた頃から、朝礼など短時間で終わる活動には徐々に参加できるようになった。筆者との面接は、活動の兆しが見えてきたAの集団適応が少しでも良くなるようにという施設からの依頼で始まることになった。筆者は、この施設に月に二回訪問しており、Aとの面接はAの入所後一年一カ月目から、社会復帰に向けて施設を退所するまでの約二年間、全三九回行った。

2　初回面接での様子

面接室へ入ってきたAは、ほんのわずか筆者のほうへ目を向けたが、筆者と目が合った途端、サッとうつむき、目を逸らせた。その後は、終始硬い表情で頭を垂れ、足元を見つめたまま座っていた。Aから話し始めることは一度もなかったが、筆者が何か質問すると、ポツリと一言答えが返ってきて、一問一答的なやりとりは成立した。ただ、たびたびやりとりが途絶え、沈黙に包まれた。この沈黙が独特で、筆者は、すぐ目の前にAがいるにもかかわらず、何かまったく断絶してしまっているような奇妙な感覚に襲われた。〈黙っているより何か話しているほうがいいかな?〉とAに確認しながら（Aは「はい」と答えた）、筆者は、なるべくやりとりが途切れないように質問を重ねた。Aの話し方は、話そうとする内容に舌や口の動きがついてこない様子で、吃音もあって、非常に聴き取りにくく（薬の副作用もあったのだろう）、内容を理解するには耳に意識を集中させる必要があった。一問一答が成立している時は、沈黙している時のような断絶を感じることはなく、Aと共にいる感覚が持てたため、筆者はとにかくAの答えを聴き取ることに全神経を集中し、やりとりが成り立つことにエネルギーを費やした。初回は、四〇分間面接を行い、施設に入る前から好きだった歌手のこと、施設での食事のことなどが聴けた。

初回面接を終えた時点で筆者は、筆者の存在がAにとって侵襲的にならないよう心がけるとともに、一問一答的なやりとりになったとしても、とにかくAと二人で面接室に共にいて時間を過ごせるようになることを当面の目標にしようと考えた。

3　二回目から一一回目までの面接過程の概要

二回目以降四回目までは、初回と同じようなやりとりが続いたが、初回と違い、一つ答えた後にAがさらにもう一言つけ加える、一問二答のようなやりとりが出てきて、Aが少しずつ面接の場に慣れてきているのが感じられた。筆者も回を追うごとに、初回ほど神経を研ぎ済まさなくともAの言葉が聴き取れるようになり、四回目には、五〇分の面接時間をさほどの困難なく過ごすことができるようになった。生活面でのAは、施設の職員からの働きかけもあって、集団活動に参加する範囲を広げていき、四回目と五回目の間には、入所者全員が参加する行事に積極的に参加することができるなど、順調に経過しているように思われた。

しかしAは、その行事の直後、急転直下調子を崩した。五回目の面接になんとか出てきたAであったが、顔面の筋肉は硬直し、唇が不随意的に痙攣して、エネルギーがまったく枯渇してしまったという様子であった。この日は、とにかく顔を見せてくれたことを労い、短時間で面接を切り上げた。その後、主治医からの療養指示もあって、Aは、以前のように、主治医の診察と入浴以外は居室に籠る生活に戻り、筆者との面接に出てくることもできなくなった。結果的に、面接休止の期間は三カ月に及んだ。

三カ月後、Aから「また始めたい」との申し出があった。A曰く、「ずっと何もしていなかったら、職員さんに、何でもいいから始めてみるよう言われた。何か一つ始めるならカウンセリング」と思ったとのことであった。「調子は悪い。でも三カ月前よりはマシ」とも言い、筆者から見ても、五回目に比べると、少しはエネルギーを蓄え直したように感じられた。六回目のセッションでは、面接も含めた生活面で無理をしないことを二人で確認し、筆者自身は、面接がAの負担となりすぎないようにこれまで以上に慎重に会おうと考えた。

七回目以降一一回目までのAは、低調なところで一進一退を繰り返しており、面接では、夕食のメニューや好きな歌手のことなど、Aにとって心理的負荷の低い話題でのやりとりが中心となっていた。

4 Aの主訴――一一回目のセッションまでに語られたことから

Aが最も困っていると訴えたのは、「考えが勝手に浮かんでくる」ことであった。筆者との面接でこうした訴えが初めて出てきたのは三回目のセッションで、勝手に浮かぶ「考え」の内容は、「人の悪口」であり、「浮かぶだけじゃなくて、独り言で言ってしまう」のだと話した。三カ月の休止期間を挟んだ後も同様の訴えが続いていた。一〇回目（面接開始後七カ月）では、〈今一番やりたいことは?〉という筆者の問いかけに、「ボーっとしていたい」と答え、〈部屋にいてもボーっとしている感じはないのかな?〉と尋ねると、「いろいろ考えてしまう。勝手に考えが浮かんでくる」と答えた。また続く一一回目の面接では、「調子が悪い」と言い、〈どんなふうに?〉と尋ねると、「悪口が増えた」と答えた。〈悪口は、浮かんでしまうのが嫌なのかな? 言ったんじゃないかっていうのが不安なのかな?〉と尋ねてみると、「言ってしまったんじゃないか、です」と答え、さらに〈誰に対して言ってしまうというのは、ある?〉という問いに対しては、「同年代の人（＝他の入所者）ですね。あ、職員の人（＝年上の人）にも少しはある」とのことであった。

5 一二回目のセッション――退室際の視線

一二回目のセッションに来たAは、とりわけ調子が悪そうであった。椅子に座った後も、虚空を凝視したままで目の動きが乏しく、初回面接を思い出させるような硬い表情をしていた。それでもAは、面接前日にラジオで流れた好きな歌手の楽曲の話などをポツリポツリとしたのだが、これまで以上に舌がもつれて、筆者はなかなか聴き取ることができず、何度も聞き返してしまって、ちぐはぐなやりとりとなってしまった。

この日が年末であったこともあり、筆者は、時間の最後に何か一年を振り返るようなことが言いたくなった。

〈今年は一度面接に来られなくなった時期もあったけど、その後また出てきてくれたのが、先生としては嬉しかったなぁ〉と言うと、顔をうつむけ気味にしていたAが、無言のまま、顔は上げずに眼球だけを動かし、筆者のほうへ視線を向けた。目が合うとサッと視線を逸らせてうつむき、また眼球の動きだけで筆者を見て、目が合うとサッと逸らせるということを何度か繰り返した。こちらの様子を窺うようなAの視線の動きが、筆者には非常に気にかかったが、その場で咄嗟に言葉が出ず、〈ん？〉という音を出すことしかできなかった。筆者の〈ん？〉に対して、Aは、少し顔を上げ、やや慌てたような表情をしたが、またすぐにうつむいてしまった。筆者は、〈うん〉と頷いてみたが、Aは無言のままうつむいていた。今の視線は何だったのだろうと引っかかりはしたものの、どう取り上げてよいのか分からずに、筆者は、〈うん、じゃあ今日は時間ですし、終わりにしようか？〉と面接を閉じた。Aは、「はい」と答えて素早く立ち上がり、筆者のほうを振り向くことなく退室していった。

6　一三回目のセッション――確認

一三回目のセッションは、年明け最初の面接であった。入室してきたAは、一二回目より少し調子が良さそうであった。筆者から、年末年始の様子を尋ねてみたところ、年末に一年を振り返って書いた作文には「病気で苦しめられました」と書き、年始に立てた今年の目標は「病気を治すこと」にしたのだと話した。その後、次のような印象的なやりとりがあった。

〈今の時点でA君にとって、病気が治るってどういうことになるのかな？〉「人の悪口を言わなくなることと、あとは、独り言を言わなくなることです」〈そうかそうか、うん。人の悪口を言わなくなることと、独り言を言わなくなること〉「はい」〈どうやったら治るかなぁって、A君が今思っていること、ある？〉（しばらく筆者の顔をジッと見ていて、何か思い切ったように）「い、い、今までの間で、な、何か言ってましたか？」〈何かっていうのは、悪口？〉「はい」〈うん、何も言ってないよ〉「そ、そうですか」〈言ったかもしれないって気になった？〉「はい」〈そっか、今までに一二、三回会ってるけどねえ、一回も言ってないよ〉（とても安堵した表情になって）「あぁ、そうですか」〈あぁ、言ってないって分かったら安心するかなぁ？〉「はい」〈うん、そうか、安心する〉「はい」（困っているという表情を顔に出しながら）「人が気になるんです。気になって悪口を言ってしまう」〈人が気になる、か〉

7　一四回目のセッション——変化の報告

一四回目のセッションにやってきたAは、「前のカウンセリングの次の日からずっと朝礼に出ています」、「あと、○○式（施設外からも大勢来客がある行事）にも出られました」と、自然な笑顔を見せながら報告した。筆者は、Aが七カ月ぶりに朝礼に出てそれが三週間続いていることにも、大勢の人が集まる行事に主役の一人として出られたことにも、また、これまで見たことがなかったAの自然な笑顔にも、ただただ驚くばかりであったが、Aは、「なんか、出られました。新年ですし、出てみようかと思って」と、こともなげに言って、笑った。いつも通りの好きな歌手の楽曲の話になっても、いつもと違って、Aが自分で曲を口ずさんで笑ったり、筆者が口ずさむのを聞いて笑ったりということがあった。また、施設の職員と話をする時間が増えたこと、職員とキャッチボールをしたことについて話すなど、明らかに何かが動き始めたという印象のあるセッションとなった。

8　一四回目以降の様子

一四回目以降のセッションでAに目立って起きてきた変化は、他者への興味がむくむくと芽生えてきたことであった。そのことが如実に感じられた出来事の一つが、Aが、一五回目のセッションから筆者のことを「石原先生」と、名前で呼び始めたことであった。また、それだけに留まらず、「何歳ですか？」「好きなアーティストは誰ですか？」「好きな女優は誰ですか？」など、これまでにはなかった筆者への質問が矢継ぎ早に出てくるようになった。こうした興味は、筆者に向けられただけでなく、まずは身近な施設の職員から始まり、徐々に関わりの薄い職員へ、さらには他の入所者へと広がっていき、さまざまな人にさまざまな質問をするようになっていった。筆者との面接では、誰がどんな答えをしたかということを、「自分と同じだった」「自分とは違った」など、自分との比較を交えて語るようになった。筆者は、Aが質問を通してさまざまな他者に触れることで、A自身の輪郭を一つずつ確かめているように感じていた。

生活面では、施設の職員の指導のもとに、少しずつ時間をかけて参加する活動を増やしていき、三一回目のセッションの頃（面接開始後一年七カ月）には、施設で行われるほぼすべての活動にコンスタントに参加できるようになった。その後、施設を退所（面接開始後一年一一カ月）するまで概ね良好な状態を維持することとなった。

2 考察

一四回目のセッションで生活面での変化を報告したAは、変化のきっかけについては、「なんか、出られました。新年ですし、出てみようと思って」と話したのみであったが、「前のカウンセリングの次の日」から朝礼に出られたと話していることから、一三回目のセッションがAにとって大きな転機となったと考えてみることは可能であろう。以下、一三回目のセッションを軸にAに起きた変化について考察してみたい。

1 「悪口」についての確認をめぐって——自と他の成立という観点から

一三回目のセッションで筆者にとって最も印象的だったのは、「悪口」を言っていなかったかどうかと尋ねてきたAに、これまでに一度も「悪口」を言っていないことを筆者が保証した直後の、心底安心したAの表情であった。実際のところ筆者には、それまで一度も「悪口」が聞こえたことがなかったのだが、Aは、おそらくここまでの経過の中で、筆者に対して「悪口」を言ってしまったという紛れもない実感があったか、少なくとも「悪口」を言ってしまったのではないかと不安になったことがあったのだろう。一二回目の退室際にAが何度も筆者の様子を窺うようにして視線を向けては逸らしを繰り返していたのは、まさに、筆者に対して「悪口」を言ってしまったのではないか、あるいは筆者に「悪口」が聞こえてしまったのではないかと、不安になって筆者の反応を確かめようとしていたのだと考えられないだろうか。一二回目のセッションの最後、Aは逃げるように退室していったが、筆者から曖昧な反応しか返ってこなかったことで、よりいっそう不安になっていたのではないだろうか。

では、一三回目のセッションの「悪口」についての確認は、Aにとってどのような意味を持っただろう。Aは、「今までの間で、何か言ってましたか？」と尋ね、「何か」が「悪口」であることを確認した後に、筆者は〈何も言ってないよ〉と返した。このときAが確認することができたのは、筆者に対して「悪口」を「言っていない」ことである。ここで筆者が重要だと考えるのは、一二回目の退室際の視線から推測されたように、おそらくAは、筆者に対する「悪口」が「浮かんだ」という実感は確実に持っていただろうことである。つまり、Aには筆者に対する「悪口」がありありと浮かんでいたにもかかわらず、その「悪口」がAの内に留まっていて、筆者には伝わっていなかったことを確認できたことにこそ意味があり、このとき、筆者との関係においてAにとっての内と外が初めて成立したと考えるのである。統合失調症の基礎的過程を「個別化の原理の危機」と捉え、「幼児期からの不幸な対人的出会いの歴史的帰結として、自己と他者の『あいだ』の場所において自己の自己性が成立困難になっている事態」[1]と考える木村敏の論考に倣えば、この確認を通して初めてAは、筆者という「自己ならざるものとしての他者」に出会い、同時にAという「自己の自己性の成立」に成功したと考えることができないだろうか。一三回目のセッションの翌日から生活面での改善が見られたことも、また一五回目以降のセッションで、筆者を一個の他者として名前で呼ぶようになったことも、さらに複数の他者への興味が一気に開花したことも、一三回目のセッションでのこの決定的な確認による内と外、自と他の成立があって初めて可能であったと考えられるだろう。

2 加害的自生発話（思考）について

ところで、「人の悪口が勝手に浮かんでくる」、「浮かぶだけじゃなくて、独り言で言ってしまう」というAの訴えは、加藤敏[2]によって報告された「加害的自生発話（ないし加害的自生思考）」（以下、加藤に倣い「加害的自生発話（思考）」と記述する）に該当すると考えられる。加害的自生発話（思考）とは、「特定の面前の他者、ないし身近な現実の他者に向けられた攻撃的発話や攻撃的表象の体験」であり、加藤[3]は「人の悪口を言ってしまう」「人のあげ足をとってしまう」「（病棟の同じ入院患者に対し）ひどく傷つけることを言ってしまう」「周囲に対して悪いことを考えてしまう」などと訴える症例を記載している。

加藤[4]は、加害的自生発話（思考）が前景に表れてくる時期を、統合失調症患者が急性期から脱し寛解状態へと移る重要な時期であるとしている。この時期の患者は、「急性期の体験からぬけ出しはじめ、いったん失った共同世界に身を置き」始めており、「面前の他者との相克の時期」とも言いうるような、「面前の他者（ないし身近な現実の他者）との一対一の緊張をはらんだ対峙関係」におかれていると考えられている。「こうした緊迫した他者との関係において、他者の存在に抗して主体を主張し、自己構成しようとする動きこそ相手に対する加害的発話（思考）」であると考えられ、「これを介して彼らは共同世界に多少の制限はあれ定位するに至る」とされる。こうした点から加藤[5]は、「加害的自生発話（思考）の主体定立的意義、ひいては自己治癒的意義が示唆される」とする。

こうした加藤の論考を基に考えると、「人の悪口が勝手に浮かんでくる」「人の悪口を独り言で言ってしまう」というAの訴えは、A自身にとってはこれこそが「病気」と感じられ、「苦しめられ」、「悪口を言わなくなる」ことが目標となるようなやっかいな症状であったが、その症状自体が同時に、「主体定立的意義」、あるいは「自己治癒的意義」を持っていたと見ることができる。Aは、一一回目のセッションで「調子が悪い」「悪口が増えた」と話していたが、この頃のAは、加藤[6]の言う意味での「面前の他者との相克」が佳境に入りはじめていたのではないだろうか。筆者との面接における「面前の他者」とは、Aにとっては筆者に他ならず、筆者との「一対一の緊張をはらんだ対峙関係」の中で、加害的自生思考としての「悪口」もまた活発に発生していたと考えることができるだろう。その流れの中に、一二回目のセッションの退室際の視線の動きがあり、一三回目のセッションでの「悪口」についての確認があったと理解できる。

3 再び「悪口」についての確認をめぐって――主体定立という観点から

「加害的自生発話（思考）」という観点を得て、再び、一三回目のセッションでのやりとりについて考えてみたい。統合失調症を「個別化の原理の危機」と捉える立場から、木村は[7]、自己と他者（我と汝）の成立について「我と汝とがともに絶対の個別であるためには、我と汝は互に相手を絶対的に否定しなければならない」、「我と汝との間には喰うか喰われるかの闘争が生じなければ、我は我、汝は汝として個別となることはできない」、「他人との間に二人称的出会いを開こうとする者は、つねに自己の個別者としての存否に係わるこの闘争に直面するだけの覚悟を要求される」と述べ、統合失調症者においては、この「覚悟の不足」から「二人称的出会い」が回避されると考えている。加藤は[8]「加害的自生発話（思考）」の寛解例が、「共同世界へと能動的に果敢に身を挺して」いる点、および「共同世界へと自己を開きだしている点」を重視しており、これを「共同世界への自己の裂開」と呼んでいる。そして、この「共同世界への自己の裂開」は、「再び患者が他者に圧倒され、侵入されるという危険とひきかえになされる」とする。入室してきた際からとりわけ調子が悪く見えた一二回目のセッションでのAは、まさに、「自己の個別者としての存否」に係わり、「他者に圧倒され、侵入されるという危険」を孕んだ「闘争」の瀬戸際に立たされ、疲弊していたのではないだろうか。そうした中で、自分のものとは思えないところから自生的に浮かんでくる「悪口」によって、他者を「否定」する試みが繰り返されていたのであろう。加藤の[9]観点からは、それ自体がすでに、主体を定立し、自己を構成する動きを内包していたと理解されるが、この状態は、Aにとって主観的には、強い苦痛を伴うものであった。一三回目のセッションで「悪口」を言っていないことが確認できたことで、Aは、結果的にこの苦痛から解放されることになったのだが、Aの主体定立という観点から見たとき、その確認のやりとりが起きるきっかけとなった、「今までの間で、何か言ってましたか？」という問いを発するという大きな賭けに出たことにこそ、決定的な意味があったのではないだろうか。これは、Aにとっては、決死の「覚悟」と言ってよいものだったに違いない。この瞬間に、これまで自生的な「悪口」という形で「多少とも幻覚的な回路を通して」[10]しか表現し得なかったAの萌芽的な主体が、大いに見切り発車的な側面を持ちつつも、筆者との関係においてまさにAの主体として立ち現われてきたのであろう。その大きな成果として、Aは、筆者との「あいだ」から自己を勝ち取ることに成功したのだと考えられないだろうか。Aのこうした「闘争」の傍で、筆者は、ただ策を弄せず、素朴に存在し、素朴に反応を返していたのみであったが、Aにとっての「他者」としてその場に共に存在し続けることこそが、筆者の果たし得る役割であったように思う。

［文　献］（1）木村敏『分裂病と他者』ちくま学芸文庫、三八頁、二〇〇七
（2）加藤敏「加害的自生発話（思考）の臨床――分裂病寛解過程における能動性亢進」精神神経学雑誌、99（5）、三二一～三四〇頁、一九九七
（3）前掲書（2）
（4）前掲書（2）
（5）前掲書（2）
（6）前掲書（2）
（7）木村敏『新編　分裂病の現象学』ちくま学芸文庫、一九五～一九六頁、二〇一二
（8）前掲書（2）
（9）前掲書（2）
（10）前掲書（2）

3 精神病を抱えるクライエントへの回復期における箱庭療法の意味
――幻想から日常への橋渡しの働き

片山知子

1 序論――精神病を抱えるクライエントへの箱庭療法

精神病を抱えるクライエントに箱庭療法を行うことは多くはないが、時期や配慮によっては有効に働く。まず箱庭療法の危険性について述べると、統合失調症のクライエントは、砂による身体への直接的な働きかけによって、急速に退行する能性がある[②]。また、世界技法を発明したローエンフェルト（Lowenfeld, M.）[③]によれば、箱庭表現は論理的思考というよりも夢に近く、クレッチマー（Kretschmer, E.）[④]の下層知性機制に相当し、河合隼雄[⑤]によれば、箱庭のイメージは意識と無意識の接点に生じる。このような妄想や夢に近い一時過程に、箱庭によって触れることでクライエントの状態が増悪する可能性がある。中井久夫[⑥]は、すべての統合失調症のクライエントに箱庭療法が適応するとは言えず、特に急性期への箱庭療法は禁忌だと述べる。しかし同じく中井[⑦]によれば、「理論上も臨床上も箱庭療法は分裂病（本文まま）の最晩期すなわち社会への参入の時期に最も強い適応がある」。このように精神病のクライエントへの箱庭療法は、神経症とは違う配慮の下、その働きが発揮されると考えられる。中井[⑧]も指摘するように、社会復帰へと向かう最晩期に箱庭を作ることに効果があるとすれば、この時期の箱庭に心理療法の転換点となるような働きがみられるのではないかと筆者は考える。以前筆者は[⑨]、統合失調症のクライエントが日常に居場所を見出す過程を考察したが、今回は事例の箱庭に焦点を当て、幻想の世界から日常生活へとクライエントを橋渡しした箱庭の働きについて考察する。

2　事例報告　回復期に置かれた四つの箱庭――幻想から日常への移行

事例は箱庭を中心に報告した。またセラピストの体験を考察するために（　）に付記した。「　」はクライエントの、〈　〉はセラピストの言葉とする。

1　事例の概要

■クライエント　三〇代男性（以下、A）　診断：統合失調症　投薬：抗精神病薬

■既往歴　二〇代前半にうつでY精神病院へ入院したが治療を中断。母親の病死後、二〇代後半に状態が悪化し、「隣人が（娘と結婚しろと）呪ってきた」という妄想によって暴れたため、筆者の勤務する精神病院へ入院した。

■心理療法の経緯　Aは疎通性が乏しく内面の把握が困難だった。しかし投影法からは、「傷ついたキリスト」などの誇大で悲観的な自己像があるが、「皆で農作業をしている」という現実的で健康的な人のイメージが内在化されており、心理療法が有効ではないかと医師と前任者と筆者が話し合い、筆者が面接を継続することになった。セラピストの担当当初、退院の目処が立っていなかった。心理療法として、前任者がスクィグルと軽い運動などを一年間行った。筆者が担当セラピストを引き継いだ時に、Aが希望したため言葉中心の面接に変えた。

■主訴　「普通に暮らしたい」「人と気楽に話したい」「呪いをかけた隣人が罰せられないのは納得がいかない」。

■見立て　面接開始当初、Aが病状に関して客観視することは難しく、問題を焦点づける心理療法は増悪を招く可能性があった。Aの夢は、「良いこと」と「悪いこと」に分裂していた。その囚われによる生活上の苦痛の緩和を出来ればいいのではないかと考えセラピストは面接を始めた。

■面接構造　医師の診察と投薬とともに心理療法を原則週に一回行った。

2　箱庭を中心とした面接経過の報告

■第一期（X年〜2カ月：#1〜#9）

〈この時間をどのように使いたいか〉との問いに、「話をしたい」と希望したため、夢と日常の傾聴から面接を始めた。#2のAの夢は、「暖かい所へ旅した」という「良い夢」と、「他の患者が自分の布団におねしょをした」という「悪い夢」の二つに分裂していた。また、罪悪感が強く、「閉じ込められる」ことに過敏で、「誰かを怪我させて刑務所に入った（#9）」という夢が語られた。

■第二期（X年＋2カ月〜5カ月：#10〜#23）

Aの夢や会話は、被害妄想を反映していると思われるものだけでなく、子どもの頃の家族との交流の夢や、「家族を心配している」などの心の機微が語られるようになった。Aの中核にある呪いの妄想と隣人への不満や怒りは依然として強かったが、そこから観点を変えることも可能になっていた。そこで外へ意識が向かないAに、侵入性が低いと思われる、山の緑や川など窓から見える景色と、Aの内的な感覚を繋げるように言語化し、例えば「のんびりした感じの山」〈どんな色や形？〉「外を見ていなかった」などの会話を挿入した。この様な交流を重ねるうちに、Aは何かしたいという意欲をセラピストに伝えてきた。

■第三期（X年＋6カ月〜1年：#24〜#35）

投影法の結果や、Aが映画や歌に内的な体験を乗せて語ることが度々あることから、Aはイメージに親しみやすいと考えられた。又、Aの状態が安定していたため、〈箱庭を作りませんか〉とセラピストはAに話した。Aは作りたい時を選び、第三期に四回の箱庭を作った。

#24　箱庭1（図1）　一回目は、四〇分以上かけてゆっくりと取り組んだ。（セラピストは、意識が下がり眠気を感じた。Aの動きは緩慢で、深い霧の中から自分のイメージを掘り起こし、アイテムを選んでいったように思われた）。

「ピノキオとロボットが向かい合う」

自分でも幼稚だと思う。ピノキオが気に入りました。〈他にしたかったことは？〉地面に道をつけたかった。（セラピストは、もみの木が横に置かれた、ピノキオとロボットの対面した箱庭から始まったことを印象的に感じた。背の高いピノキオはAに似ており、小さなロボットはセラピストに似ていることから、Aとセラピストのように思われ、二人は未だ人間ではないが人間的な交流への可能性が感じられた。その周囲には、ピエロや吠えるライオン、Aが「子どもの頃信じていた懐かしい想い出（＃28）」のサンタが置かれた）。

［図1］

［図2］

＃27　箱庭2（図2）「一対の金剛力士と観音菩薩が龍を小槌に閉じ込める」

「金剛力士は力で、観音は優しさで、それぞれのやり方で龍を抑えている」。（Aに宗教的な守りが生じ、龍に象徴される強すぎる無意識の衝動性、いわゆる妄想を封じて納めているように思われた。この箱庭に、男性的な力だけではなく、女性的な優しさという力が表現され、Aに女性性のイメージが侵入的な妄想としてではなく、守りとして働いたことにセラピストは驚いた）。

＃29　箱庭3（図3）「昔の家」

Aは、最初に周囲の水車小屋や鳥居、牛車、旅をするための籠を四角く置いた。

［図3］

［図4］

そして、最後に箱庭1と同じモミの木を、その中心に置いた。（中心のモミの木を置いたことによって、平板な印象の箱庭に中心と高さが生じ、動きが感じられた。またAが、今はもうないが、懐かしさのある情景を置いたことを意味深く感じた）。

#35　箱庭4（図4）「ざっくばらんな箱庭（満足がゆかないという意味らしい）」

〈どうしたかった?〉「もっと個々のアイテムを関係づければ良かった」〈どうやって?〉「人を置けばよかった」。（箱庭に置かれた、電話ボックス、郵便ポスト、お店、バス、家、犬を乗せてカヌーを漕ぐ人というすべてのアイテムが、生活上のコミュニケーションを表しているように思われ、これらを繋ぐのがAの退院後の仕事だと思われた）。

■第四期（X年＋1年：#36〜#59）

Aは、退院後に入所する施設を見学した時、ドライフラワー作りの作業を見て、「母親が庭に育てていた薔薇」を連想した（#37）。（これはAに「母親の庭」が内在化され、赤色が焦燥感や脅かすものから、生命力や彩《いろどり》になったように思われた）。Aは退院の予定が延期になった時も、落ち着いて退院の時を待った。退院後Aは施設入所を決め、放浪せずにそこに頑張って定住する意思を固めた（#45）。「頑張って留まる場所（#45）」から、「居心地の良い場所（#48）」、そして帰るべき家へと、Aにとっての入所施設の内的な意味が変化していった。

3 考察——精神病を抱えるクライエントの回復期における箱庭療法の役割

1 精神病を抱えるクライエントとの箱庭療法の始まり

精神病圏のクライエントへの箱庭療法は、クライエントの時期や状況を考慮すべきだろう。そして、クライエントの選択に沿う場合は、箱庭が安定した交流を可能にすることがあると考えられる。事例では、生活の様子や夢や会話から、Aが、寛解期後期であり、イメージに圧倒される危険性は少ないと思われたこと、またイメージを形にしにくいAが、箱庭に具体的なアイテムを置き、それを共有することが良好に働く可能性があると思われたため、箱庭を作っても良いのではないかと話した。そしてAが箱庭を作る時を選択した。また箱庭を作らないというAの自主性を保てるよう配慮した。このようにAの主体性と状況が合致した時に、箱庭は作られたと言えるだろう。この時Aが一人では抱えきれない自我の体験を、セラピストは、自分自身のものとして体験したように思われた。事例の箱庭1におけるセラピストの意識の低下は逆転移とも言えるが、セラピストがクライエントと同時に体験しており、この自我体験の重なるような関係が事例の箱庭療法の基礎にあると思われる。

2 箱庭イメージを介する対話

自我の確立したクライエントの場合、箱庭は、より深い無意識のイメージを開く枠となる。河合[10]は、「無意識の深みに至ろうとするとき、われわれは適切なる「通路」を必要とする。(中略) ただ単純な箱庭療法の箱が、その大切な通路の役割を果たしていることに気づかれるであろう」と述べる。しかし精神病圏のクライエントに、無意識的なイメージを深める姿勢で箱庭療法を行うと、突然の退行によって自我が圧倒される危険性が高い。武野は、箱庭の枠強調の意味の検討において、統合失調症のクライエントにとって「箱庭の枠は表現抑制する効果が強く[11]」働き、また問題の表出よりもむしろ、「箱庭表現によって問題に懸命に蓋をしようとしている[12]」と、神経症圏との相違点について述べる。筆者は、その働きとともに、統合失調症のクライエントが箱庭を作ることは、イメージを深めるよりむしろ、クライエントが、具体的なアイテムに意識を留めた交流が功を奏したのではないかと考える。事例では、セラピストとAが箱庭を見て〈実際どうしたかった?〉「道をつければよかった」など、次を見通すための具体的なやりとりが可能となっている。つまり自我の確立したクライエントとは違い、事例では、Aとセラピストが箱庭を共に注視し会話をすることで、対話が安定したと考えられた。このように箱庭は、関係性に基礎付けられているだけではなく、セラピストがクライエントと向き合う時、「みずから分裂の中へ飛び込みみずからのやりかたで了解し振舞い、病者の分裂した世界を病者と二人で対話的関係にもたらそうとする(ベネディッティ)(Benedetti, G.)[13]」。その対話的関係をより強く繋ぐ基盤ともなるだろう。

3 症状から箱庭イメージへの置き換え

枠の中に具体的なアイテムを置くことで、イメージを表象する箱庭の性質は、精神病を抱えるクライエントに大きな役割を果たしていると考えられる。事例の箱庭は、汎化した症状を枠によって区切り、イメージという別の質のものへと置き換え、緩和していると考えられた。事例の箱庭では、症状が、Aの非言語的な部分に隠れていた良性のイメージへと置き換えられたと理解できる。例えば箱庭1では、離人感が、人としての感情交流からは距離のあるピノキオとロボットの対面として置かれた。そして箱庭2では、妄想が龍として置かれ、それを納める箱庭が表現された。Aが、寛解期後期だったことも影響し、汎化した症状が、良性に働く可能性のあるイメージとして箱庭の中に置き換えられたと言えるだろう。四つの箱庭以降、Aは、落ち着いて行動することが可能となり、退院の日取りが延期になった時にも焦燥感や怒りは見られず、余裕をもって待つことが出来ていた。

中井[14]は、「再建夢系列」について、「『カイロス的時間』の再生は夢の世界からはじまるという印象がある。それは非言語的な表象の世界を経て、言語意識と社会的行動に及ぶという順序で進行するらしい」と述べる。これと類似のイメージの表象の働きが、この事例では箱庭に見られた。また箱庭が具体的なものだからこそ、その表象に症状が収まったと考えられるだろう。

4 幻想から日常へと橋渡しする箱庭の役割

Aの箱庭は、社会復帰の先駆けとして作られ、それは幻想から日常へと橋渡しする役割があったと考えられた。この点で、Aの箱庭は、神経症圏の箱庭とは違う過程を経た。妄想と夢を生きていたAは、箱庭1の二者の対面を基盤に、箱庭2で宗教的な守りの次元を作り、龍に表された衝動的な無意識を納めた。箱庭3で、懐かしい故郷というかつては存在し失われた場所、つまりは心理的な場を作り、モミの木を中心に置くことで中心性を獲得し、箱庭4で日常に近い箱庭を作った。Aは妄想の中にある状態でも他者を感じ取り、箱庭1に、他者との関係のイメージを最初に置いた。そして妄想を納め、中心を獲得し、次元の違う三つの箱庭を経て、日常の次元の箱庭へと納まったともいえるだろう。このようにAは二者関係と箱庭の枠組みによって漠然とした何かを区切り、症状をイメージに移し替え、中心性を獲得した。この様にして無意識からの影響と慎重に距離をとり、箱庭とともに自分の次元を置き変えたのだろう。イメージを深層へと深める神経症圏の箱庭とは違い、Aの箱庭は、普遍的無意識の次元から生活により近い次元へと移行した。このようにAの箱庭は、幻想や妄想の世界から日常への橋渡しの役割があったと筆者は考える。

4 終論——箱庭療法から見た精神病院における心理療法

事例の箱庭は、Aが幻想から日常へと移行する橋渡しの役割があったと考えられた。Aは、二者関係の箱庭を作り、妄想を封じ、そして懐かしい場所で中心を獲得し、現実の生活の次元に移行し収まった。違う次元の箱庭を四回作ることで日常に折り合いのつく次元に自分の基盤を置き変えたと言えるだろう。

病院におけるセラピストは、クライエントの治癒という変化だけではなく、病的な退行や死、普通に暮らしたいという思いに添いつつ、彼らの無意識の衝動性や破壊性、生きる憂うつさや、強い孤立感、閉塞感を一緒に体験しながら過ごしてゆく。時には、セラピストが憂うつさに凌駕され、抑うつ的になったり、時には箱庭の色とりどりのアイテムが無色で無機質に見えたり、心理的な無音にさいなまれることもある。その中でクライエントと事例のような体験を作ってゆける場合ばかりとは限らない。また、病院での心理療法は、様々な職種やシステムが複合的に関与しているためその因果関係も明瞭ではない。このなかでクライエントとの関係性を継続的に作ろうとし、事例における箱庭のような事象が生起する時を共有することが私にとっての心理療法であり、病院での私の臨床のあり方を支えているのではないだろうか。

〔文　献〕

（1）岡田康伸『箱庭療法の基礎』誠信書房、三六頁、一九八四

（2）山中康裕、武野俊弥「箱庭療法、その技法と適応」〔大森健一、高江洲義英、徳田良仁編〕『芸術療法講座3』星和書店、四四頁、一九八一

（3）Lowenfeld, M.（1950）The nature and use of Lowenfeld World Technique in work with children and adults. *Journal of Psychology*, 30, pp.325-331.

（4）Kretschmer, E.（1950）*Medizinische Psychologie*. Stuttgart: Georg Thieme Verlag.（西丸四方、高橋義夫訳『医学的心理学』みすず書房、一一三～一五二頁、一九五五）

（5）河合隼雄『箱庭療法入門』誠信書房、一七頁、一九六九

（6）中井久夫『中井久夫著作集　第2巻』岩崎学術出版社、二〇五～二二五頁、一九八五

（7）中井久夫「精神分裂病の寛解過程における非言語的接近法の適応的決定」芸術療法、4、一三頁、一九七二

（8）中井久夫『中井久夫著作集　第2巻』岩崎学術出版社、二〇八～二〇九頁、一九八五

（9）片山知子「統合失調症の長期入院者が社会に居場所を見出すまで」臨床心理学、5（6）、七六一～七六六頁、二〇〇五

（10）河合隼雄「箱庭療法と転移」〔河合隼雄、山中康裕編〕『箱庭療法研究2』誠信書房、八～九頁、一九八五

（11）武野俊弥「枠強調砂箱による分裂病者の箱庭療法過程」〔河合隼雄、山中康裕編〕『箱庭療法研究2』誠信書房、一六六頁、一七七頁、一九八五

（12）武野俊弥「枠強調砂箱による分裂病者の箱庭療法過程」〔河合隼雄、山中康裕編〕『箱庭療法研究2』誠信書房、一六六頁、一九八五

（13）Benedetti, G.（1962）*Klinische Psychotherapie*. Bern: Verlag Hans Huber.（小久保享郎、石福恒雄訳『臨床精神療法』みすず書房、一

五頁、一九六八）
（14）中井久夫「精神分裂病からの寛解過程——描画を併用せる精神療法をとおしてみた縦断的観察」〔宮本忠雄編〕『分裂病の精神病理2』東京大学出版会、二〇四頁、一九七四

4 統合失調症学生と共に過ごした時間
──風景構成法の変遷から

石金直美

1 はじめに

本章では、大学入学からほどなくして統合失調症を発症した大学生A子と、卒業にいたるまでの五年間、学生相談室で共に過ごした時間を振り返り、重層的な視点から関わってきた心理療法過程について考察する。

出会った当初のA子は、強張った表情で筆者をじっと見つめながら、言葉少なに問いには答えるものの、自発的に語ることはほとんどなかった。この頃筆者は、安心して過ごせる時間や空間を作り出せるよう、共に昼食をとりながら、そっと手を差し出すように現実的な状況を把握する問いを発し、必要に応じて学内連携を図るなど、現実的に彼女の生活や学修を支える役割を積極的に担っていった。昼食と日常的な会話の後、一枚の描画を行い、合わせて四〇分ほどを共に過ごして、彼女を授業に送り出す。淡々と静かに流れるA子との時間は、筆者にとっても心和むひとときであった。卒業までの五年間に彼女が描いたのは八枚の風景構成法と、一一一枚の分割色彩法、最後に描いた自由画一枚、総計一二〇枚にのぼる。

現実的なサポートの層、共に昼食をとる融合的な層、筆者が描いた枠の中でA子自身が自由に色を塗る自己表出的な層、それらの層を重ねるようにして面接は推移していく。その中で、節目ごとに施行した風景構成法は、初期の彼女にとってはやや負担の大きいものだった。分割色彩法と比べると投影的な側面が強く、内界表出を促す力が強い風景構成法の継続的実施は、A子にとっては、構成の困難さが次第に減り、投影的な表現や遊びが取りこめるようになり、自己表現の自由度が拡大する変遷として実感されていたようである。筆者にとっては、その時点でA子の内的世界がどのような構造的変化を遂げつつあるのかを直観的に捉えることが出来る、里程標とも言うべきものであった。筆者との安定した治療関係と現実志向的なサポートに支えられて、描画変化に見られるような内的世界の変容が起こり、内的世界の変容に支えられて、地に足のついた現実的変化が促されていった心理療法過程であったと考えられる。

統合失調症圏のクライエントの心理療法を臨床心理士が行う場合、生活全般を見守り支える水平軸に沿った広い視点と、クライエントの内的世界の中で起こる変容の動きを適切に捉え、破壊的方向ではなく「傷つけられた自己《セルフ》のイメージ」を「健全で適切なものに再構築する過程」[1]に向かうことができるよう理解し支える垂直軸方向の深い視点とを重層的にもち、バランス感覚を繊細に働かせて安定した治療空間を提供し続けることが非常に重要であると筆者は考えている。そうした観点から本事例を振り返って考えていきたい。

2　事例の経過

（A子の言葉を「　」で、セラピストである筆者の言葉を〈　〉で示す。#は面接回数を表す。）

クライエント、A子は、大学一回生（文系）の六月、初めて筆者と出会った。

それに遡る五月末、困った様子で祖母が予約外で学生相談室に来室し、話された。ゴールデンウィーク明けに、下宿先のA子から「警察がつけている。悪口を言われている」と泣いて電話がかかってきた。部屋で蹴ったり暴れたりして、警察に連絡されたらしい。その晩から夜は一人にしないようにと母と交替で泊まりに来ている。精神科を受診すると統合失調症という診断だった。A子は受診や服薬には抵抗しないが、病気だと認めない。真面目に大学には行くが、帰宅すると疲れ果てた様子で寝てしまう。夜中に目を覚まして不安で歩き回ったりする。大学の勉強が難しい、ついていけないからやめたいと言う、とのことだった。

〈とりあえず一度御本人とお会いしたい〉と祖母を通じてA子に伝えてもらい、二日後、祖母と共に来室した。

授業が入っているA子のスケジュールと面接予約が詰まっている筆者のスケジュールを考え合わせると、唯一とれるのが昼休みの時間帯であった。そこで週一回、昼休みに共に昼食をとりながら話をする約束をする。

1　一回生『大学に踏みとどまる』——セラピストとの関係の醸成と現実的サポート

まずは、A子は買ってきた弁当、セラピストは持参の弁当を、向かい合って食べる。食べながら、眠りや食事、疲れやすさといった調子の具合、下宿や大学での様子などをぽつりと筆者が尋ね、ぽつりとA子が答える。食べ終わると、A4の画用紙に枠づけをして渡し、A子に自由に画面を分割してクレヨンで色を塗ってもらう分割色彩法を行った。描線は震えるようで必死さが伝わってくるが、彩色段階になるとすっと迷いがない。〈何か聞きたいことはありますか?〉「単位とれなかったら卒業できない……」〈少しずつ時間をかけてとっていきましょう〉こんなやりとりで初回は終わった。#2に風景構成法（以下LMTとする。LMT1、図1）を実施した。前回一応分割色彩法が可能だったことから、より精度の高いアセスメントを目指して行なった。分割色彩法のほうが楽だったそうなので、LMTは時折実施することとし、A子にとって負担の小さい分割色彩法をメインにすることに決めた。

［図1］

服薬によって「幻聴や幻覚はなくなった」と言うものの、「好きだったのに本が読めない」状態のA子にとって、講義は出席するだけで精一杯の様子だった。何とかなるという希望をA子が抱けるように、現実的なサポートとして、障害学生支援室を通じて、学生相談室より『お願い』をすることにした。『統合失調症の特質として、意欲や行動性が低下しやすい、集中力を持続するのにエネルギーを要する、疲れやすいなど、学業を修めていく上で不利な状態。真面目な受講態度で講義を休まず受けている彼女が評価されやすい状況を整えて下さいますよう配慮を』という内容の文面を、彼女が希望する教科目の講義担当者に提出したところ、レポートへの変更が認められた。その結果、前期の単位は、数科目の「不可」以外はほとんど良い成績でとれたと少し笑顔を見せながら話した。

後期には、ゼミの発表をこなすことができたり、A子が買ってくる弁当にサラダが添えられていたり、少しずつ変化の兆しが見え、学生生活が軌道に乗っていく。週に一～二日は家族のサポートがない日もでき、たまにパスタなど、自分で料理もするとのことだった。講義内容は難しく、ついていくのに苦労している様子だったが、以後、配慮願を出す必要はなかった。後期試験が終わった二月（＃21）、初めて手製の弁当を持ってくる。冷凍食品や惣菜を上手く使って、フルーツも添え、彩りよく仕上げている。偶然セラピストの弁当とひじきの煮物が共通だった。

現実生活が安定していくこの時期に実施したLMT2は、構成はあまり変わらないが、アイテムを配置できる空間、彩色の出来る空間が広がっていった。分割色彩法では格子状に安定したパターンが繰り返された。

2　二回生『初めてのことへの挑戦』――過去の情緒的体験を語る

二回生になり、「何か始めたいと思って」サークル活動に入る。この頃実施したLMT3は、アイテム同士のつながりや人が立つ地面ができてきており、地に足がついてきた分、外に向かって広がっている印象を受けた。＃31（六月）には、以前から話題に出ていたサークルのほかに、もう一つ掛け持ちで文化系サークルに入っていたことが初めて語られる。「今夜、サークルの飲み会があり、楽しみ」と語るA子にセラピストがびっくりしているとニコニコしていた。また、二〇歳の誕生日を迎え、初めて飲酒してみた体験が語られた。＃35（七月）では、小学校高学年で父と離別した際、姉とも離別していたことが初めて話題に出て、「別れた人と再会する」という

［図2］

願い事を語った。さらに秋から冬の面接では、父と離別した際の様子を濃やかに語るなど、情緒的な語りが時折混じるようになっていった。この時期、大学生活はぐっと広がりを見せたが、講義では「ノートをとろうと思うと次の話をされるので書けない。レジュメの意味もわからない」と悪戦苦闘している様子だった。

分割色彩法は、それまでの格子状から大きく発展し、太陽象徴のような中心性を持った分割や、放射線状の分割など後に述べる「集中パターン」の様々なバリエーションが見られた。直線を主にしたものではあるが、様々な分割の仕方を試している様子で、左右対称でない作品が増えていった。秋に実施したLMT4では、構成は二次元的安定パターンだったが、感想を問うと、「大分楽になった」と語った。二月のLMT5（図2）は、鳥だけではなくキツネの親子が登場し、二つ描かれた山と田がそれぞれ違う色で塗り分けられていたり、「石は実は火山でできた軽石です」と語るなど、構成面の変化だけでなく、アイテムに投影的意味づけを行う心的ゆとりが感じられるようになっていた。

3　三回生『地力がついてくる』――喪失体験と内的空間の再構成

「授業は慣れて、理解できるようになってきた。ぼーっとしていたら難しいけど、集中して聞いていたら簡単なことをしゃべっていると思うこともある」と講義が楽になってきたのはこの時期からだった。一回の面接でA子が話す量や内容は次第に豊かになっていった。また、外見の印象も、受付スタッフが〝普通っぽくなった！〟と驚くほど自然さが増していった。その一方で、＃56～58（五月）では、一月の成人式の後に父と父方祖母に手

［図3］

紙を出して返事も貰ったが、父が何年か前に再婚したことを最近知った、と語られた。「そんなに会いたいとは思わなくなった。私からはあまりに遠い。違う世界の人って感じ」と言うが、改めて喪失体験を味わったようだった。

ゼミやサークルの飲み会の活き活きしたエピソード、インターンシップの参加など活発な話題も出るが、#70〜71（一〇月）には通院先で統合失調症のパンフレットを読んだことから、病気を持つ自分、発病時の幻聴の様子について語られた。受験や就職の時に再発しやすい、過労・不眠・孤立が危ない、と書いてあったことから進路について再考し、「病気の方が大事だから……」と心なしか涙目で語った。「病気を持つ自分」を受け入れることもA子にとっては一種の喪失体験だっただろう。

この次の#72（一一月）、分割色彩法は「太陽と光線みたい」とA子自身が語るように、左上に真っ赤な太陽状の四分の一円がかかり、そこから右下に向かって何本かの鋭い線で分割された。病的体験を語った余波であろうかと思われたが、枠の中の表現であり、セラピストの不安がそれほど大きくなることはなかった。この時期のLMTは七月のLMT6と二月のLMT7（図3）の二枚である。LMT6では三叉路のうちの一本が紙上端に抜け、LMT7では中央縦に川が配置された。後に詳述するが、三次元世界に開かれる過渡期のラディカルな変化が表されており、A子の内的空間の再構成が起こりつつあるのだろうとセラピストは慎重に見守るよう心がけた。

4　四回生『就職活動』――現実的サポート

就職活動と就職試験のために地元と往復するため、学生相談室への来室を二カ月ほど休みにするなど、現実生活最優先の時期となった。大学では、三回生の秋から「コツがつかめて」確実に単位を手にしていき、「単位をとりだすと心に余裕が出てくる」と順調だったが、就職試験、特に面接では苦心することになった。面接試験の途中で止まって「あと、まとまりません」と答えてしまった、とがっくりしている。相談室で、弁当→分割色彩法の日課に加えて、セラピストが面接官になって面接練習をしていくことにした。現実的サポートが今のA子には切実に必要だと考えたためである。結局就職先は決まらず、ゼミの単位を残して留年することにした。

この時期の分割色彩法は、曲線の使用が増え、柔らかさと豊かさが高まり、自由度が増していった。#99（三月）の作品は中央に円を抱く「集中パターン」だったが、全体に曲線が多く、穏やかなマンダラ、という印象を受けた。A子によると「桜の花びらみたい」とのことだった。この一年は面接回数も少なめで、面接練習も導入したため、LMTは実施していない。

5　五回生『再度の就職活動、そして卒業』――内的空間の広がり

「コミュニケーション能力を高めたい」という目的意識をもって臨んだ五年目、会話の練習をする社会人サークル活動に参加するなど、意欲的に取り組んでいった。「子どもの頃から全然しゃべらないほうだった。友達とは話せるけれど知らない大人に話しかけられると緊張する」というA子にとって面接試験の課題は非常に大きかった。社会経験が乏しい雰囲気がどうしても伝わってしまうのだろう。前年度より手応えは大きかったが、結局五年目の内に就職を決めることはできないまま卒業することとなった。

現実的奮闘のこの時期、分割色彩法はうろこパターンか、直線でランダムにステンドグラスのように分割するか、のパターンが続いていた。安定パターンである。最後のLMT8（#112、図4）、最終回に描かれた自由画（図

［図4］

［図5］

5）は、震え硬直していたＬＭＴ１から五年の間に、Ａ子の内的空間が豊かな広がりを持つものに変容していったことが感じられた。

　最終回の＃122（三月）、卒業式の写真を見せて「中高の卒業式より感慨深かった。いろいろ頑張ったなと思ったから」と涙ぐむ。プレゼントをする自分のお金はないから、と温かい感謝の言葉でつづられた手紙をくれた。

　それから三カ月後、素敵な笑顔で就職が無事に決まったことを報告しに来てくれた。

3 心理療法過程を振り返る

1 共に食事をする

　同じ場で共に食べるという「食事」風景は、家庭や学校の昼食の一コマのような日常的な光景である。精神科デイケアなどで患者とスタッフが食事を共にすることはよく行われる。安心して食事を囲むにはある種の人間関係的な場の成立が必要である。滝川[2]は、〈食事〉とは、性と食という人間のもつ最も〈自然〉性に根ざした営みの場である〈家庭〉の表象であり、「家族相互の心理的な栄養の場として大きな役割を負っている」と述べている。「食事」場面とは、身体的な感覚記憶を伴った、人と人の心理的交流の場でもあるのだ。

A子と筆者の「食事」は、セラピストがただの日常的な行為として行っていればそうもなりうるし、重要な心理療法の一場面であるという理解の下に行えばそうもなりうる、比較的安全な中間領域として機能していたのではないだろうか。日常生活と内的世界の中間、身体と心の中間など、様々な意味で中間領域であったと考えられる。筆者は生活者としての自分をA子の前に差し出しつつ臨床的観察眼を働かせる、Sullivan[3]の言う、文字通りの「関与しながらの観察」を心がけてもいた。A子がいかに自身の生活や健康に気を配っているかを推し量る格好の状況でもあったのである。一回生の秋頃にはA子が買ってくる弁当にサラダが添えられるなど、少しずつ変化の兆しが見えるようになる。そして一回生の終わりには、初めて手製の弁当を持ってくる。偶然、筆者の弁当と共通のおかずまで入っていた。A子の前で手製の弁当を食べ続けた筆者の様子が、生活者のモデルとして取り込まれた部分があったのだろう。その後は、時間がある時は手製の弁当を持ってくるが、忙しい時は買ってくる、夕飯も余裕があれば作るが、忙しい時は宅配弁当を使うなど、地に足のついた生活を営むようになっていった。A子が自分の調子の感覚を大事にしながら、現実的な判断ができるようになっていった証である。

セラピストとの関係性という観点から考察すれば、〈家庭〉の表象を呼び覚ます「近さ」はあるが、いわゆる「同じ釜の飯を食う」状態ではないために、融合的な関係に誘い込まれる危険は小さい。「共にある」が「それぞれでいる」状態であったと考えられる。武野[4]は、統合失調症者は「『親密な他者としての二人称性他者としての出会い』を欠いている」ため、「治療関係においては穏やかな陽性転移のもとに『私‐あなた』関係を醸成させてゆくことが基本」であり、「『心のうぶ毛』で細やかな変化を感じとれるような繊細な感性が治療者には要求される」と述べる。「私‐あなた」関係という言葉を借りれば、食事を共にするひとときは「私」と「あなた」の中間領域としても機能していたと言えよう。言語的関わりが容易ではなかった当初のA子の状態にとっては、言語以前の場の共有によってA子と筆者の「私‐あなた」関係を柔らかく築いていくために、「食事」が有効に機能したのではないかと思うのである。

2 分割色彩法

A子との治療関係を築いていくにあたって、早期のうちにアセスメント資料が欲しいが、A子にとって負担が小さく、今の自分の「できなさ」にA子自身が直面させられる可能性の小さいものを、と考え、初回に実施したのが分割色彩法であった。どの程度の自由度をもって分割や彩色ができるか、という観点から見ればアセスメント資料にもなり得るし、筆者に与えられた枠の中で、A子が安心して一人遊びが出来るようになることを期待して選択した技法でもある。

統合失調症の急性期には乱数発生、すなわちランダムに数字を配列するのが困難なのは、「心の自由度が非常に低い」ためであると中井[5]は述べている。「空間分割」も自由度の違いが顕著に現れる特徴という点で、乱数発生と同様の特徴をもつ。中井は、急性期には「空間分割」が全くできず、回復期には縦一つ、それから十字あるいは対角線、やがてだんだん自由な仕切り方になっていく過程を「紋切型から独創的な形へ」の変化としてまとめている。

紙幅の都合上、色彩分割法の作品は提示できないが、大まかに変化の流れを述べよう。一回生の前半は3×3など、格子状に分割される作品が続いた。彩色もパターン化し、筆者が内心次にどの色が来るかを予想していると、かなり当たることが多かった。A子の心の安定あるいは動かなさを、やや融合的なスタンスでセラピストが見守っていた時期である。「調子が良くなってきた」「疲れにくくなってきた」と語り始めた一回生夏の回では、格子に少し変化をつけ、あみだくじのような作品を描いたが、秋になり、大学での現実生活に多大なエネルギーを要するようになると、再び安定格子パターンに戻っていった。こうした表現はA子にとって、安定を自己確認する作業や、エネルギーチャージになっているように感じられた。二回生になってA子の生活の幅がぐっと広がり、父との離別のエピソードや、お酒を飲みたい、父と会いたいといった希望が語られていく時期になり、作品はやがて、中央に円が描かれ、そこから放射線状に分けられていく作品など、中井の言う「集中パターン」となっていった。このような分割の時期は「改善も悪化も起こりやすい、つまり患者の中で何かが動いている時期あるいは動きやすい時期」であると言う。Ａ子の内的世界が大きく動き出し、自己の再構築の動きが活発になってきている印象を受けた。以後、直線を主にしたものではあるが、様々な分割を試し楽しんでいるような作品が続いていく。頑張っていた就職活動が一段落した四回生秋頃になると曲線の使用が増え始める。五回生になる頃に再び、曲線を含んだ「集中パターン」作品を作る。その後、就職活動など現実的な奮闘の時期には、うろこパターンか、ステンドグラス状のランダム分割か、の安定パターンに落ち着いていった。

流れを俯瞰すると、現実的に頑張っている時期は安定パターンが続くが、内的世界の動きが大きい時期に集中パターンが描かれて、その後以前より自由度が一段階高い安定パターンに戻っていく流れが何度か繰り返されていったように思われる。振り返ってみると、紋切型から自由な遊びを含んだ豊かなものへという分割色彩法の変化と、現実生活の広がりと深まりの変化が、ゆるやかな二重螺旋のようにあいまって進んでいったと言えるのではないだろうか。

3　風景構成法

風景構成法が実施されたのは、一回生六月（＃2、ＬＭＴ１、図１）、一二月（＃17）、二回生四月（＃25）、一〇月（＃42）、二月（＃54、ＬＭＴ５、図２）、三回生七月（＃63）、二月（＃81、ＬＭＴ７、図３）、五回生一二月（＃112、ＬＭＴ８、図４）の計八回である。最終回に行った自由画も、ＬＭＴと似た題材と構成をもつため、参考のため提示した（＃122、自由画、図５）。

ＬＭＴ１（図１）は、二次元的な構成で固めている印象が強い。統合失調症者は「空間の広がり、次元の高まりを恐れ、安全感を脅かされる」ため、「二次元空間のほうがより安定した雰囲気を感じてしまう」という角野[6]の論述と一致している。「川」を描く際、中央左寄りに上の線、下の線と描いた後、左に紙端まで延ばし、右側を閉じる。突然の川の切断を隠すように川を閉じた線を縦に延ばす形で「道」を立て、さらに付加段階で道の右側の川を紙端まで延ばしていった。川を端から端まで延ばしきることが出来た点から、無意識の流れとなぞらえられることの多い「川」アイテムはA子にとって、無理に抑え込まなくても一応制御可能な課題であることがうかがえる。むしろ、上下に開放されたままの「道」をどう統合していくか、が課題のようである。また、アイテム間の関連があまり見られない中で、木の上にとまった鳥の存在も印象的である（「動物」段階の「鳥」は木の上や家の上にその都度場所を変えながら、LMT1～5に登場し続け、7では田にとまり大地と結びついていく）。鳥は大地と空を自由に舞うことから、神の使者や魂の象徴というイメージをもつ。A子の「鳥」は常に何かにとまっており、天に突き抜けるような垂直軸の動きというより、そっと天上から舞い降りて魂の息吹を与えてくれるような慎ましさが感じとれる。LMT1は全体として、今は安定させることに主力が注ぎ込まれているが、伸びていく内的な力を秘めていることが感じられ、治療展開への好感触を抱くことが出来た。

LMT5（図2）は約一年半後に、LMT7（図3）はさらにその一年後に描かれた。LMT5までの変化としては、二次元的構成の中に紙面を斜めに横切る川や斜めに描かれた田など、立体的構成へと向かうアイテムが混入していき、道が家の前まで延びるといったアイテム間のつながりが見られるようになっていった。分割色彩法で「集中パターン」期を越え、自由な分割を楽しみ出した時期にLMT5が、発症状況などの心的世界を語る面接が続いた後の時期にLMT7が描かれた。LMT5では「此岸なしの川」、提示はしていないがLMT6では道が紙上端に突き抜けた構成があり、LMT7で「川が立つ」表現になっていった。山中[7]は自我意識の発達と関連付けて「此岸なしの川」は小一で、「川が立つ」表現は小三で特徴的であると論じている。安定した二次元世界を奥行きと深みのある三次元世界に展開していく過程で、こうした川の描写の変遷が必要なのだ。A子の心的空間の再構築が、この時期に大きく促されていった様が見て取れる。

最後のLMT8（図4）はLMT7から一年半以上経て描かれた。最後のLMTは、大きな山に世界がすっぽり包まれ、山の向こうと手前の世界をつなぐように曲線を描く道に、ほぼすべてのアイテムが拠って立つ形でまとめあげられた。LMT1で中景群（家、木、人）が川辺に立っていたことと比較すると、川と道の間には田が広がり、川が直接人の生活に影響を及ぼす危険性は減り、大地を潤し、恵みを生むものになっていった様子がうかがえる。また、LMT5で奥のほうに登場した「キツネの親子」は、「女の子が岩に隠れたキツネを探しているところ」へと変容していった。本能的なエネルギーと関連の深い「動物」アイテムが、飼われるのではなく、野生のままで関係を持てるような安全なものに変わっていったのであろう。全体に、遠近法表現としては二次元世界に近い未成熟なものではあるが、硬直することなく、ゆるやかにアイテム同士がつながってゆとりと動きを内包した安定空間を作り出せるようになったと言えよう。

自由画は卒業式の後、最終回に描かれた。〈最後だしやってみる?〉とセラピストの勧めに応じて描いた、唯一の自由画である。手前に大きな桜の木が立ち、その向こうに風景が広がっている。手前の桜の視点から類推される「見ている私」と絵の奥の方に立つ「見られる私」の間に奥行きのある時空間が作り出されている。初めて川の中に魚が描かれ、川と地面の間には堤防があるらしく階段でつながれた。空に太陽と雲が描かれ「空」が表現されたのも初めてである。A子の内的空間が、水平軸（手前と奥）、垂直軸（水の中から空まで）に広がり、かつ秩序が保たれている安心感も十分に醸し出されている。五年間のゆるやかな心理療法過程を経て、心的世界の再構築の仕事に取り組んだA子の卒業写真であるように感じられた。

4 おわりに

本事例では、現実的なサポートの層、共に昼食をとる融合的な層、分割色彩法の自己表出的な層を重ねるようにして面接は推移し、節目ごとに実施した風景構成法が互いの里程標となっていた、と冒頭に述べた。最後に、風景構成法自体が節目のアセスメントとして有用だっただけではなく、心理療法の展開を促す治療的要因を果たしていたことも強調しておきたい。「シンボルを誘発させて、そのシンボルがもつ治療的エネルギーを患者自ら活性化して、自分の内面へふたたび注ぎ込む機能をもっている」[8]、「関係性の深化へと向かう営み」[9]などと風景構成法の治療的側面については従来から指摘されている。A子の事例にとっては、たとえて言うなら、日常的に分割色彩法で練習問題を積み重ねて、節目の風景構成法で応用問題にチャレンジすることで実践的に自分が使いうる力として定着させていったというイメージで捉えられるのではないか。また、風景構成法の変化を通して、内的空間が自由度を増し、広がりが促されていったとも理解できる。何が治療的要因として有効であったか、は複合的で相互促進的であったと言うべきだが、A子自身がそれらを自分の変化に繋げていく力を潜在的に有していたこと、A子を支える家族の力が心強いものであったことも最後に申し添えておきたい。

［付記］事例の記載を快諾して下さったA子さんに心より感謝いたします。

［文　献］

（1）武野俊弥「統合失調症者との臨床心理面接と治療関係」〔伊藤良子編〕『臨床心理面接研究セミナー』至文堂、一二〇〜一三〇頁、二〇〇六
（2）滝川一廣「〈食事〉からとらえた摂食障害——食卓状況を中心に」『新しい思春期像と精神療法』金剛出版、一五六〜一七四頁、二〇〇四
（3）Sullivan, H. S.（1953）*Conceptions of Modern Psychiatry*. New York: W. W. Norton.（中井久夫、山口隆訳『現代精神医学の概念』みすず書房、一九七六）
（4）前掲書（1）
（5）中井久夫『最終講義——分裂病私見』みすず書房、一九九八
（6）角野善宏『描画療法から観たこころの世界——統合失調症の事例を中心に』日本評論社、二〇〇四
（7）山中康裕「『風景構成法』事始め」〔山中康裕編〕『中井久夫著作集　別巻1　H・Nakai 風景構成法』岩崎学術出版社、一〜三六頁、一九八四
（8）前掲書（6）
（9）皆藤章、川嵜克哲編『風景構成法の事例と展開——心理臨床の体験知』誠信書房、二〇〇二

5 プレイセラピーにおける自己体験のあり方の変化について

——遊びの勝ち負けへの関わり方をめぐって

林 郷子

1 主体の曖昧化と他者との対立の回避

十数年前であろうか、クライエントと関係がとりにくくなったと感じ始めたことがあった。関係がとりにくくなったというのは適切な表現ではないかもしれない。表面的には滑らかなやりとりができていて、決して居心地が悪いわけでもなく、一見、関係がとれているように思えるのであるが、どこか形式的というか表面的というか、つながったという感覚が実感として得にくくなってきたのである。ちょうどその少し前から、今では「発達障害」と呼ばれるようになった子どもたちに臨床現場でよく出会うようになった。発達障害の増加に関しては、様々な議論があるが、現代の子どもや青年の意識のもち方そのものが変わってきているのではないかという見方もある。「自分の内面で悩みを抱えたり、葛藤に苦しんだりするような意識のもち方とは違う意識が若い世代に芽生えてきているがゆえの問題」[1]とも考えられるのである。実際、厳密に言えば発達障害ではおそらくないのだが、発達障害〝的〟な心性をもつ子どもや若者について、多くの臨床家が指摘するようになってきている。発達障害にしても、発達障害〝的〟なものにしても、共通して指摘されているのは主体性のなさであり、それと関連して内面の物語れなさ、葛藤のもてなさ、といったところであろうか。

発達障害とは別の観点からも、現代の青年の対人関係のもち方の変化が論じられている。[2・3]明るく気軽に会話をしたり、表面的に円滑な対人関係を保つことはできるが、お互いに傷つけあうことは極度に恐れ、そのため、真剣な議論をしたり相手の内面に踏み入るような関わりは避けて距離を置き、自己が傷つくような状況になると、葛藤を抱えるよりは退却してしまう。おそらくは、このような対人関係のあり方も、内面の物語れなさや葛藤の抱えられなさと共通するところがあり、背後には主体性のなさ、あるいは曖昧さといったことが関係しているように思われる。そして、筆者が感じた、クライエントとの関係のとりにくさも、ここから来ているのではないだろうかと思うようになってきた。つまり、表面的にはうまく合わせてくるのだが、内面的な交流がなされているわけではないので、つながった感覚がもちにくいのである。主体が曖昧な分、他者に合わせてくることになるとも考えられる。

主体の曖昧さが論じられるようになってきたのは、ひとつには、自己と他者との明確な対立が減少してきたという現代社会を反映してのことと考えられる。自己は他者との関係において成立し得る。第一次反抗期に見られるように、幼児が自我を成立させ主体性を獲得し始めるときには、まず、親を否定すること、他者と自己とを区別することから始まる。他者とぶつかり、他者と対比、対立する中で、自己の輪郭は形成されていくのである。思春期・青年期の自己確立においては、この他者はより一般的な他者、あるいは社会といったものになってくる。しかし価値観の多様化した現代社会では、社会規範や役割意識は薄れ、対立すべき他者や社会が曖昧で明確ではない。

役割意識の希薄化についてもう少し述べておきたい。河合隼雄[4]は、日本人は個々人の能力に関しては強い平等信仰をもつ一方で、身分という不平等性を受け入れることによって全体的なバランスを保っていたと指摘している。しかしながら身分による不平等性という考え方が破棄された現代、それでも平等性を保持しようとすると、どうしても歪みが生じる。そして、能力のちょっとした差というものに非常に敏感にならざるを得なくなる。河合は、学校で全生徒に同じ成績をつける先生や、賞品のなくなった運動会を例に挙げ、「各学年ごとに全員が一緒に走り、それぞれ一列横隊になってゴールインする百メートル競走でもやれば、まことに日本的と思えるが、ここまでやる運動会はさすがにいまだないようである……少し冗談が過ぎたかもしれない」と述べているが、河合が論じてから四〇年近く経った今日、必ずしも冗談とは言えない状況が見られている。運動会にしても、「競走」

という言葉を使わない幼稚園、他者との勝負ではなく自分の記録が大事なのだと強調する小学校の話はよく耳にする。一人ひとりを認めることは悪いことではないが、それが差をつけてはいけないことにすり替えられ、競争しない、対立しない対人関係が強化されていっているようにも見える。

社会学者の土井隆義[5]が、学校の個性化教育の始まりといじめの質的変化の関連について考察しているのも興味深い。「いかに互いに議論を戦わせ、それぞれの立場を競えるかということよりも、いかに自分自身の率直な気持ちを表出し、それぞれが自分らしくふるまえるか」に教育のウエイトが移り、その結果、従来の役割的形式的人間関係よりも「内発的な衝動や直感に基づいた感覚的な共同性が、望ましい人間関係のあり方として称揚されるように」なってきた。しかし、感覚的なものは「その時々の状況や気分に応じて移ろいやすく、一貫性に乏しい不安定なものとなりがちである」と考えられる。かくして子どもたちは、他人を傷つけず、自分も傷つかない、対立しない関係を必死になって維持しようとするのである。

対立すべき他者や社会を失い、個の尊重を謳われてきた子ども・青年たちは、個を尊重するあまり他者との摩擦を極度に避け、自己の輪郭の不鮮明化を招いてしまう。輪郭が曖昧なまま他者とぶつかれば、傷つくときは自己が崩れるほどの傷つきとなる恐れがある。対立がないまま曖昧な自己が形成され、曖昧な自己はますます他者とぶつかるわけにはいかない、という構造が成り立っているのかもしれない。

2 プレイセラピーにおける万能的支配をめぐる変化

このような子どもや青年の変化を受けてか、プレイセラピーの過程にも変化が見られているような気がする。セラピーの過程が個々に異なることは言うまでもないが、表現されることが多いテーマの一つとして、「攻撃性」が考えられる。子どもたちが時折勝負事で、何が何でも勝とうという姿勢を見せることがあるが、それも攻撃性との関連で考えることができるだろう。ずるをしようが、めちゃくちゃなルールを自分もしくはセラピストにだけ適用しようが、とにかく勝とうとするのである。弘中正美[6]は万能的支配のテーマとしてこの点について述べている。「ゲームの遊びも、ある時期までは、子どもは絶対に勝たないとすまない。ゲーム盤を揺り動かしてでも勝ちたいのである。それはゲームをやることの楽しさを超えて、自分が万能でなければならないからである。そして、万能感を達成し、安心し切ったときに、子どもはルールを導入する。万能感を極める遊びの山を越えたとき、子どもは子どもらしく生き生きと、自由にしかも建設的に動けるようになるのである」。子どもは乳児のときに達成した万能感を、他者との関係において再体験しようとする。そのため、セラピストを完全に支配し、自分が頂点に立とうとする。もちろんそれが客観的には幻想であり、ルールを無視した上で手に入れたものと知りつつも、主観的には万能の世界に浸りたいのである。そして、すべてを支配し、何者も恐れる必要がなくなったときに、安心して主体的に動けるようになるのである。実際、ある時期を越えると、何としても勝とうとする態度が減り、ルールを双方で守ろうとし始め、つまりは自分が負けることがあっても受け入れられるようになってくる、もしくは勝ち負けをつけるのではない別の方向を目指すようになってくるという過程を、筆者も何度も経験してきた。

ここには、自分の劣等性をどう引き受けるかという課題も重なっている。乳幼児の発達過程もそうであるが、自分が万能ではないという悲しい現実は、万能感に支えられてこそ受けとめられるものである。子どもは成長の過程で他者との力の差、優劣の存在に否応なく気づくことになる。自分の劣等性を認めつつも、かつそれでも自分は大丈夫だという感覚を保つためには、かつての万能感を再体験し、自己の基盤をもう一度しっかり固めることが必要となるのだろう。

ところが、最近、このような万能的にセラピストを支配しようとするケースが減ってきた印象がある。むしろ最初は勝ち負けにこだわらない遊び方をしていて、徐々に勝つことを喜んだり負けることを悔しがったりできるようになっていくというケースによく出会うようになってきた感がある。無理やりにでも勝とうとしていたのが、やがて勝ち（負け）にこだわらなくなってくると、ようやくセラピストと対等の他者になったような感覚を得ていたのだが、最初から勝ち負けにこだわらないあり方は、質的に決定的な違いがある。

万能感の達成あるいは万能感からの脱却を達成するためには、他者と対立し、他者を否定したり攻撃したりするプロセスが避けられない。劣等性を引き受けるにしても、他者と異なる自分を体験するという点において、他者を意識し、他者との摩擦を経てこそ、可能となるものである。そのような自己を獲得できたからこそ、勝ち負けにこだわらないあり方が可能になるのである。しかし、最初から勝ち負けにこだわらず、むしろ勝ち負けを避けようとするあり方は、この他者との対立や摩擦を回避している。したがって、明確な劣等性を意識することもなく、自己が傷つくことも他者を傷つけることも防ぐことができるが、十分な万能的支配を体験できるわけでもないので、劣等性を引き受けることも、他者とぶつかっても大丈夫な自己を形成することもできない。

まずは他者とぶつかり合う中で自己の輪郭を作り上げていくこと、他者を支配したいと思うような欲求主体となる自己を形成していくことが、セラピーで求められるようになってきているのかもしれない。

3 事例

ここで二つの事例を取り上げたい。事例は、本論に必要な箇所のみを報告することとする。また、プライバシー保護の観点から、事実関係については本質を損なわない程度に修正を加えてあることを断わっておく。

1 事例A（一〇歳　女児）

幼少時より人見知りの強い子どもであったが、幼稚園に入園した頃より集団場面での対人緊張が目立ち、他児の中に入って遊ぶことができず、皆が遊んでいるのを少し離れたところから眺めて過ごすことが多かった。就学後も同様な状態が続き、来談に至った。

プレイ場面では、初回から大きな緊張を示すことはなかった。初期の頃は、描画や粘土細工などをすることが多かったが、自由に自分のイメージでつくるというよりは、プレイルーム内にあるものを見本にしつつ、忠実に再現するといった様子であった。

あるセッションで、Aの希望で双六を行うこととなった。セラピストが、止まるマスによって喜んだり悔しがったりしていると、Aは「これは車（コマ）どうしの競争なんだから、悔しがらなくて（喜ばなくて）いい」とセラピストを諌めるように言った。セラピストはどうにも違和感を覚えて、「コマどうしの競争」に徹することができず、その後もつい喜んだり悔しがったりしてしまったが、Aはそのたびにセラピストをたしなめた。最終的にAのコマが勝負には勝ったのだが、Aは「自分が勝ったわけじゃない」と特に喜んでいる様子を見せなかった。その後のセッションでも、勝敗を決めるような遊びをするようになったが、それが輪投げでもサッカーゲームでも、「これは赤い輪と青い輪の勝負」とか、「これは人形チームどうしの試合」といった感じで、自分もセラピストも勝負を行っている主体者ではないという立場をとろうとしていた。双六のときと同様、それはAが劣勢のときとは限らず、優勢であっても同じであった。負けた悔しさは和らぐかもしれないものの、勝ってもうれしくないという状況にセラピストはコミットできず、時折主体者としての顔を出して喜んだり悔しがったりしてしまっては、Aに注意されるということを繰り返していた。

やがてAは勝敗を決めるような遊びをやめて、Aの設定した課題に各自で取り組み、課題を少しずつ難しくしていくといった遊びを展開するようになる。例えば、ゴールを決めてボールをそこに投げ入れるのだが、ゴールまでには様々な障害物があり、容易には投げ入れられない。ゴールに入れることができたら、障害物を増やしたり、ゴールまでの距離を長くするなどして、再びチャレンジしていくといったものである。セラピストと交互に行うのであるが、先にクリアできたほうが勝ちかどうかについては曖昧な状況で、表向きは相手との競争ではなく自分自身のチャレンジという様相を呈していた。Aがチャレンジしている間、セラピストはAの成功や失敗に対して「やった！」「残念！」などの声かけを行っていたが、Aは大きな反応を示すことはなかった。なかなかクリアできないと、突然「やめる」と言って、他の遊びに切り換えてしまうことも最初の頃はたびたびあった。

また、セラピストがチャレンジしているときは、Aはあまり関心を示さず、他のことをしながら時間をつぶしていた。しかし徐々に、すぐに達成できなくても粘り強く取り組むようになり、何とか達成できたときにはうれしそうな様子も示すようになった。また、セラピストがなかなかクリアできないでいるときも、放置するのではなく、応援しながら待ってくれるようになってきた。

そんなセッションを何度か繰り返したある回、的当ての勝負をすることになった。当てた場所によって点数が加算されるという遊び方で、Aはホワイトボードに自分とセラピストの名前を書いて、しっかりと点数を記録し、合計点できっちりと勝ち負けを決めることを何度か繰り返した。Aが負けることもあり、悔しそうにしていたが、最後には勝利をおさめ、得意げな顔を見せていたのが印象的だった。

2　事例B（一三歳　女子）

Bは三人きょうだいの長女で、小さい頃から弟や妹を優先して、自分の欲求を抑える傾向があった。小学校高学年になると、友達がいないわけではないが、女子のグループ行動になじめず、学校を行き渋るようになった。グループ間の対立を嫌がり、トラブルがあると、「もめるのは面倒くさい」から「すぐに謝る」ことでその場を収めるというスタイルをとってきた。中学生になって、やはりグループをめぐるトラブルにまきこまれたことをきっかけに欠席日数が増え、カウンセリングに訪れることとなった。

面接では、最初の頃はジグソーパズルによく取り組んだ。徐々にピース数の多いものに挑戦し、かなり大きなパズルにも根気強く取り組んで、完成させた。その後、トランプなどのカードゲームをよく行うようになった。セラピストに勝つと一応喜んでいるような言葉を口にするのだが、Bがいちばん「すっきりする」と言ったのは「引き分け」のときであり、実際に引き分けで終了したときの方が、勝ったときよりもうれしそうな表情を見せていた。その後も、勝ったときは喜び、負けたときは残念がるというやりとりが一応行われるのであるが、どこなく「引き分け」を目指すのが共通目標であるような、そんな雰囲気が形成されていった。しかしセラピストは内心では引き分けを目指すことがしっくりこず、勝ったり負けたりしたときの方が自然に感情を表現できるような感覚を抱いていた。Bもそんなセラピストに引きずられたところがあったのかもしれない、徐々に引き分けよりも勝ったときの方がうれしそうな表情を見せるようになってきた。

やがて新年度を迎え、Bは友達から運動部に誘われる。試合に出ることができる最低人数ギリギリという状態のチームで、もともと頼まれると断ることができないBは、入部を承諾した。かつ、自分が抜けると練習が成り立たなくなるため、持ち前の律義さから、練習にも休まずに参加することとなる。授業には出にくいことがあっても、部活には頑張って参加を続けるという状態であった。試合前などは面接でも非常に疲れた様子を見せて、セラピストとしては心配せざるを得ない状態であったが、Bの話からは「勝ちたい」という気持ちが強く伝わってくるようになってきて、そのまま様子を見守っていた。試合では弱小チームということもあり負けてばかりであったが、それについても悔しかったということを感情をこめて語るようになってきた。「もめるのは嫌だから自分から引く」という基本的な主張は変えないものの、練習に真面目に参加しないチームメイトに対して怒りを表出したり、ミーティングで自分の意見をしっかりと主張してきたことを、やや誇らしげに報告したりするようにもなった。「どうでもいい相手とはもめないようにするんだ」というように、基本スタンスについても若干言い方が変わってきた。

面接では部活動の話が中心となったが、時折行うカードゲームの中では、引き分けを目指すような雰囲気は影を潜め、むしろ自分の得意な種目をやりたがり、セラピストをコテンパンにやっつけては大笑いをするようになった。

4 考察——体験に関与する主体の形成

いずれの事例においても、クライエントは負けることを回避するのみならず、勝つことをも積極的に求めることのない世界を展開していた。事例Aでは、自分たちを観客の位置に押しやり、行為の主体者としての立場を放棄してしまっていた。事例Bではそこまで露骨な形ではなかったが、引き分けに高い価値を置くことによって、相対的に勝ち負けをそれほど気にせずにすむような位置に引き下げていた。他者とぶつかり対立することがないため、負けて自分が傷ついたり、勝って相手を傷つけたりすることもない代わりに、感情が大きく動くこともなく、体験に主体的に関与することもない、茫洋とした世界が繰り広げられていたといえよう。

しかし、当然のことながら事象としては勝ったり負けたりといった状況が生じているわけであり、何らかの感情の動きをクライエントは潜在的にではあれ体験していたとも考えられる。そもそも、勝ち負けを競うような遊びを選び始めているというところに、すでに何らかの動きが生じていた可能性がある。また、セラピストは、この茫洋とした世界をクライエントと共有することができず、自分の中で動く感情の方にコミットし、かつ、それを表出してしまっていた。このこともクライエントに多かれ少なかれ影響を与えていたと思われ、クライエントが自分の体験により明確に目を向ける契機となったと考えられる。

やがて事例Aでは、対他者ではなく対自己との勝負という形をとるようになる。もちろんここでも成功したり失敗したりといった体験は生じるわけだが、他者との対立という側面がない分、まだしも取り組みやすかったのかもしれない。それでも初めはその体験に情緒的に関与する姿勢は示さず、自分の劣等性を意識せざるを得ない場面になり、感情が動きそうになると、切るという形で体験を止めてしまっていた。しかしそのようなあり方にやはり居心地の悪さを感じていたセラピストは、自分の感情を表出することになったのだが、Aもそれに呼応するように徐々に自分の感情を体験するようになってくる。また、はっきりとした勝負という形はとっていないものの、セラピストと交互に課題に取り組むという形は、間接的にセラピストと競うことにもなっていて、緩やかに他者との対立が行われていたと考えられる。これに関してもAは最初は他者など関係ないかのように振舞っていたが、共に取り組んでいるということをしっかりと意識するようになっていった。こうしてある程度基礎固めをした上で、ようやくセラピストと真っ向から競い合うことができるようになっていったのである。

事例Bでは、面接室の外側の動きと並行する形でプロセスは進んでいった。トランプゲームと部活動を一緒にするのは無理があるかもしれないが、面接を通して多少なりとも他者とぶつかり合い、勝ったり負けたりする体験を抱えられるようになっていたことは、その後の部活動を乗り切るための一助とはなったように思われる。他者の欲求を優先してぶつかることを避けていたBが、他者の欲求に従うことが他者とぶつかることであるという状況に立たされたのは興味深い。年齢的な要素もあって、あからさまに万能的支配感を呈することはないが、自分の得意な種目を選ぶことによって、セラピストより優位に立とうとする態度も見せるようになった。

いずれも、はじめは他者との対立を避け、明確な感情体験もないままだったのが、他者とぶつかることを通して、様々な感情体験をもつ主体者としての輪郭を固めていったように思われる。これには、セラピストが他者とぶつからないクライエントのあり方に立つのではなく、他者とぶつかりつつ、様々な感情を体験する存在として関与したことが影響しているだろう。正直、セラピストの感情表出は、クライエントの感情体験をなぞって言語化して伝えていたというよりも、クライエントの世界を共有できずに、文字通り自分の感情を表出してしまっていたといった方が実感としては近い。クライエントに沿えない関わりのあり様には、否定的な作用もあっただろう。しかし、そのことにも一定の意味はあったのだと思う。田中康裕[7]は発達障害の心理療法における留意点のひとつとして「セラピストが自らの主体をぶつけること」を挙げている。AもBも発達障害とは考えていないが、最初に述べたように、主体の曖昧さや他者との対立の回避という点において、発達障害〝的〟なものも含めた広い意味での現代の子どもや青年の心性と通ずるものを有しているとはいえる。このような彼らに対して、セラピストがまず自らの感情体験に向き合い、他者とは異なる内面を抱える自己として存在し、クライエントがぶつかることができる他者性を提示できることは重要と思われる。勝ち負けなどというと、それを超えることが大事なような気もするが、そもそもそこに伴う感情体験を持ち合わせていないような場合、勝ち負けにこだわることができるようになってくることも、感情体験に関与できる自己を形成するという意味で、大切なプロセスとなり得るのではないだろうか。

［文　献］

（1）岩宮恵子『フツーの子の思春期――心理療法の現場から』岩波書店、二〇〇九
（2）岡田努『青年期の友人関係と自己――現代青年の友人認知と自己の発達』世界思想社、二〇一〇
（3）鍋田恭孝『変わりゆく思春期の心理と病理――物語れない・生き方がわからない若者たち』日本評論社、二〇〇七
（4）河合隼雄『母性社会日本の病理』中央公論社、一九七六
（5）土井隆義『友だち地獄――「空気を読む」世代のサバイバル』ちくま新書、二〇〇八
（6）弘中正美「遊戯療法」〔田嶌誠一編〕『臨床心理学全書　第9巻　臨床心理学面接技法2』誠信書房、一～五四頁、二〇〇三
（7）田中康裕「成人の発達障害の心理療法」〔伊藤良子、角野善宏、大山泰宏編〕『「発達障害」と心理臨床』創元社、一八四～二〇〇頁、二〇〇九

6 子どもとともにつくる生活の場、そして治療の場
――情緒障害児短期治療施設の実践

井上　真

1……はじめに

どのように生活の場や治療の場を作り上げるのか。情緒障害児短期治療施設（以下情短）で子どもと関わる筆者にとって常に頭を悩ませる問題であった。情短とは、入所型の児童福祉施設（多くは通所部門を併設する）で、平成二五年三月現在、全国で三八箇所に設置されている。入所してくる子どもの大半はそれまで家庭内で長期にわたって深刻な虐待を受け、その結果、心理面や行動面で多くの問題を抱えている。情短では、生活指導を担当する福祉、心理治療やその他心理的援助を行う心理、施設内の学校を運営する教育、精神科医療など各分野の専門家が協働的に子どもの問題解決に向けて取り組んでいる。

平成一二年に児童虐待防止法が施行され、「虐待」という問題が広く世間に認知されると、児童相談所の虐待ケースの取り扱いは飛躍的に増えた。それに伴い、子どもの受け入れ先のひとつである情短にも虐待を受けた子どもの入所が相次いだ。情短はそれまで不登校や神経症の子どもを主に受け入れていたため、その対応に苦慮した。当時行われた調査[1]では、虐待の子どもを相次いで受け入れた情短がいかに混乱を極めたかを窺い知ることができる。そもそも、児童虐待防止法の施行によって、虐待の問題を拾い、保護することに社会の関心は集中し、その受け皿となる児童福祉施設やその後の子どもの育ちに対しては、見事に関心が向かなかった。目の前から問題が消えれば、それでよしとする風潮とでも言おうか。今となっては周知であると思われるが、虐待を受けた子どもは、虐待される環境から引き離されたとしても、新たな生活の場と人間関係の中で激しい行動化を繰り返す。

受け皿となった施設では、当然、生活の場が荒れ始め、子どもの問題に職員集団も巻き込まれ、疲弊した。不安定な生活の場で、更に子どもが荒れるという脱しがたい悪循環が起こった。生活を立て直すことができない施設では、子どもが施設を出て行くか、職員がバーンアウトして辞めていくか、共に追い詰められた状況となった。生活の場の安定を失った情短がとった方向性は、主に三つに分かれたように思う。一つ目は、人員配置の問題から週末に帰省できる子どものみを入所の対象とし、実質的に虐待を受けた子どもの入所を拒んだ施設、二つ目は、子どもの生活を援助する福祉と心理療法を担当する心理の役割分担を保持し、それぞれの専門性を尊重しながら、お互いの連携を強化した施設、三つ目は、心理も生活の中に入り、まず、生活の場の安定を図った施設である。なお、平成二年に設置されていた情短一三施設中、心理が生活に入る施設が約半数の七施設であったが、平成二四年の調査では情短三二施設中で二八施設において、何らかの形で心理が生活の中に入っており、心理が子どもと関わる場を従来の面接室から生活の場へと広げている[2]。

筆者は、ちょうど虐待を受けた子どもが施設に増え始める頃から、心理が生活の中に入る情短で勤務してきた。入職当初は生活を安定させるための人員配置としての意味合いを感じており、生活に入ることに大変抵抗感を抱いていたが、時間が経つにつれ、生活の場にいることが、虐待を受けた子どもの治療や援助に有効であることに気づかされた。

すなわち、そういった子どもに対して、こちらの用意、想定した「治療の場」に入ってくるのを待つことは、現実的でなく、子どもとともに「生活」や「治療」の場を作っていく過程自体が、非常に重要な治療的意味合いをもつという観点である。本稿では、事例を挙げながら、子どもとともに生活の場や治療の場を作ることの実際とその意味について考察する。

2　施設で繰り返される行動化

では、その頃、施設ではどのようなことが起こっていたのだろうか。以下に事例を挙げる（なお、本稿で記述される事例については、プライバシーの観点から本質を損なわない程度に事実を改変している）。

【事例1】

小学校高学年の小柄で、普段は可愛らしい男の子A。幼少期から親からの身体的、心理的虐待を受けていた。自分の思い通りにならないと、激しいパニック、他者への攻撃になる。入園して間もなく、気のいい職員が、Aの遊びに付き合っていた。自分の持つ紐を職員に引っ張らせて電車ごっこをしていたが、徐々に興奮し、気付けば、その職員が椅子に括りつけられて、「おい、豚！　ブヒブヒ言え！」と残虐な遊びへと変わっていく。

他の日には、どこから持ち出したのか、割り箸をもって、実習生にちょっかい。実習生は何とか我慢しようとするが、あまりに執拗に挑発するため、ついに子どもに怒り、取り乱す。周囲の職員が気づき、実習生をAから引き離す。実習生は職員に「あんなの放っておいていいんですか」「俺、人を殺しかねないって思う」と怒りに打ち震えながら話す。

大人との日常のやりとりや遊びが、そのままに展開されるのではなく、容易に内面の攻撃性が吹き出し、遊びが遊びでなくなっていく。さらにその攻撃性は、大人の中に押し込められ、その大人は自分のコントロールを失った言動にまで至る。

【事例2】

高校生の女子B。幼少期より親からの虐待を受け続け、中学卒業時にようやく児童相談所に保護され入園となる。

子どものフリースペースを兼ねている職員室にやってきて、お気に入りの職員と談笑している。他の女子が近づいてきて、その職員に簡単な用事を頼む。用事を済ませた職員が、Bのもとに戻ると、Bの姿がない。気が変わってどこかに行ったのだろうくらいに思っていると、Bの居室から激しい物音がする。Bが怒って、物を壁に投げつけている。何か気に障ることでもあったのかと不思議に思い、時間をかけて落ち着かせたのち、理由を聞くと「(お気に入りの)先生が私のことを無視したから」と言う。Bの行動はエスカレートしていき、誰もBを止めることができない無力感に襲われる。職員室には、日々、緊張感が漲る。

ある特定の職員に強烈な思慕の念を抱き、その職員が自分の事だけを見てくれていないと感じると、ひどく不安になり、傷ついてしまう。本人の抑制できない怒りが生じ、それをぶちまけるように、物を投げて、壊したり、水や消火器をまき散らす。

不安や怒りは集団内で伝播する。このような事態が施設内で頻発し、施設が揺らいだ。日々の対応に追われ、職員は疲労困憊した。筆者自身も子どもを治療するなど入職当時の志からはかけ離れ、まず自分が毎日の勤務をどう乗り切るか、それだけで目一杯の日々であった。

3 生活を成り立たせるために

厳しく束縛されたそれまでの虐待の生活状況とは違った環境を提供しようと思い、生活での自由度を上げていくと、虐待を受けた子どもは、それを主体的に生きていくことができず、より混乱していく。自由であることは、予測がつかないことと体験され、それ自体が虐待されることへの不安を生じさせる。そこで自動的に不安を回避する行動が繰り出される。それが、パニックであったり、人への過度に威圧的な行動、他さまざまな問題行動とされるものである。虐待という深刻な事態から生じる不安は、子どもから主体的に生きる機会や力を奪ってしまう。それだけにとどまらず、周囲の子どもや大人を巻き込み、怒りや無力感を同じように味わわせ、それらの主体性をも奪っていく。

面接室で個別的に子どもとこういった問題に取り組む方法もあるだろう。しかし、虐待を受けた子どもは大人への警戒心が強く、面接室で一対一になることに抵抗が大きい。やっと来たとして、生活上の問題を取り上げようとしても、拒み、面接室に来なくなる。それならばと自由な設定で面接を行えば、盤ゲームや人形ごっこを自分流のやり方で延々と続ける。一見治療が成り立っているように見えるが、こちらの介入を許さない硬さや隙のなさが際立った。一方で生活場面では、変わらず問題行動が続いており、面接室のみから施設全体を立て直す流れを作ることに限界を感じた。

生活の場をどうするか、生活の中に入って得た経験と心理学的な視点で生活の構造を考えることが、心理としての重要な仕事となった。以下に、施設の対応を述べる。

【事例3】

職員内で、いかに生活上の刺激を減らし、子どもにとって安心感のある環境を作るかについて考えた。その結果、それまで全面開放されていた職員室について、一角のみを子どもに開放することとした。職員室で子どもがいない時に書いていた記録も、子どもの立ち入れない奥のスペースで書くこととした。また、毎日、その日の各職員の役割をボードに掲示することで、職員が子どもに関わることができない時間を子どもに明示した。

生活指導の職員が、子どもと臨時の集会を開き、今回の変更について提案した。子どもたちは、予想外にすんなりと賛成していた。生活指導員に「なぜ子どもが納得したのか」と疑問をぶつけてみたところ、「今年、一年の状況を見て、子どものほうも何とかしなければと思っているようであった」とのことであった。職員室にロッカーで区切りをつけ、その内側には入れないこととした。職員の目を盗んでは、ロッカーを少しずつ内側に押し込み、開放スペースを広げようと試みる子どももいたが、職員に見つかり叱られた。しかし、やりとりは遊びの雰囲気に包まれていた。

Bは一時的に施設を離れることになったが、その間に担当である児童相談所の判定員が施設に出向き、子どもたちにBの現状や見通しについて話をし、不安になっている子どもたちをフォローするとともに、Bが施設に戻ってくる状況を整えた。

徐々に施設全体が落ち着きを見せるようになった。

施設として、生活を構造化することと、子ども集団への働きかけを行った。

構造化に関しては、子どもとの関係を時間的、空間的に一定のルールに従って、区切ることが行われた。それまで、子どもと関わるか、関わりをいつまで続けるかは、その場でのやりとりで決められていた。職員が「ちょっと、用事があるから、またね」と言えば、子どもも「わかった」と言って離れていった。しかし、次第にそのやりとりが難しい子どもが増えた。職員が自分から離れていくことに、「自分のことを嫌いだから離れたのだ」と無力感や被害感に襲われ、怒りがこみあがる。あらかじめ関わる時間の終わりが分かっているなら、気持ちも収めやすい。ウィニコット[3]は、里親に適応できるのは、過去にどこかでほど良い家庭生活を送った子どもであり、重篤な愛情剥奪児の受け皿となる生活の場は、首尾一貫していて、公平さが保たれている管理が不可欠であり、その中で彼らが自分自身の人間性を見出すと述べている。深刻な虐待の傷を抱える子どもに対しては、良い体験を与えればよいというものではなく、それ相応の設定が必要となるということであろう。

一方で、子ども集団へ施設やBの現状を投げかけ、理解を求めたが、これも重要な一手であったように思う。

それまでの自由が奪われていくことに、大いに抵抗を示すものと思っていた子どもたちが、職員の提案を聞き入れたばかりか、さらにはロッカーを動かすという「遊び」へと展開している。またBの話に関しても、子どもたちが、真面目に話を聞き、気持ちを整理していった。

時に子ども集団の力は大人の予想を越える。普段、生活の場で子どもの動きを集団という観点からみると、子ども集団に、施設の生活の秩序を維持しようとする心性を見出すことがある。例えば、ある子どもが、大変不安定な状況になった時、普段はそりの悪い子どもも含めて子ども集団が、その子どもに積極的に関わって、支えようとしたり、その子を刺激しないように距離を置いて過ごすなど、ある種の配慮を感じることがある。また、ある子どもが大変な状態で、職員が必死にその対応にあたっていると、他の子どもが自分の問題を出すことを順番待ちするように留保してくれることを感じることもある。

髙田治[4]は、施設の援助資源の一つとして「子ども集団の援助力」を挙げ、「職員の個々の専門知識、援助技能などのレベルが高くなくても、子ども集団が援助的であれば、その施設の援助力は高い」とその力を大きく評価している。子ども集団のこういった援助力や、集団を維持しようとする心性は、子どもが自分の施設の生活にどれくらい根付いているのかが関連しているように思う。新設の情短では、多くの子どもが施設に根付いておらず、そもそも根付くべき生活や文化などが十分に育っていないため、何か大きなトラブルが起こった際、それぞれの子どもが不安の渦に巻き込まれて、集団が集団で問題行動を起こしたり、多くの子どもが同時多発的に問題を起こしたりと、職員が対応不全の状態に陥ってしまう。子ども集団の力は諸刃の剣で、時に破壊的な方向へと動く。

子どもが施設に根付いていくような工夫、例えば、子どもの自治会活動のように子ども集団を育てる試みや集団の意見をくみ取り、生活の場に生かすシステムを作る試みが、施設の生活運営には欠かせない。情短でのこのような取り組みは、山下聖隆[5]や水石晃他[6]が報告している。いずれも、ある程度の管理が必要とされる情短で、いかに主体的な集団や個人を作っていくかという容易くはない試みではあるが、子どもの主体性や「施設の援助力」を培っていくための、大変重要な実践であるといえよう。

施設での生活の場が落ち着いていて安心感があることと、その中で子どもが主体的に生活していこうとする雰囲気は、個人の治療の場の大切な土台となっていく。

4 治療の場の始まり

情短で虐待が問題となるケースを担当してきて改めて気づくのは、そのケースが目の前にやってくるまでの経緯が、外来型のケースとはまったく異なるということである。外来のケースでは、クライエント自らが「悩み」という主訴をもって面接室の扉を開く。扉を開けば、そこには「悩み」を聴き、解決への糸口をもっている専門家がいるという想定で、治療が始まる。伊藤良子[7]は、このことを「治す者と治される者」という非対称性の関係において、心理療法は開始されると述べている。専門家が、「治す者」としてクライエントに認知されるのは、その専門職が、社会的な評価を得ているからであるし、例えば、大学にある相談室は、その大学の権威が、その専門性に一定の影響力を及ぼすことは間違いない。一方、虐待のケースに関しては、どうだろう。虐待のケースが、問題化する多くの場合は、近隣や専門機関からの通告によってである。つまり、自らが困ったといって主訴を伴って、公の場に現れるのではなく、周囲の訴えによって、児童相談所などの公的機関が家庭に赴き、働きかけるというアウトリーチによって、多くの援助や治療が開始される。虐待に至る親の多くは社会から孤立したり、社会に背を向けながら生きてきている。そういった親が、社会に対して信頼感を抱いていることはまずなく、それゆえ、いわば「援助したい者と援助されたくない者」が綱引きをするという「対称的」な関係から始まる。これが、虐待のケースが孕んでいる最も困難な問題であり、面接室や診察室でクライエントを待ち続ける心理や医者が、虐待のケースに有効な手立てをもちえない、最大の原因であると思われる。そして、ここに関しては福祉が、先陣を切って現場に対応してきた。苦心して、虐待をするケースに向き合い、何とか親から主訴を引き出し、施設入所にまでこぎつける。児童相談所が児童福祉法二八条の「家庭裁判所の審判による措置」を適用する可能性があることを親に知らせながら、ぎりぎりのところで入所への同意をとることもある。よって、親の主訴が、子どもが「おかしい」から何とかしてほしい、という類のものであって、自分の養育の是非については省みるまでには至らないケースが多い。そういったケースは、親と子どもの分離を目的とする児童養護施設では、親の入所への同意を得ることが難しく、「おかしい」子どもを「治療」してくれる情短なら同意するということで、情短に入ってくるのである。

綱引きをするという「対称的な」関係ではなくなったにせよ、このようにねじれた状態でケースを引き受ける。福祉から引き継いだこのケースのねじれを紐解いていくことが、情短の一つの役割であり、治療の重要な過程である。

5 子どもの主体性を育てる

このようなねじれた状態で子どもが入所してくる。子どもにとっては、虐待された場から逃れたい一心で、情短に入ってくる。自分がなぜ普通の子どものように家で過ごせないのか、親への恨みつらみを秘めながら、渋々情短の扉を開く。外来の子どもなら、親の勧めに何らかの信頼感や期待感を抱きながら、ある程度主体的に面接室を訪れるのであろうが、状況はそれに比して厳しい。まず、主体性そのものを育てる援助が必要とされる。

これは、子どもが自らの課題に向き合っていくためであるのと同時に、前述したように、虐待が子どもの主体性を奪うという面があるためである。その援助は、入所の段階から始まる。

現実的には、情短に入ってくるしかないのだけれど、何らかの主訴をもって、主体的に施設に入ってくる過程を重視している。児童相談所と連携して、子どもの見学やあるいは体験入所などを踏まえて、子どもの入所の意志や主訴（目標）を作り出す。子どもによっては、なかなか意志が定まらず、一時保護所に戻って考え直すこともある。しかし、ここに時間をかけることで、子どもが自ら入所してきたという感覚を持ち得ることが可能になる。「仕方ないからここに来ました」という物言いではそれが難しい。「勉強が苦手だから、頑張りたい」「友達とすぐけんかしちゃうから、しないようになりたい」と子どもなりに考えたものでいいので、自分の主体性を感じさせるものが入所への第一歩である。

実際、入園して生活を始めると、子どもはさまざまな問題行動を起こす。他の子どもが自分をからかった、職員が自分の思い通りに動いてくれないなど、色々なことがきっかけでパニックに至る。苦しさのあまり、そもそもこんなところへ望んできたわけではない、家に帰りたいと言う。そもそも、入園の時に得られた主訴は、あくまでかりそめのものであるから、援助されることへの意欲は乏しい。しかし、子どもは困っていないのだろうか。面接などの設定された場面では、困っていること、悩んでいることを訴えない子どもも、生活の場面でふとしたおりに大人を頼ることがある。

【事例4―1】

小学生男子C。親からの身体的虐待で入所。親は児童相談所に対して、虐待を認めず、激しく対立した。Cは入所して間もなく、ささいなことから、他児との関係でトラブルを頻発。自分の非をまったく認めなかった。日中は警戒心が高く、人を寄せ付けない雰囲気であったが、ある時から、就寝前、担当職員にマッサージを頼み、それが習慣となる。担当職員は、Cの体をほぐしながら、一日の振り返りをしていった。集団は相変わらず苦手ではあるが、面接室や日常での職員の提案に耳を傾け、徐々にトラブルのもとになるような場面を避けるようになっていた。

生活の中での援助は、子どもの健全な成長のためだけでなく、大人との関係を作っていくために不可欠である。虐待を受けた子どもは、それまで十分な養育をされていないため、生活での援助を要する。着替えや入浴で体を清潔に保つこと、バランスの良い食事をきちんととること、部屋の整理整頓をすることなど、身につけるべき生活習慣がついていない。自分流の生活があり、人の介入を許さない。ただ、普段は突っ張っている子どもも、例えば、夜になれば話が別で、一人でトイレにいけないのでついてきて欲しい、カーテンの隙間が怖いから、閉めてほしいなど、子どもなりに困ったことがあり、職員を頼ってくる。この辺りが、本当の子どもの主訴であって、それに対して、丁寧に対応することで、日常の関わりへの介入を許す心持が生まれていく。

伊藤[8]は、クライエントとの出会いは、治療者がその言葉を「聞く」ことによって支えられると述べたが、虐待を受け、施設に入ってきた子どもに関しては、生活を「お世話する」ことによって、その出会いが支え続けられると感じる。そういった痒いところに手が届くような日常の関わりが、子どもとの関係を育み、子どもは、「この人となら」「この場所でなら」という希望をもつ。日常でのトラブルが起こった際に、「あいつのせいだ、どうでもいい」と捨て鉢になっていた子どもも、その希望の光りの中で、職員の手を借りつつ、自分で何とかしたい、課題に向き合っていきたいという動機を持ち得るようになる。治療の場は決して、あらかじめ用意されている固定された容器ではなく、特に始まりは日々の子どもと大人の関係にあるうつろいやすい接点のようなものである。その接点が関係の良し悪しによって、浮かんでは消えを繰り返す。粘り強い関わりの中で、結ばれた手のような形へと徐々にその姿を変えていく。

6 家族の変化

【事例4―2】

Cの親は、決して自分の虐待の事実を認めなかった。あくまでしつけの一環であり、厳しいしつけにいたったのも、子どもの問題のせいであることを主張した。児童相談所が子どもの情短への入所を勧めたところ、子どもの治療であればいいと、入所に同意した。

職員との面接の中で、施設でのCの生活の様子を聞き、「もともとこういうところがあった」など、これまでのCの育ちを振り返っていった。施設の対応やCの見立てを伝える中で、親なりにCについての思いを語り、考えを深めていった。帰省が始まると、毎回、帰省中のCとのやりとりをメモし、そのメモを持ち込んで、面接に臨んだ。「自分が子どもの頃とよく似ている」と呟く。帰省中の家でもさまざまな問題が繰り返されたが、試行錯誤の中、Cと関わり、「自分で何とかやってみます」と決意し、Cは家庭復帰となった。その後は二年間通所のケースとしてフォローが行われた。

親のこれまでの苦労を労いつつ、子どもの生活の様子を親に伝えていく。あるいは、施設で起こるトラブルをどうやって解決していくか、親と一緒に考えていく。施設で悪戦苦闘しながらも、自分の課題に取り組む姿を知り、親は子どもへの見方を徐々に変えるようになっていく。少しずつ施設への信頼感が芽生え、その中で、自分の養育を振り返るようになる。子どもが主体的に施設で育っていくありように、親も影響されつつ、主体的に問題に取り組んでいく。ここにも、もう一つ治療の場が生じている。「おかしい」子どもは、「自分の」子どもとして親の目の前に再び現れる。入所当初にあったねじれは、解消されていく。

7 最後に

子どもと生活の場や治療の場をいかに作っていくか、子ども集団への取組と個々のケースの取組の両面から述べてきた。激しい行動化、大人への不信感、主体性のなさなどを問題に抱える虐待を受けた子どもに対しては、面接室で子どもを待つだけの姿勢では、子どもの成長や変化は十分に望めず、そもそも治療が始まることすらおぼつかない。目の前で何が起こっているのか、それに対してどのような関わりができるのかと考え抜く、そもそもの臨床的な態度によってこそ、治療の場が開かれていく契機になるのであろう。

〔文　献〕
（1）滝川一廣、四方燿子、髙田治「児童虐待に対する情緒障害児短期治療施設の有効活用に関する縦断研究」子どもの虹情報研修センター、二〇〇四
（2）楢原真也、増沢高「児童福祉施設における心理職の歩み」〔増沢高、青木紀久代編〕『社会的養護における生活臨床と心理臨床——多職種協働による支援と心理職の役割』福村出版、二七～四〇頁、二〇一二
（3）D・W・ウィニコット『ウィニコット著作集2　愛情剥奪と非行』西村良二監訳、岩崎学術出版社、二〇〇五
（4）髙田治、中釜洋子、齋藤憲司『心理援助のネットワークづくり——〈関係系〉の心理臨床』東京大学出版会、一一四～一一五頁、二〇〇八
（5）山下聖隆「被虐待児を対象とした『中学生会』実践報告——成長支援とグループダイナミクスに着目して」心理治療と治療教育——情緒障害児短期治療施設紀要、22、五二～五八頁、二〇一一
（6）水石晃、深井麻衣子「児童会活動における役割意識の獲得——児童による主体的な取り組みの実践報告」心理治療と治療教育——情緒障害児短期治療施設紀要、22、五九～六四頁、二〇一一
（7）伊藤良子「心理療法過程と治療的変化の諸相」〔氏原寛、小川捷之、東山紘久、村瀬孝雄、山中康裕編〕『心理臨床大事典』培風館、一八二～一八七頁、一九九二
（8）前掲書（7）

7 器質性精神障害を抱える女性との出会い
――心的次元における生と存在と出会いへの問い直し

松下姫歌

1 脳疾患による器質性精神障害を抱える人の心理面へのアプローチをめぐる問題

脳神経組織に病変（損傷）が生じると、運動機能や知覚機能が障害されたり、記憶・認知・感情・言語等の高次脳機能が障害されたりする。場合によっては生命の危機につながるため、重度脳損傷の治療目的は第一に救命であり、研究においても、疾患の原因や発症機序の解明といった生物医学的側面に重点が置かれてきた。しかし、近年、医学の進歩により、重度脳損傷患者が生命をとりとめるケースが増え、従来の医療が主な治療対象としてこなかった重症脳損傷の後遺症のリハビリテーション（以下リハビリ）に取り組む必要が生じてきた。その点に関し、リハビリ専門医の橋本圭司[1]は、従来のリハビリ科は整形外科を出身とするため、運動機能の評価・訓練は得意でも、脳機能の評価・訓練は未知の領域であり、殊に高次脳機能障害のリハビリは、二〇〇一年から五年間にわたり行われた厚生労働省の支援モデル事業を通して診断基準が作成されたばかりで発展途上と指摘している。特に、従来の運動機能面のリハビリの必要がなくなっても、覚醒低下、易疲労性、注意障害、視野欠損、失語、失行、記憶障害、常に思ったことをしゃべったり怒ったり暴れたりしてしまう脱抑制、意欲低下、判断力低下、遂行機能障害、病識欠如といった、器質性精神障害の面には適切な対応がなされないという問題が指摘されている。

また、難病の一つである多発性硬化症は、脳や脊髄といった中枢神経系の脱髄から神経情報伝達の遅滞が生じ、その多発によって運動、知覚および高次脳機能における多彩な症状を生む疾患であるが、ここ一〇年の医学的治療法の向上が謳われる一方、依然として発病初期に急激に進行し予後不良のケースも一定の割合で存在する。この多発性硬化症についても同様の事情で「患者の心理社会的側面の研究が立ち遅れ」、患者に「不安状態」が見られることや病の意味に関する言及は多くとも、本人の実際の心的体験がとりあげられることは少ないと指摘されている。[2]

脳疾患による器質性精神障害を抱える本人の心的体験へのアプローチの乏しさという問題に関し、本稿では、髄膜脳炎の後遺症と多発性硬化症による、重篤で広範囲な器質性精神障害を抱える女性との心理検査場面での関わりをとりあげ、どのような心の観点と関与が重要なのかを考えたい。「生きる主体性」が究極的に脅かされる状況下、新しい体験と過去体験の両方に記憶障害があり、脱抑制が顕著で常に落ち着かず刹那的で「内省力に乏しい」ように見える、器質性精神障害を抱える人となると、一般的には「内省的な」心理療法的関わりの対象になりにくいと捉えられがちである。しかし、体験を振り返って心的過程を捉えることが難しい場合でも、その場その瞬間においてその人の心的体験は必ず存在し、それらを捉え受けとめていくことは可能である。それは重篤な器質性精神障害を抱える人との心理療法の根本にあるべきであり、昨今の心理療法の課題としてとりあげられる「主体性」や「内省性」に乏しいとされるクライエントとの関わりにおいても重要であり、さらに言えば、あらゆる人の心理療法の根本にあるべきものと考えられる。そのような心理療法の根本を問い直すものとして検討したい。

2 事例

1 事例の概要と検査依頼

Aさん（以下A）、三〇代女性。産後間もなく髄膜脳炎で暴れ回るほどの激烈な頭痛に苦しみ、神経内科に入院。

大脳・小脳を中心に多発性病変が見られ多発性硬化症の診断を受ける。両下肢麻痺により起立保持困難・歩行不能状態となり、徐々に寝たきりとなる。年に数回の再発が生じるたびに入退院を繰り返し、病院でも家でも自分の要求が通らないと大声で叫び続けたり、他人にも煙草を要求したりするようになり、筆者の勤める精神病院を受診。髄膜脳炎罹患から数年経過し、運動面では、上肢の動かしにくさや眼振・嚥下困難などの症状も加わり、リハビリの意欲も乏しい状態であった。精神面では著しい記憶障害があり、出来事や出会った人をすぐ忘れ、新しい体験の積み重ねが成立しにくく、情緒不安定で、脱抑制も激しく常にイライラして叫び、煙草や電話を頻繁に要求する状態であった。そのため、A自身の苦しみはもとより、家族も対応に苦慮し疲弊状態にあった。B主治医にも罵声が浴びせられる状態であったが、B主治医の名は憶え、徐々にリハビリへの意欲も生じ始めた段階で、知能検査の依頼があった。一年前の他院での検査結果と比較して今後の治療方針を考え、B主治医からAと家族にフィードバックしサポート体制を考えたいとのことであった。しかし、Aの治療に携わるスタッフからは「Aの精神状態では心理検査の施行は困難」という声もあった。B主治医からも実施中の煙草を特別に許可する旨、連絡を受けての実施となった。

2　知能検査の結果の概要

本稿では、器質性精神障害の査定の検討ではなく、関わりの検討を目的とするため、個人情報保護の観点からも、査定に関わる詳細情報は控え、関わりに重点を置いた形で述べる。そのため、まず、Aの知的障害の水準や特徴について、検査結果を簡潔に示した後、知能検査場面での関わりに重点をおいたプロセスについて示す。

ウェクスラー成人知能検査（当時の版）をAの状態を見ながら三回に分け隔週で実施した。所要時間は一回約三〇分、計一時間半程度であった。一一の下位検査を所定順に言語性と動作性を交互に施行した。結果は、言語性IQ六〇台で軽度知的障害、動作性IQ測定不能、全検査IQ四〇台で中程度から重度知的障害と、知的障害の水準は一年前と同程度の判定となった。しかし、言語性の各下位検査の評価点は、最初の検査が一年前と同じで、二つ目の検査が一年前を下回ったものの、三つ目の検査以降はすべて一年前の結果を上回り、評価点が二〜三ポイントも向上したものも複数あり、結果としてＩＱの値も言語性と全検査で向上していた。この点は、後に述べる、Ａ自身のコミットメントの質の向上によるものと考えられ、それを支える検査者の関わりのあり方が重要と考えられる。脳機能低下が著しい状態でこうした結果が得られたことは、主治医にとっても家族にとっても喜ばしい驚きであったようで、特に家族は、三回の心理検査実施を通じ、少しずつＡに落ち着きが見られ、数値に示される向上が確認され、さらにＡの状態と関わりのヒントが得られたことに、手応えを感じられたようであった。

動作性知能の測定不能は、上肢の動かしにくさに起因するところも大きいが、視覚的な非言語的情報の処理が言語的情報の処理に比べて弱い点も見受けられた。知覚情報の部分と全体を分析・統合する力は全体に弱いが、成績と課題への取り組み方から見て、聴覚情報の場合よりも、視覚情報の場合のほうが特に困難なようである。

言語性知能については、その場の聴覚刺激を保持する即時記憶は比較的保たれている。ただし、即時記憶を基にした操作となると、即時記憶の水準から期待される水準を大きく下回る。この点が一年前を唯一下回った点でもある。しかし、基礎的な四則演算の暗算は、繰り上がり・繰り下がりやお金の単位を含む計算も含め、驚くほど速く正確にでき、手続記憶は比較的よく保たれ、この点は一年前よりも向上している。言語性の概念理解や知識については、生きる世界を把握する上でのごく基礎をなす概念は保たれている。しかし、かつて長期記憶として保持していたであろう社会的・理科的・文化的な一般常識的知識やそれらを基にした問題解決については解答が困難で、意味記憶の著しい低下が見られる。ただし、これらの課題の評価点はいずれも一年前を一〜三ポイントも上回っており、抽象度の高い意味記憶を取り出すことは難しくとも、Ａがいま生身で体験しうる事物や事柄に対する、Ａ自身のコミットメントの質が向上することで、Ａの心的体験を言葉でつかみとり定位しやすくなる可能性が感じられる。

3　知能検査のプロセス

【一回目】家族と車いすで来院したAが大声で「はよせい！　もう帰る！」と叫んでいる。筆者がAの目の高さにしゃがみ〈お待たせしました〉と声をかけると、筆者の顔を見て「B！　はよせい！　今日何するの？」と尋ねてくる。〈はじめまして。臨床心理士の松下です。今日は心理検査をします。B先生からお話をきかれてますか〉「知らん」〈あらためてお願いしますね。いくつかクイズやパズルをします。少し時間がかかるので休憩を入れながらします〉Aと家族と三人で現実面とAの易疲労性などを踏まえ実施時間と日程を相談。三〇分を目安に隔週で二〜三回に分けて行うことに。家族は同席して手伝うと申し出る。（一人では無理）と言いたげな表情から、他者や医療スタッフがAを受けとめることが難しいと感じているように思われた。〈ありがとうございます。まずは二人でやってみます〉

入室するなり、Aは「煙草！　煙草！」と大声で叫び、目にもとまらぬ速さで煙草をくわえ火をつけると、猛烈な勢いで吸い始め、あっと言う間に煙草の先から灰が落ちかける。筆者は大急ぎで灰皿を取り出し、今まさに落ちんとする灰を空中ではっしと受けとめAに渡す。Aは「何で心理検査するの？　私がアホやから？」と尋ねる。〈違います。Aさんがどんなふうに頑張っているかをちゃんと知りたいんです〉「ふうん。じゃあやるよ」Aは神妙な顔で実施態勢に入ってくれる。「リハビリ頑張る」「はよせい、あほ」「負けない！　頑張る頑張る〜！　口癖〜！」

言語性検査から開始。Aは腕を組み真剣にすごいスピードで解答するが、分からない課題になると途端に集中力が落ち、再びものすごい勢いで煙草を吸っては答え、新しい煙草に火をつけ吸っては答えが、目まぐるしく繰り返される。視覚情報を扱う動作性検査では「こんなん簡単や！」と基本問題はクリア。少しハードルの上がる三問目で「わからん」と戸惑い、先ほど火をつけ煙草をくわえたばかりなのに、二本目の煙草に火をつけようとする。イライラ感以上にその切迫感に圧倒される。しかし、その瞬間までは集中力を保って取り組め、正答も得られていたため、〈ここまでとても集中して、せっかくよく出来ているから、もうひと頑張りしよう。その一本でもたせてみて〉と、Aの〝できたこと・できていること〟を支持し、すでに生じていたコミットメントの姿勢をサポートしようと試みる。すると、Aも気を立て直して取り組め、再び正答を得ることも出てくる。少し気持ちが乗ってくると、わからなくても諦めず、自分から注意を向け直して考えてみる姿勢も見られるようになる。〈頑張りましたね！〉「疲れた！　電話したい！　電話電話」休憩し、Aの車いすを筆者が押し検査室から出てくると、家族が（手に負えなかったか）という表情で「あかんか？」と出迎える。Aは電話をかけ始める。筆者は家族にAがとても頑張っていること、少し休憩して続きをすることを伝える。再開後の聴覚言語性ワーキングメモリの課題は目を閉じ真剣に取り組み、煙草の要求もない。〈よくできました！〉Aなりの達成感もあったのか「うん」と頷く。二週間後に続きを約束する。

【二回目】 待合でAは機嫌よく煙草を吸っている。筆者に気づいた家族が煙草をとりあげAは激怒。入室後、Aは正面から筆者の目を見据え「あなたは私の自由を奪った」と責める。〈吸い終わってからと声かけたらよかった。ごめんなさい〉Aは検査を承諾するが不機嫌で「はよせい、あほ」などと罵り続ける。動作性検査から開始。視覚情報を扱う苦手な課題である上、上肢での操作が必要なため気乗りしない。一問目は正答するが、より細かい視覚情報への注意を要する二問目は鍵情報を見落とし不正解。情報量がぐっと増える三問目を呈示した途端、辛うじて保っていた集中力が完全に切れ「わからん、もういい」と放棄。要実施項目を残して切り上げる。言葉の意味を問う言語性検査に切り替えると、Aも気分を変えて取り組め、滑り出しは順調。日常的で具体性の高い言葉や、簡単な言葉に置換のきく熟語は説明可能。複雑な現象を指す抽象的な言葉は「わからない」が、Aは「わからない」課題についても自分から考えようとする。不正解であるものの（ある意味で本質をついている）と思われる解答も生まれる。〈うわあ……本当やね。いいこと言うなあ。ちょっとメモしとこう〉と記録し、Aも満足そうに笑う。一服し、子どもが可愛いと嬉しそうに話してくれる。幾何学的な視覚情報を扱う動作性検査で再開。同じ視覚情報でも、曖昧な形で描かれた事物や場面を扱うものより、一定の規則性をもった視覚情報について部分と全体を分析・統合するほうが得意。聴覚言語刺激を基にした算数能力については、四則演算の暗算は驚くほど早く、多少複雑な問題でも解法は理解でき正答が得られる場合もある。よくできた感触をA自身もったようで良い表情で終了。

[三回目] 筆者に会うなり「今日も算数する?」と嬉しそうに問いかける。前回の体験が記憶に残っていることに筆者は驚く。これまで同様、動作性検査と言語性検査を一つずつ実施し休憩。Aは煙草で一服し、子どもの好きなメニューの入ったお弁当を作ってやれるようになりたいと語る。一回目に「頑張る〜。口癖」と気のない口調で繰り返していた時とはまったく違い、真剣で子どもへの愛情のこもった言葉と表情であった。そして、筆者に問う。

「できるようになるかな?」

障害の程度や範囲が小さくなく、リハビリの効果も部分的で大きな改善には結びつかず、さらに新たな障害が広がりつつもある状態。一般的にはAの夢の成就は困難と考えるかもしれないと感じる一方で、筆者はAの子どもへの思いの純粋さとまっすぐな強さに心を打たれた。Aの思いは喩えようもなく尊いものに思われた。Aがお弁当を作ってあげている姿が心に浮かぶ。〝子どもの好きなお弁当を作ってあげる〟という日常の一つ一つの行為とその中にある母親としての思いの重み。厳しい状況下でその純粋な思いをもてることの凄さ。Aの思いとAの心の存在と重みが筆者の心を貫くようにして受けとめられた瞬間、しみじみと強く思った。

〈……その気持ちがあれば、できるのかもしれないね〉

決して楽観的ではない。しかし、究極的な心身の苦しみの中でこそ、自らの心身の生命が究極的に欲していることが見える。心の次元で〝それがあって初めて自分が生き存在することができる〟ものを、生命と存在をかけて熱望しうる。その心の営みに真に入っていける時、試練の一瞬一瞬に生命と存在の意味がつかみ直され、世界との関係が結び直されていくような事態が、現実に生じることすらあるのではないか。そんなことが一瞬に、強烈な重みと実感をもって筆者の胸に押し寄せてきて、発された言葉だった。

「先生は優しいね」Aの言葉に思わず顔を上げ〈えっ、本当にそう思うよ〉とAの顔を見やった。

「先生は優しいよ」Aは目を細めて筆者を見つめ微笑んだ。筆者はこの時のAの微笑を忘れることができない。穏やかな光が内側からほとばしるような、こんなに美しく優しい微笑を見たことがないというほど衝撃を受けた。

このひとときの後、動作性検査と言語性検査を一つずつ実施し検査を終えた。最後は、二つの概念の共通カテゴリを答える言語性検査。Aはすべて回答し、ところどころ不正解ながら、下位検査中で最も良い成績をあげた。特に、生きることに関するいくつかの概念については力強い正答が聞かれた。〈本当によく頑張られました。それにAさんに大事なことを教えてもらった。ありがとうございました〉「疲れた～。頑張る、負けへんで！あんたも頑張りや！」

3 考察

疾病体験の面だけをとっても、Aの状態は、脳機能低下による影響もさることながら、あまりにも理不尽に、それまで自分であったものが失われ、新しく自分を紡いでいくことにも困難があり、紡ごうとするたびに崩しにかかられるような状態である。心の次元における自分のまとまり感や、自分を支える基盤感覚が大きく揺らぎ、一瞬一瞬の今における心的体験が未知性に満ちているため、「わからなさ」や「寄る辺なさ」に直面すると、底深い不安を感じ、刹那的な拠り所として煙草や電話を要求し、叫ぶことで救助の欲求や怒りを伝えていると考えられる。

こうしたクライエントとの関わりにおいては、一瞬一瞬のその都度出会う未知性に対し、どんなことがどのように脅威でどんなことが安心につながるのかといった「心の次元における生死」の感覚をキャッチすることが大切と考えられる。それは自我親和的なものと自我違和的なものを切り分け、ひとまずの「自分のまとまり感」を生み出すことにつながると考えられる。それは、心が心に関与し心的な自分を生みだす「主体性」をつかむ動きの一歩と考えられる。筆者は、知能の把握に加え、Aの瞬間瞬間の体験をAの心が少しでもつかみやすくなる関わりを探ることに重点を置いた。それが家族をはじめAをとりまく人々にとっての関わりのヒントにもなると考えた。

当初は検査場面自体が不安な様子であった。「何で心理検査するの？ 私がアホやから？」という問いは、知的障害をもつ人の検査導入時によく聞かれるが、「『知る側』―『知らない側』という不均衡な構造や『測る[4]』―『測られる』という搾取の構造への警戒感[3]」と、「世界から疎外され主体を奪われる場であってはなら」ないことの訴えと考えられる。筆者は心理検査の場は心理検査を用いた面接の場であり、クライエントが「主体をつかんでいく場[5]」となるべきと考える。筆者は「外側から見た結果ではなく、Aの主体の側に目を向けていること[6]」、頑張り続けているAを知り支える意図を伝えることでAは検査に向き合おうとしてくれる。

二回目に入る際、Aには直前の出来事と筆者とが結びついて体験され、筆者が「Aの自由を奪う者」と映っているため、直後の検査に気が乗らない。集中困難な状態では即時記憶も機能せずオーバーフローする。その状態で施行手続を守り不正解が一定数続くまで実施することは、Aには「自分を疎外する安心できない関係」を持続するだけになる。あっさり切り上げるほうが「安心」できる環境を創ることにつながると考えられる。Aは集中力も切れやすいが、気持ちの切り替えもききやすく、新しい課題に取り組む態勢を作りやすい面もあったと思われる。

このように、筆者は、導入場面において、Aの心にとって「今」の瞬間が少しでも安心でき、「今の瞬間の自分」を少しでもつかみやすくなるよう、そのことでAが「今」を確かなものとして体験し、今を紡いでいきやすくなるように、と心を働かせていた。Aもそれに応えて検査態勢に入ろうとしてくれた。しかし、特に一回目の始めのうちは、少しでも「わからなく」なると途端に追いつめられたように煙草を求める状態であった。筆者はAの

「できていること・頑張れたこと」を支持して関わり、Aの解答の成否よりも、Aの心の働きを感じとり、心の働きそのものに心を添わせ続けるような関わりを心掛けた。徐々に、それまでなら「わからない」と、未知性を捉える視点をもてないため、その瞬間の自らの心の存在が定位されず拡散するような恐怖が生じたようなところで、筆者の支えにより「もうひと踏ん張り」し、「自分から取り組もう」とし、さらには驚くほど質の良い回答が得られることすら生じた。これは、検査課題への取り組みが、自分の心的体験をつかむ作業となり、そこに手応えが生じるごとに主体的なコミットメントが深まり、その都度の体験が少しずつ確かなものとして定位されやすくなったことを示していると考えられる。それらが、A自身にとって「筆者との間で」「しっかり取り組めたこと、その作業によって自分なりにつかめた・できた体験」となっていくにつれ、心的体験として記憶に残り、三回目の出会いがしらに前回の体験を筆者に伝えてくれるに至ったと考えられる。加えて、少しずつ心的体験が自分のものとして獲得されることで、精神面も安定し、回を重ねるごとに煙草の頻度や要求の性急さも緩和され、落ち着いて話ができる時間も生まれるようになったと考えられる。このように、外的・内的に生じたことを一つ一つ自らの心がつかむいとなみを関係性の中で大切にしていくことが、クライエント自らの心の存在感と生きる感覚を創りだすことにつながると考えられる。

4　心の生と存在と出会い

こうしたプロセスを経て、三回目の休憩時、Aは子どもにお弁当を作ってあげたいという希望を語ってくれる。それまでもAは周囲への罵声とともに「頑張る、負けない」とよくリピートしていた。そんな時のAのトーンは平板で空元気な感じで、「精一杯頑張ってきてこれ以上何を?」という気持ち、状態が改善しないイライラ、「頑張り」が何につながるのかが実感できない空しさ、それらを呑み込み「頑張る」よう自らに言い聞かせているような感じを受けていた。筆者はAの状況の過酷さやその中でAが頑張るということがどれほど凄いことなのか想像を絶するように感じ、Aがどんな心の目を通して生きているのか、Aが何をどう見ることが生きる支えになっているのか、といった心の次元でのAの存在に少しでも触れたいと感じていた。

しかし、三回目でのAは違った。Aの子どもへの純粋な強い思いがAの今の生を支えているのだと筆者は強く感じた。髄膜脳炎と多発性硬化症が出産を一つの契機として生じ、Aは多くのものを失った。一方で、子どもというかけがえのない存在と親としてのAの心が生まれている。そのことのとてつもない重みと物凄さに喩えようもなく心を打たれた。Aを動かしている、Aの本質、人の生命と心の力というものの尊さに出会った瞬間であった。

その人が抱える困難は、その人がその人であることと不可分の関係がある。その困難を通して、その人が見出している世界があり、世界との関わりがある。その人の心が見ている世界、生きている世界に出会うには、その人の心の目線のありかを見出す必要がある。その人の心の目線、それがその人の心が存在するところであり、その人の心が生きて世界が切り開かれていくところである。その人自身が心が見ているものにしっかりとコミットして生きて行くことを支援するには、セラピストがその人の心の目線・その人の心がいるところを見出し受けとめ、その目線に付き従い、その目線から見えて来るものに拓かれていくことが必要である。その人の心の目線は、世界と自分とを捉え位置づけるものであるがゆえに、そこにコミットすることは、必然的に、その人の心が自らの存在と生を知らず知らずどう意味づけているのかを、深くキャッチし、体験し、その重みを受けとめていくことにつながる。

〈その気持ちがあれば、できるのかもしれない〉という言葉は、A本人にしかつかめない、自分を動かす力を感じ、そこに、その人の生命と存在の重みを感じ、畏敬の念を深く感じたところから出た言葉であった。その言葉に対するAの「先生は優しいね」という言葉と微笑みの深さ。その時のAの思いは筆者の想像を超えている。はっきりと感じられたのは、Aは自分の状況の困難さを誰よりもよく知っていること、その上で夢を筆者に語ったこと、そして、Aを深いところで支え動かしている力を筆者が感じ受けとめたことを、つまり筆者の心を、A

が深いところで受けとめてくれたということだった。その時、Aの心にも響くものがあって、喩えようもない安らかで優しい心持を生んでいたようには感じられた。しかし、あの時のAはいったいどんな思いだったのだろう。

Aと心の次元で出会った確かな瞬間でありつつ、Aの心の内実への深い問いとして、Aの微笑が、筆者の心に深く留まっている。それは、筆者に心理療法の根本を問いかけ、筆者の心理臨床家としての姿勢を常に問いかける。心の次元で出会うということ。その人の生命と存在の重みに出会うということ。互いの心の生命と存在の重みを受けとめあうこと。心の力に真に心を寄せるということ。そして、筆者も自らの人生を生き、さまざまな局面で新たな自分に出会い、その度にAの思いを考え、その度に新しく、Aと心の次元で出会っているように感じている。

Aがこの世に生きて存在し、出会えたことを心から感謝する。

〔文　献〕

（1）橋本圭司『高次脳機能障害――どのように対応するか』ＰＨＰ新書、二〇〇七

（2）菊岡藤香「多発性硬化症患者の語り分析から考える心理援助」ブリーフサイコセラピー研究、17（2）、六七～七九頁、二〇〇八

（3）松下姫歌「知的障害をもつクライエントとの心理検査場面における『一期一会』の意味」（伊藤良子、角野善宏、大山泰宏編）『「発達障害」と心理臨床』四〇〇～四一一頁、二〇〇九

（4）前掲書（3）

（5）前掲書（3）

（6）前掲書（3）

コラム

先天性心疾患術後患児と養育者に課せられているものをめぐって

江城 望・加藤のぞみ・西浦太郎

先天性心疾患（以下、心疾患とする）は、心臓内部とその周辺における先天的な形成異常であり、発生率は新生児の約一％と言われる。周産期から出産直後にかけて見つかることが多く、生後早期に複数回の手術と入院を要する重篤な疾患だが、手術や治療法の進歩により患児の八五から九〇％が思春期、成人期を迎えるようになった。一方で、根治手術後に術後患児やその養育者が、発達や適応の課題を指摘されることが少なくない。その背景には、長期入院による母子接触の制限や、手術時の人工心肺などによる脳への作用など、心疾患の治療や手術、入院の経験そのものが患児・養育者にもたらす様々な影響や、疾患受容、養育者の子どもに対する罪悪感などの心理的課題があると考えられる。このような現状を踏まえ、患児や養育者に対する心理的サポートの必要性が指摘されるようになってきた。

われわれはこれまで医療機関にて、患児と養育者を対象とした継続調査を行ってきた。具体的には、養育者から患児の様子や困りごとを聴いた後、患児に発達検査と描画に取り組んでもらい、患児の様子を総合して、養育者にフィードバックをする。以上を一クールの調査とし、定期的に実施している。

調査からは、心疾患の手術や治療の経験が、患児自身や、患児と養育者の関係に看過できない影響を与えており、患児には主体性や自発性が発揮され、育まれる体験が少ないことがうかがわれた。また養育者は、子どもが心疾患を持って生まれたことによってもたらされる、将来へとつながる現在進行形の不安を抱えて生きていることがうかがわれた。特に養育者は、根治手術後も、心疾患という背景を抜きにしてわが子を見ていくことや、わが子らしさを見出すことが容易ではない。これらは、心疾患をめぐって患児や養育者が背負わざるを得ない課題であると考えられる。

調査者のわれわれも、このような心疾患をめぐる経験や課題を鑑みながら、これまで触れられてこなかった養育者の困りごとについて丁寧に触れ、患児の状態や課題について具体的に把握し、それを養育者と共有していくことが非常に重要であると実感している。そのような関わりによって、養育者が子どもの新たな姿を見出すなど、養育者の子どもへのまなざしが支えられ、子どもへの新たな見方や関わりが生み出される契機となりえるからである。それは、心疾患という大きな経験のなかで生きてこざるを得なかった患児や養育者が、改めてその経験を捉え直し、向き合っていく過程の始まりであり、そこに調査者が寄り添っていくことが、患児や養育者への心理的サポートの一助となるのではないだろうか。

コラム

精神科デイケアという場所《トポス》

北岡美世香

ある暑い夏の日、デイケアの古株メンバーAが亡くなった。Aの死を知ったメンバーらは、誰からともなく色紙にメッセージを集め、家族に届けた。家族は「Aには、こんな仲間がいたのですね」と涙を流した。しばらくして、デイケアの生花のプログラムに、これまで参加したことのないBの姿があった。Bはぎこちない手つきで花を活けると、それを窓辺に置き、手を合わせた。以後、Bは毎月、生花に参加し、花を飾り続けた。AとBは挨拶を交わす程度で格別仲がよかったわけではない。メンバーたちの作品や雑貨に混じり置かれたその花は、目立たないが確かにそこにあるという存在感があった。数年が経ち、Bが亡くなった。Bは、ある時から「デイに来て自分は誰よりも長生きしたいと思うようになった」と話すようになっていた。Bにもメンバーからの色紙が届けられた。そこからまた月日が流れ、AやBのことを知らない新しいメンバーが、いつからか通院途中に摘んできたという草花をデイルームの入り口に飾るようになった。筆者は、ふとAやBの姿が今もこのデイルームの中にあることを感じる。

Aの死に直面することで、Bは家族と疎遠で一人暮らしをしている自分をAに重ねたのかもしれない。筆者には、デイケアに飾られた花は、Aへの、そしてB自身への祈りのように思われた。また、こうして花を飾るBの姿を他のメンバーたち、そして、デイケアという場所が見守っている。このとき、すでに祈りはBだけの祈りではない。

デイケアという場所には、性別、年齢、抱えている困難や病い……様々に異なるメンバーたちが集まっている。あるメンバーの心像が「他者」の姿の中に現れては消えていく。同時にそのメンバーも誰かの心像の一部としてその場に現れている。異なるものたちが共にあることを保障し、そこで誰かと出会い、ただそれを体験するといったつながり方、そうした「同居性」とも呼べる状態を創り出しているのがデイケアという空間なのではないだろうか。

近年、精神科医療を取り巻く動向の中で、デイケアは客観的評価に基づく治療が求められている。しかし、臨床の場に身を置くと、そうした尺度では捉えきれないデイケアの力があることを実感する。デイケアという場所が抱えている世界は、先の事例のように、今ここの一場面だけを切り取って語り尽くせないものがある。その場所の歴史や目に見えないもう一つの世界を「地」として、日々のメンバーたちの笑い声が「図」として鳴り響いているのである。デイケアという場所で何が起こっているのか。それを言語化することの難しさは、デイケアが、そこに住むメンバーたちの思い出や記憶といったかけがえのなさを宿した「私」性を生きている場所《トポス》だからだ。

おわりに

「京大心理臨床シリーズ」も一〇巻を数えることになった。船出となった第一巻は、山中康裕先生のご退官に合わせて、山中康裕先生、角野善宏先生、わたしの三名が編者となって出版した。二〇〇五年のことであった。第一〇巻にあたる本書は、角野善宏先生のご退職に合わせて編まれたものである。タイトルの「心理療法における『私』との出会い（副題　心理療法・表現療法の本質を問い直す）」は、彼の命名である。このことからもおわかりのように、彼はとにかく心理療法に真摯に取り組む心理臨床家である。いや、心理臨床家であればそんなことは当たり前だと思われる向きも多いだろう。しかし実情はどうであろうか。

裾野を広くして心理臨床を眺めてみると、わたしには心理臨床学なり臨床心理学などと呼ばれる学問領域と、その実践である心理療法は、グローバル化の波に沈みつつあるのではないかと思われてならない。わたしがまだ臨床心理学を学び始めた頃、河合隼雄先生は海外で生まれた心理療法を日本に導入することに腐心しておられた。それは西洋の生の原理と東洋のそれとの違いを先生が最も体験的に認識しておられたからであろう。わたしは、個人が生きる文化や風土といった要因は、こころの在りように大きな影響を及ぼすと考えている。この視座から見ると、現代において、この学問領域は相変わらず海外の知見を取り入れることにやっきになっているように思われてならない。そして、学問には科学的装いがなければならないといった思想が浸透し、それについてはいつの間にか議論されることすらなくなってしまった感がある。大学などというところにいると、そのことをしばしば痛感させられる。また、心理療法と科学というテーマは、すぐさまフロイトの仕事を想起させるし、ユングもまた自伝の冒頭にこのテーマについて語っている。さらには「こころなき心理学」と当時呼ばれた実験心理学の誕生をも思い出させる。実は、実験心理学誕生のとき以降、不可視の「こころ」に拘り続けてきた領域が臨床心理学だったと、わたしは考えている。それは何より、悩みを抱えるクライエントに向き合う実践としての心理療法の必要性に対する深い認識があったからではないだろうか。けれども、すでに述べたように、現代の心理療法はつねに近代自然科学の風を受けながら、クライエントに向き合っていかねばならなくなっている。

このように思うとき、現代において心理療法に真摯に取り組むことは、時代性との闘いのように思えてくる。また、これまで以上に個々の心理臨床家の臨床観や人間観を賭した仕事になると感じられてくる。いまはまだ、このような心理療法実践やこころと時代性との歪みは顕著ではない。しかし、かならず振り子は逆に振れるであろう。すなわち、自然科学を絶対視してきたことに対する反省を迫られるときがくるであろう。現代医療の現場ではそうした反省をすでに迫られていることを、わたしは知っている。

京都大学の臨床心理学・心理療法は、伝統的に不可視の「こころ」にイメージないしはイメージ表現でもって向き合い続けてきている。すなわち、夢や箱庭や描画に、心理療法からコミットし続けてきている。本シリーズ執筆陣は、そうした京都大学の薫陶を受けてきた心理臨床家である。実際は掲載論文の三倍を超える応募があったのだが、諸般の事情で編者の松下姫歌先生とわたしとで査読と編集を行い、本書の次第となった。

京都大学では、心理臨床家の訓練過程のなかで、ケースカンファレンスを最もたいせつにしている。大学院生は毎週かならずケースカンファレンスに出席し、事例発表を行ったり聴いたりしながら、個々の臨床観を形成していく。そうした地道な積み重ねが心理療法に真摯に取り組む心理臨床家を育てるのだという京都大学の哲学がここに息づいている。この意味で、京都大学が角野善宏先生を送り出すのは、痛恨の極みである。

私事で恐縮だが、彼とわたしの出会いは、一九九六年に上智大学で開催された日本心理臨床学会において、統合失調症の心理療法過程が風景構成法を通して見事に展開された彼の事例発表に指定討論者として同席したのが始まりである。そのときに、彼の人柄、臨床観と事例の見事さにフロアを忘れてふたりで議論を続けたことは、いまだに記憶に鮮明である。

その後、彼の勤務する単科の精神病院で風景構成法の話をするよう依頼を受け、講演をさせていただいたことがある。彼は最前列に座り、じっとわたしの話を聴き、スライド呈示される風景構成法作品を凝視していた。呈示したある作品を巡って彼と議論したことも、忘れられない思い出である。

これらふたつの出会いは、いずれも心理療法に真摯に取り組む心理臨床家角野善宏を語るに相応しいものである。

角野善宏はこれからもクライエントにとって不可欠な心理臨床家として生きていくだろう。京都大学との接点がこれから生まれるかどうかは、運命に委ねようと思う。接点が生まれたときに、現状よりも成熟した京都大学臨床心理学教室の姿を見せたいものである。

二〇一三年九月

編者を代表して

皆藤　章

人名索引

た

な

は

ま

や

ら

事 項 索 引

あ

か

さ

小山智朗（こやま　ともあき）
宝塚市立教育総合センター勤務。臨床心理士。訳書『ユングのタイプ論』（創元社）、『おとぎ話のなかの救済』（日本評論社）。

佐藤　映（さとう　うつる）
京都大学大学院教育学研究科博士後期課程。

須藤春佳（すどう　はるか）
神戸女学院大学人間科学部専任講師。博士（教育学）。臨床心理士。著書『前青年期の親友関係「チャムシップ」に関する心理臨床学的研究』（風間書房）ほか。

髙森淳一（たかもり　じゅんいち）
天理大学人間学部教授。臨床心理士。論文「職業としての心理療法」ほか。

田中崇恵（たなか　たかえ）
フェリス女学院大学学生相談室勤務。博士（教育学）。臨床心理士。論文「“異”なるものをめぐる心理臨床学的探究」（博士論文）ほか。

鶴田英也（つるた　ひでなり）
神戸女学院大学人間科学部准教授。臨床心理士。著書『バウムの心理臨床』（共著、創元社）ほか。

長田陽一（ながた　よういち）
京都光華女子大学人文学部教授。博士（教育学）。臨床心理士。著書『犠牲と身代わり』『心理臨床と脱構築の経験』（いずれも春風社）ほか。

中藤信哉（なかふじ　しんや）
京都大学大学院教育学研究科附属臨床教育実践研究センター特定助教。臨床心理士。論文「集団における居心地の悪さ」ほか。

西　隆太朗（にし　りゅうたろう）
ノートルダム清心女子大学人間生活学部准教授。博士（教育学）。臨床心理士。論文「保育者の省察に基づく事例研究の方法論」ほか。

西浦太郎（にしうら　たろう）
関西国際大学大学院人間行動学研究科臨床心理学コース助手。

西村則昭（にしむら　のりあき）
仁愛大学人間学部教授。著書『アニメと思春期のこころ』（創元社）。論文「心理療法における言葉の体験」ほか。

林　郷子（はやし　きょうこ）
奈良大学社会学部准教授。臨床心理士。著書『「発達障害」と心理臨床』（共著、創元社）ほか。

菱田一仁（ひしだ　かずと）
佛教大学教育学部非常勤講師。臨床心理士。論文「人形の象徴性と心理臨床における人形のあり方について」ほか。

松井華子（まつい　はなこ）
天理大学人間学部講師。博士（教育学）。臨床心理士。論文「風景構成法から見た対人恐怖的心性について」ほか。

山﨑玲奈（やまざき　れいな）
京都光華女子大学短期大学部講師。臨床心理士。論文「スクィグル・ゲームのなぐり描き線に内在するはたらきについて」ほか。

執筆者紹介（五十音順）

浅田恵美子（あさだ　えみこ）
京都大学大学院教育学研究科博士後期課程。臨床心理士。論文「不妊をめぐる女性の内的体験について」ほか。

生島博之（いくしま　ひろゆき）
徳島文理大学大学院心理学専攻教授。臨床心理士。著書『学校教育臨床入門』（共著、愛知教育大学出版会）ほか。

石金直美（いしかね　なおみ）
大阪大学保健センター学生相談室准教授。臨床心理士。著書『現代社会と臨床心理学』（共著、金剛出版）、『大人の発達障害の見立てと心理療法』（共著、創元社）ほか。

石原　宏（いしはら　ひろし）
佛教大学教育学部准教授。博士（教育学）。臨床心理士。著書『心の病と宗教性』（共著、法蔵館）、『箱庭療法の事例と展開』（共著、創元社）ほか。

石原みちる（いしはら　みちる）
山陽学園大学総合人間学部准教授。臨床心理士。論文「スクールカウンセラーに対する大学生の認識」ほか。

井芹聖文（いせり　まさふみ）
京都大学大学院教育学研究科博士後期課程。臨床心理士。論文「作り手が箱庭作品を命名する体験の検討」ほか。

井上光一（いのうえ　こういち）
姫路獨協大学医療保健学部准教授。臨床心理士。論文「青年期における自尊感情と独自的理想自己」ほか。

井上　真（いのうえ　まこと）
社会福祉法人横浜いずみ学園治療課ファミリーソーシャルワーク担当課長。臨床心理士。論文「悩み以前から悩みへ」ほか。

井上嘉孝（いのうえ　よしたか）
帝塚山学院大学人間科学部准教授。博士（教育学）。臨床心理士。著書『吸血鬼イメージの深層心理学』（創元社）ほか。

江城望（えしろ　のぞみ）
京都大学大学院教育学研究科博士後期課程。臨床心理士。論文「摂食障害における最早期記憶に関する研究」。

片山知子（かたやま　ともこ）
医療法人藤樹会滋賀里病院臨床心理技能職。臨床心理士。論文「統合失調症の長期入院者が社会に居場所を見出すまで」「イメージにおける女性性の世界との交流と旅立ち」ほか。

加藤のぞみ（かとう　のぞみ）
仁愛大学附属心理臨床センター付特任助教／臨床教育研究員。臨床心理士。論文「知的障がい児をもつ母親の内的変容」ほか。

角野善宏（かどの　よしひろ）
医療法人樹光会大村病院勤務。医学博士。著書『分裂病の心理療法』（日本評論社）、『たましいの臨床学』（岩波書店）、『描画療法から観たこころの世界』（日本評論社）ほか。論文「風景構成法を通しての急性精神分裂病の治療過程における一考察」「全身熱傷を受けた青年の心理療法過程」ほか。

川嵜克哲（かわさき　よしあき）
学習院大学文学部教授。臨床心理士。著書『夢の読み方　夢の文法』『夢の分析』（いずれも講談社）。

川部哲也（かわべ　てつや）
大阪府立大学学術研究院人文科学系准教授。博士（教育学）。臨床心理士。著書『身体の病と心理臨床』（共著、創元社）ほか。

康　智善（かん　じそん）
京都嵯峨芸術大学短期大学部教授。臨床心理士。著書『現代社会と臨床心理学』（共著、金剛出版）、『思春期のこころとからだ』（共著、ミネルヴァ書房）ほか。

北岡美世香（きたおか　みよか）
つかさき医院勤務。臨床心理士。論文「精神科デイケアと心理臨床面接の併用に関する実践的研究」ほか。

木下直紀（きのした　なおき）
京都大学大学院教育学研究科博士後期課程。臨床心理士。

編者紹介

皆藤 章（かいとう　あきら）

京都大学大学院教育学研究科教授。博士（文学）。臨床心理士。著書『風景構成法――その基礎と実践』『生きる心理療法と教育――臨床教育学の視座から』『風景構成法のときと語り』（いずれも誠信書房）、『風景構成法の事例と展開――心理臨床の体験知』（共編著、誠信書房）、『講座心理療法 8　心理療法と現代社会』（共著、岩波書店）、『臨床心理学全書 7　臨床心理査定技法 2』（編著、誠信書房）。訳書『子どもの夢 1』『同 2』（共訳、人文書院）ほか。

松下姫歌（まつした　ひめか）

京都大学大学院教育学研究科准教授。博士（教育学）。臨床心理士。著書『これから始める臨床心理学』（共著、昭和堂）、『バウムの心理臨床』『箱庭療法の事例と展開』（いずれも共著、創元社）、『現代のエスプリ別冊　中年の光と影』（共著、至文堂）ほか。

京大心理臨床《きょうだいしんりりんしょう》シリーズ 10　心理療法《しんりりょうほう》における「私《わたし》」との出《で》会《あ》い

――心理療法《しんりりょうほう》・表現療法《ひょうげんりょうほう》の本質《ほんしつ》を問《と》い直《なお》す

2014 年 4 月 1 日　第 1 版第 1 刷発行

編　者…………皆藤 章　松下姫歌

発行者…………矢部敬一

発行所…………株式会社　創元社

〈本　　社〉〒541-0047 大阪市中央区淡路町 4-3-6

電話 06-6231-9010（代）　ファクス 06-6233-3111

〈東京支店〉〒162-0825 東京都新宿区神楽坂 4-3 煉瓦塔ビル

電話 03-3269-1051（代）

〈ホームページ〉http://www.sogensha.co.jp/

印刷所…………株式会社　太洋社

ISBN978-4-422-11370-8 C3311